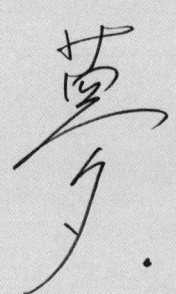

시는 내 곁으로 와 눕고

푸른사상
산문선
59

시는 내 곁으로 와 눕고

초판 인쇄 · 2025년 6월 20일
초판 발행 · 2025년 6월 30일

지은이 · 김우, 맹문재 외
펴낸이 · 한봉숙
펴낸곳 · 푸른사상사

주간 · 맹문재 | 편집 · 지순이 | 교정 · 김수란 | 마케팅 · 한정규
등록 · 1999년 7월 8일 제2-2876호
주소 · 경기도 파주시 회동길 337-16 푸른사상사
대표전화 · 031) 955-9111(2) | 팩시밀리 · 031) 955-9114
이메일 · prun21c@hanmail.net/prunsasang@naver.com
홈페이지 · http://www.prun21c.com

ⓒ 김우, 맹문재 외, 2025

ISBN 979-11-308-2293-8 03810
값 19,000원

저자와의 합의에 의해 인지는 생략합니다.
이 도서의 전부 또는 일부 내용을 재사용하려면 사전에 저작권자와
푸른사상사의 서면에 의한 동의를 받아야 합니다.
이 도서의 표지 및 본문 디자인에 대한 권한은 푸른사상사에 있습니다.

시는
내 곁으로 와 눕고

김현경 외 산문집

푸른사상
PRUNSASANG

인사말

『시는 내 곁으로 와 눕고』 출간에 즈음하여

어느덧 어머니를 떠나 보낸 지 한 달 가까이 지났습니다.
지난주 어머니가 계신 오산리 천주교 공원묘지를 다시 찾았을 때, 이제 내 곁에 어머니가 안 계심을 비로소 몸속 깊숙이 느낄 수 있었습니다.

잠시 어딘가 갔다가 다시 돌아오실 것 같은 느낌이었는데, 그제서야 영영 오지 않는다는 현실을 마주하였습니다.
제가 가끔씩 기대곤 했던 어머니의 무게감이 이제는 처절한 허무함으로 다가옴을 알 수 있었습니다.

너무나 아쉽게도 이번에 출간되는 『시는 내 곁으로 와 눕고』가 어머님의 유작이 되었지만, 하늘에서 많이 기뻐하시리라 여겨집니다.

아무쪼록 어머니의 마지막 체취와 흔적이 어머니를 아시는 모든 지인분들께 좋은 추억으로 영원히 남아 있기를 바랍니다.

책 출간에 힘써주신 맹문재 교수님과 적극적으로 참여해주신 분들께 진심으로 감사한 마음을 전합니다.

다시금 천주교 공원묘지를 찾을 때는 이 책을 어머니께 보여드리려고 합니다. 어머니는 분명 밝고 환한 얼굴로 책을 덥석 받자마자 펼쳐 보실 것입니다.

끝으로 맹 교수님과 금선주 님의 도움으로 만든 어머니의 사진 명패에 들어간 글귀를 소개하면서 글을 마치고자 합니다.

"꿈으로 나서 꿈으로 살다가 꿈으로 가노라!"

2025년 6월 15일
오산리 천주교공원묘지에서 아들 김 우 올림

책머리에

1.

고모님이 생기니까, 그것도 멋쟁이 고모님이 생기니까, 너무 좋아서 뭔가 배경이 생긴 느낌이 들었고, 밥을 먹은 것같이 든든했어요. 고모님은 저보다 진보적이고, 인문학적 소양도 있으시고, 굉장히 앞서가는 분이세요. 어쩌다가 우리 친구들한테 고모님과 김수영 시인 이야기를 하면 모두 좋아했어요. (김세원)

2.

"나는 이상하게 이 글자가 좋다! 꿈 '夢' 자 좋지 않으냐?"

엄마는 어떤 꿈을 꾸고 싶으셨던 걸까? 냉혹한 시대를 거치며 가혹한 현실 앞에서 엄마가 꾸고 싶었던 꿈이 무엇이었을지 한자 '夢'을 한참 동안 들여다보았다. 예술적으로 쓰신 '夢' 자를 소중히 받아 안고 나는 엄마께 깊이 허리를 숙였다. 그리고 엄마의 등 뒤에서 살며시 안아드렸다. (금선주)

나의 김수영 읽기는 계속될 것이다. 그의 세계와 그가 숨 쉬고 있는 문장과 시어들은 나를 헤집을 것이다. 그의 은밀한 사생활 미행도 거듭되고 있다. 시인의 시선을 따라가고 시인이 머무는 오감을 탐낸다. 그러다 보면 어느새 나는 '자유와 사랑과 죽음 앞에서 서러워하는', 날카롭고 또 따듯한 그의 말에 귀를 활짝 열어놓고 있을 것이다. (금시아)

전시관 입구에 양각으로 새겨진 「풀」을 보자 그와 지나온 시간이 누운 풀처럼 지나간다. 때로는 팽이였다가 때로는 풀이었던 그의 세계. 풀과 팽이에서 수직과 수평의 세계를 본다. 팽이의 꼿꼿함과 누운 풀의 느슨함은 낮과 밤의 조화처럼 세상을 살게 하는 힘이었다. (김민주)

한 장의 사진에 대하여 열두 가지 이상 궁리하고, 한 기억에 대해 열두 번도 더 감사하며 가지런히 정리한다. 그리고 '마음의 고고학' 그 힘과 '해인'을 염두에 두고 고요히 '기억 도장'을 사용하는 기록에의 만전! 별학도, 벼락도에서 '벼락같이!' 만난 그 인연을 떠올리는 기쁨을 동력으로 '그날'을 이 자리에 모신다. 고이 기념한다! (김은정)

3.
쓰던 물건도 허투루 버리지 않았고 하찮아 보이는 것도 그녀의 손에서는 다시 쓸모 있는 것으로 바뀌었다. 먹고 버려도 좋았을 꿀이 들어 있던 도자기도 현경의 집에서는 골동품으로 달라졌다. 유행 지난 것처럼 보이는 오래 쓴 찻잔은 귀한 빈티지 도자기가 되어 있었다. 미다스이다, 현경은. (박규숙)

김현경 여사님 댁은 여름에도 시원했다. 2층이라 목련나무 그늘이 우거지고 앞뒤 베란다 창문으로 맞바람이 불었기 때문이다. 봄이면 목련꽃 피었다고, 혼자 보기 아까우니 놀러 오라고 하셨다. 올봄에도 목련꽃은 필 것이다. 여사님에게서 목련꽃이 예쁘게 피었다고 놀러 오라는 초대를 받았으면 좋겠다. (박설희)

선인장은 2022년 1월 23일 용인 김현경 여사 댁에서 몇 마디를 분양해 온 것이다. 흔한 식물이지만 그곳에 김수영 시인의 넘치는 흔적들이 뿌리내리고 있어서 몇 마디 끊어 온 것이다. 그것을 화분에 꽂아두었더니 단단하게 뿌리를 내렸다. 뿌리가 단단해지자 마디가 마디를 늘려서 마디 끝에 선인장 꽃이 피었다. 그의 생일과 선인장의 분양 일이 같으니 이중의 기념일이다. (박홍점)

4.
김수영 시인은 성냄을 성냄으로 드러내지 않는다. 유쾌를 입을 벌려 크게 웃지 않는다. 그는 중용의 자세에서, 귀히 여김을 바탕으로 차분히 그러나 우렁차게 스스로를 부른다. 사납게 뻗은 그의 나무들처럼. 그는 지금도 번성을 한다. 변혁을 꿈꾼다. 숲의 끈질긴 생명을 위해, 숲의 거대함으로 이 자리를 지키기 위해, 지금 그의 나무들은 혁명을 한다. (양선주)

김수영은 시 「어느 날 고궁을 나오면서」에서 설렁탕집 주인, 야경꾼, 이발쟁이 들에게만 욕을 하고 증오를 하고 옹졸하게 반항한다며 "모래야 나는 얼마큼 작으냐/바람아 먼지야 풀아 나는 얼마큼 작으냐" 자조하고 있다. 김수영처럼 삭발을 감행할 결기가 없는 나는 조그마한 일만 분개하여 오로지 끌탕을 해대는 옹졸한 방안퉁수다. (이주희)

나에게는 참 귀한 어머니 같은, 때로는 문학적 동지가 되어주시기도 하던 김현경 선생님 댁을 방문할 때의 우리의 순정한 발자취마냥 피어나던 하이얀 목련꽃 꽃잎 같은 추억을 영영 잊을 수 없을 것이다! (정원도)

김수영은 나에게 죽음을 긍정하게 하는 자그마한 실마리를 주었다. 그의 시 도처에 도사리고 있는 죽음의 그림자, 그러나 그 그림자를 긍정하며 배수진을 치는 그의 모습에서 왠지 더 살아야겠다는 강한 의지가 용트림처럼 꿈틀거림을 느끼는 것은, 나의 착각일까. (조미희)

여사님께서는 햇살 한 바구니를 고봉으로 챙겨놓으셨다가 찾아뵐 적마다 내 머리에 찬란하게 쏟아부어 주셨습니다. 마치, 나는 너를 잘 알고 있어! 네게 무엇이 가장 필요한지도! 걱정하지 마! 너는 잘 해낼 테니! 누가 뭐래도 내가 보장하지! 결코, 절망하지 마! 너를 믿어! 내가 아무리 생각해도 은주, 네가 최고야! (조은주)

아직도 소녀 같은 모습으로 미소 짓는 사진 속 김현경 여사님의 얼굴은 해맑고 아름답다. 김수영 시인을 사고로 보내고 슬픔 속에서 어떻게 살아왔을까. 격변의 세월을 견딘 꽃송이는 마지막 진한 향기를 뿜고 있었다. 아픔마저 숭고하게 느껴진다. (최규리)

5.
"차라리 저를 주세요 그러면 제가 유품으로 간직하겠습니다" 했더니, 그것도 괜찮은 생각이라며 깨진 쪽을 붙여서 그 바닥에 해당 시를 쓰고 또한 유품 깬 놈에게 준다는 글까지 써서 돌려주셨다. 비록 유품을 손상시킨 죄인이지만 결국엔 김수영 시인의 귀한 유품을 간직하게 된 후배 시인이 된 것이다. (함동수)

정직한 삶을 이루기 위해 거대한 뿌리로 시들지 않는 풀의 정신이 우리 곁에 있으니 얼마나 큰 행복인지 모른다. 평생 동지로 한 방향을 바라보며 굳건히 인내하면서 마음을 다한 김현경 여사님이 존경스럽다. (함진원)

차례

■■ 인사말_ 김 우　　4
■■ 책머리에_ 김세원 외　　6

제1부

김현경　시는 내 곁으로 와 눕고　　15

제2부

금선주　낡아도 좋은 것은 사랑뿐이냐　　49
금시아　나의 나쁜 남자, 김수영 읽기　　60
김민주　수평과 수직의 세계　　66
김은정　별학도에서 추억하는 시인 김수영의 여인　　77
박규숙　오곡밥과 알배추 된장국　　140
박설희　목련꽃 필 무렵의 초대　　146
박홍점　몽(夢), 그리고 이중의 기념일　　153

제3부

양선주	나무의 혁명	161
이주희	조그마한 일에만 분개하는 옹졸한 방안퉁수	167
정원도	어머니 콤플렉스	172
조미희	병풍과 언니, 그리고 김수영	181
조은주	99	186
최규리	자각의 밀도, 치열한 성장	196
함동수	김현경 여사의 선물	203
함진원	시로써 삶을 완성한 거대한 뿌리	214

제4부

김현경·맹문재	김수영 시인의 결혼과 피난 생활	221
김세원·맹문재	김현경 고모는 투명하고 영민한 분	242

■ 편집후기_ 맹문재   258
■ 필자 약력   261

제 1 부

시는 내 곁으로 와 눕고

김현경

1

"세월이 서럽고도 무섭구나."

올해 여든다섯 되신 시어머님(안형순)께서는 언젠가 무거운 한숨을 토하며 제게 이런 말씀을 하셨습니다. 시어머님의 이 말씀처럼 참으로 서럽고도 무서운 것이 세월인 것을 요즘 새삼 깨닫게 됩니다.

지금으로부터 17년 전, 1968년 6월 18일, 도봉동 선영(先塋) 기슭에 김 시인을 묻고 두 아들을 앞세우며 논밭 사잇길로 돌아온 그날, 서산에 지는 석양의 고운 빛을 가슴 아프고 아름답게 느끼면서, 앞서 가던 어린놈들의 어깨가 가늘게 떨리던 일을, 한시도 잊지 않고 오늘까지 살아왔습니다. 살아 있는 이 목숨이 때로는 죄스럽고 부끄럽기까지 하다는 생각을 하며, 지금 이 순간까지 죄 많은 목숨을 이어왔습니다.

1968년 6월 15일 밤 11시 50분경. "아주머니, 아주머니" 하고 이웃집 여인이 저희 집 대문을 두드렸습니다. 무슨 일인가 하고 문을 열고 나갔더니 "저 앞길에서 교통사고가 났는데 아무래도 이상해요." 하면서 나가 보라고 했습니다. 옷을 입는 둥 마는 둥 구수동(舊水洞) 사고 장소로 달려갔으나, 그곳엔 검은 피가 낭자하게 흐르고 있었을 뿐 차도 부상자도 없었습니다.

혹시나 싶어 인근 파출소로 달려갔습니다. 경찰들은 교통사고가 난 사실조차 모르고 있었습니다. 저는 다시 택시를 잡아타고 부근 병원을 하나하나 더듬어 나갔습니다. 급기야는 한 병원에서 교통사고를 당한 한 사람을 방금 적십자병원으로 보냈다고 해서 급히 그곳으로 가보았습니다. 아, 그곳엔 김 시인이…… 내 남편 김수영이 중환자실에 누워 산소호흡기를 코에 꽂고 있었습니다.

이미 동공은 빛을 잃었고, 귀에서는 피가 흘러나왔으며, 손과 팔꿈치가 시퍼렇게 멍들어 있었습니다. 그렁그렁 가래 끓는 소리만이 숨이 붙어 있음을 알려주었습니다.

저는 간호원에게 급히 부탁하여 집으로 전화를 걸었습니다.

"엄마야?"

장남 준(儁)의 놀란 목소리가 제 마음을 찢어놓았습니다.

"그래, 엄마다. 통금이 해제되거든 도봉동 할머니 댁에 가서 큰삼촌(김수성)하고 고모(김수명)를 모셔 오너라, 적십자병원으로. 택시를 타고 가서 곧장. 아버지가 교통사고를 당하셨어……."

도봉동에서 새벽같이 시댁 식구들이 달려오고, 곧이어 유정(柳呈), 황순원(黃順元), 최정희(崔貞熙) 씨 등이 중환자실로 들이닥쳤습니다. 김 시인은 새까맣게 탄 얼굴로 산소호흡기를 통해 공기를 들이마시면서 배가 불룩 부풀어 오르고, 내쉬면 가라앉는 기계적인 동작을 되풀이하고 있었습니다. 거의 무의식적으로 생과 사를 오락가락하면서 죽음 혹은 삶과 싸우고 있는 듯했습니다.

그러다가 새벽 5시가 넘자 그 가느다란 싸움도 포기한 듯 그는 얼굴이 풀리고 고요해졌습니다. 저는 흐느끼면서 그의 두 눈을 감겨주었습니다. 48년의 생애를 마치고 김 시인은 조각처럼 희고 단정한 얼굴로 무(無)의 세계 속으로 들어간 것이었습니다.

김 시인이 영원히 돌아올 수 없는, 그 운명적인 순간을 맞이하기 위해 마지막으로 집을 나간 것은 사실 번역한 원고료를 받기 위해서였습니다. 마침 급히 쓸 돈이 필요해서 신구문화사의 신동문(辛東門) 시인에게 번역료 선불을 좀 부탁해볼 수 없겠느냐고 제가 채근했기 때문이었습니다.

그날 그는 신동문 씨에게 원고료 7만 원을 받은 후 신동문, 정달영(鄭達泳·당시 한국일보 기자), 이병주(李炳注·소설가) 씨와 함께 밤늦도록 술을 마시고 서강 종점 인적이 드문 길을 휘적휘적 걸어 집으로 오다가, 인도로 뛰어든 좌석 버스에 받혀 그만 풀잎처럼 쓰러졌던 것입니다.

2

장례식은 6월 18일 오전 10시. 예총회관(지금의 세종문화회관 오른쪽) 광장에서 문인장(文人葬)으로 거행되었습니다. 장례 위원장은 이헌구(李軒求) 씨였으며, 박두진(朴斗鎭) 시인이 조사를 낭독했습니다. 이날 하늘은 바람이 불고 해가 나왔다 들어갔다 했습니다. 12시경에 그이의 유해를 실은 영구차는 어머님이 양계를 하고 계시는 도봉동 선산으로 향했습니다. 시동생 수성이 그에게 조그만 서재 하나를 지어주려고 했던 언덕에,

문단 원로를 비롯한 수많은 문인들의 조상(弔喪)을 받으며 그는 묻혔습니다.

인간의 목숨이란 하늘에서 주시고 또 하늘에서 거두어가는 것일까요? 죽음이야말로 인간이 무서워하는 마지막 순간, 그의 좌우명이 생각납니다.

'상주사심(常住死心)'

그는 어느 날 자신의 책상 한구석에 이렇게 써놓았습니다.

"이게 무슨 뜻인가요?"

그 말이 무슨 말인지 궁금해 여쭈어보았더니, 이는 어느 불경책(佛經冊)에 쓰여 있는 말로 자신의 좌우명으로 삼겠다고 하였습니다.

"늘 죽음을 생각하며 살아라, 이런 뜻이지, 늘 죽는다는 생각을 하면, 지금 살아 있는 목숨을 고맙게 생각하고 아름답게 살 수 있어."

그는 온몸으로 시를 쓰는 참다운 시인이었기에, 하루하루가 새로움에 대한 비약이요, 몸부림이 아닐 수 없었습니다. 새로운 진실에 대한 투쟁이야말로 그의 삶, 바로 그 자체였습니다.

그이는 인류의 장래에 대해서 늘 염려했듯이 가족에게나 이웃에게나 아낌없는 사랑과 진실을 보여주었습니다. 인류의 평화와 자유와 문화의 척도를 한 치라도 더 높이고자, 현실에서 일어나는 일상의 작은 일에서부터 큰일까지, 매사 어느 것 하나 어느 한순간이라도 범상히 넘기지 않았습니다.

"시를 쓰는 일은 바로 인류를 위한 일이야. 나는 인류를 위해 시를 쓴다."

술이라도 한 잔 하신 날이면 부끄러움도 없이 이렇게 외치기도 했습니다.

도시 변두리에서 가난하게 살고 있는 김 시인을 두고 동네에서는, 그가 병이 있어 집에서 놀고 있고, 여편네인 제가 짤짤거리며 쏘다니면서 밥벌이를 하고 살아가는 줄 알았답니다.

그이의 시는 바로 우리의 생활이었으며, 아직도 김 시인의 진실의 실체 하나하나가 제 가슴속에 살아 있습니다. 같은 공감대를 갖고 그 진실한 나날들을 한몸이 되어 살아왔기에, 그이와 그이의 시는 제 가슴속에 콱 못 박혀 있습니다.

그의 시는 살아 있습니다. 그이의 시는 영원히 살아 있습니다. 진실은 아름답고 착합니다. 아름다운 것은 진실밖에 없다고 믿게 되었습니다. 우리는 인생의 가치 기준을 아름다움에 두었습니다.

3

제가 김 시인을 처음 만난 것은 1942년 5월, 진명여고 2학년 15세 때였습니다. 나이 많은 일본인 교사가 가르치는 공민(公民) 시간이 너무 재미없고 짜증스러워 저는 수업도 받지 않고 땡땡이를 친 적이 있었습니다.

너무나 맑고 아름다운 찬란한 5월의 봄 하늘을 바라보며, 저는 효자동 전차 종점 부근을 책가방을 든 채 걸어갔습니다. 그런데 그 종점 부근에서 제 수양어머니의 남동생 되는, 제가 아저씨라고 불렀던 J 씨가 김수영 시인과 함께 나란히 걸어오고 있었습니다.

그때 김 시인은 선린 상업학교를 졸업하고, 일본 동경 성북(城北) 고등 예비 학교에 다니던, 스물한두 살 무렵이었으며, 학비 조달을 위해 J 씨와 함께 잠시 귀국했을 때였습니다. J 씨는 선린 상업학교 후배인 김 시인에게 나를 자랑 삼아, 한번 만나보라고 권하곤 하였는데 김 시인은 J 씨의 그런 제의를 그저 조용히 받아들이곤 했다 합니다.

저는 그날 김 시인과 J 씨를 사직동 저의 집으로 모시고 가서 맥주를 대접했습니다. 처음 만난 김 시인은 별로 말이 없었습니다. 그는 얼굴 피부가 유난히 희었으며, 눈은 황금빛으로 빛났습니다.

그는 전문부(專門部) 학생답게 둥근 모자를 썼으며, 검은 사지 쓰메에리(남학생 교복의 칼라) 학생복이 퍽 단정했습니다.

더욱이 맨발에 걸친 초리(草履, 왕골이나 짚으로 만든 신)는 무척이나 고급스러워, 제 생각엔 그가 꼭 일본 귀족 학생이나 되는가 싶었습니다.

초리를 신은 그의 유난히도 흰 발과 황금빛 눈동자의 그 강렬한 눈빛은 그의 고매한 정신과도 직결되는 것 같아, 그를 처음 만난 그날 제 가슴은 꽃봉오리처럼 터졌습니다. 찬란한 봄 하늘의 햇빛과 훈풍에 이끌려 15세 소녀가 수업을 박차고 5월의 거리로 달려 나간 것은 그날 그렇게 김 시인을 만나기 위한 운명적인 것이었습니다.

그 후부터 저는 김 시인을 '아저씨'라고 불렀으며, 그는 간혹 차원 높은 산문시와 같은 편지를 일본에서 보내오곤 하였습니다. 그 무렵 그는 유명한 작가 러스킨의 『깨와 백합』이란 일본 암파문고판 책을 보내와, 저는 그 책을 읽고 독후감을 써서 보냈는데, 그는 독후감을 잘 썼다고 굉장한 칭찬의 편지를 보내왔습니다. 일생 동안 저의 온갖 구석구석까지 모든 저의 재량을 다 알아주었던 그에게서 칭찬을 받은 건 그때가 처음이었습니다.

1944년, 제가 진명여고 4학년 졸업반이었던 3월에 김 시인이 학교로 저를 찾아온 적이 있었습니다. 그는 그때 전쟁의 막바지에서 강압적인 학도병 징병 문제를 피해 병약한 환자의 몰골로 막 귀국했을 때였습니다. 오른손에 지팡이를 짚고, 땟국이 흐르는 옷에 고무신을 신은 한 사나이가 그날 교문 앞에 서서 저를 기다리고 있었습니다. 지치고 남루하기 짝이 없었음에도 불구하고 그의 눈빛에서는 사색하는 사람들이 지니는 어떤 정신적인 기품 같은 것이 흘렀습니다. 졸업반 여학생 특유의 감상에 젖어 있던 저의 눈엔 그 사나이의 모습이 완벽하게 연출한 연극의 한 장면처럼 들어왔습니다.

"아저씨, 웬일이세요?"

반가운 마음으로 제가 그에게 달려갔으나 그는 그 큰 눈만 굴릴 뿐 아무 말도 하지 않았습니다.

"아저씨, 저기 저 식당으로 가서 얘기해요."

저는 앞장서서 제가 잘 다니던 학교 앞 중식당으로 들어가 무 뎀뿌라(튀김) 한 접시를 시켰습니다. 전쟁이 막바지를 달리고 있을 때여서 어지간한 식당엔 먹을 것이 없었습니다. 뎀뿌라가 나오자 순식간에 그것을 다 먹어치웠습니다. 그러고는 잠시 우리 사이에 이상한 정적이 흘렀습니다.

저는 그이의 얼굴을 쳐다보았습니다. 김 시인의 얼굴은 마치 어떤 인간의 원형적인 고독감에 사로잡혀 괴로워하고 있는 듯한 표정이었습니다. 그게 무엇인지 정확하게 알 수는 없었지만 내 영혼은 어두운 그를 이해할 수 있을 것 같았습니다.

'그는 『죄와 벌』의 라스콜니코프처럼 구체적인 범행을 저지르진 않았으나, 그 어떤 추상적인 살인, 그 자신의 영혼을 죽였다든가, 신을 죽였다든가, 의인을 죽였다든가 했을 것이다. 그 때문에 죄책감에 시달려 마음의 지옥을 헤맬 것이다. 그는 구원을 찾고 있을 것이다. 그래서 저 더러운 두루마기를 입고 구도자처럼 지팡이를 짚고 있을 것이다.'

이런 생각을 하자, 어느새 제 마음도 그에게 감염되어 어두워졌습니다. 그때 식당 안 벽시계가 땡땡땡, 3시를 알렸습니다. 저는 호주머니에 넣고 다니던 지갑을 재빨리 그가 거절할 틈도 주지 않고 건네주고, 친구들과 3시에 만나기로 약속했다면서 인사도 하는 둥 마는 둥 하고 식당을 빠져나왔습니다. 그는 어찌할 바를 몰라 그곳에 멍하니 주저앉아 있었습니다. 악어가죽으로 만든 그 지갑 속엔 5원이 들어 있었습니다.

4

그 뒤 해방 이후 1948년 여름, 하루는 제가 B 시인과 서울 명동 거리를 걷고 있다가 김 시인을 만나, 김 시인에게 B 시인을 소개했습니다. 그러자 김 시인은 소개도 받지 않고 어디론가 도망쳐버렸습니다. 그런데 그다음 날 새벽, 느닷없이 그가 구둣발로 제 방 안에 뛰어 들어와 화를 내며 소리를 쳤습니다.

"어떻게 넌 말 뼈다귀 같은, 정체불명의 엉터리 같은 놈과 사귀어? 넌 어찌 그렇게 우둔해? 응? 내가 꼭 말로 사랑한다고 해야 돼? 그래야 꼭 알겠어?"

그 뒤 비로소 저는 그의 사랑에 눈을 뜨고 그를 사랑하기 시작했습니다. 지금 그 뜨거웠던 여름날의 즐거웠던 추억들이 떠오릅니다. 한 번은 그와 단둘이 노량진에서 밤섬으로 간 적이 있었습니다. 날이 얼마나 더

웠던지, 저는 강렬하게 내리쬐는 햇살에 숨이 턱 막히는 것 같았습니다. 우리는 밤섬 쪽으로 하얀 잔모래가 깔린 강변 백사장을 걸었습니다. 걷다 보니 그곳엔 물이 얕고 넓은 웅덩이 하나가 있었는데 어찌나 맑고 깨끗하던지 물 밑바닥이 훤히 다 보였습니다.

저는 마침 무더위에 지쳐 있었던 터라, 아무 부끄러움도 없이 자연스럽게 훌훌 원피스를 벗고 알몸이 되어 물속으로 첨벙 뛰어들었습니다. 그러자 그도 저를 따라 옷을 벗고 알몸으로 물속에 뛰어 들어왔습니다.

폭양이 내리쬐는 한여름, 주위에 사람이라고는 하나 없는 여의도 한복판, 맑은 웅덩이 물속에서 그이와 나는 실오라기 하나 걸치지 않고 서로 물을 끼얹어주면서 어린아이들처럼 물장구를 치며 놀았습니다. 한참 동안 그렇게 물장구를 치며 더위를 식히다가 먼발치에서 인기척이 느껴지자 얼른 나와 옷을 입고 다시 강을 건너 노량진 쪽으로 걸어갔습니다. 다 큰 청춘 남녀가 아무 욕심도 안 부리고 그럴 수 있었다는 게 지금 생각해보면 너무 아름다운 추억입니다.

김 시인과 저는 박인환의 서점 '마리서사'에 드나들면서 그곳에 모이는 일군(一群)의 젊은이들, 임호권(林虎權), 김병욱(金秉旭) 등을 만났으나 곧 싫증을 내고 그쪽으로는 발길을 잘 옮기지 않았습니다. 저는 그들이 너무나 속 빈 강정같이 실력이 없다고 느꼈습니다. 하루는 일본 시인 무라노 시로(村野四郞)의 시를 박인환 시인이 일본어로 낭송한 적이 있었는데, 그 음독(音讀)을 너무 많이 틀려 그다음부터는 그를 철저하게 무시했습니다. 며칠 동안 그와 거리를 걷고 식사를 같이 하고, 어울려서 술을 같이 마시며 데이트한 것조차 후회가 될 지경이었습니다. 그러나 김 시인은 달랐습니다. 김 시인은 그즈음 초현실주의 예술이나 전위 예술에 무서운 비평을 가했으며, 거기에 취해 있는 시인들을 뒤떨어진 시인이라며 그들을 경멸했습니다. 그리고 그는 충실한 생활자가 되기 위해 박일영(朴一英) 씨를 따라 상업 간판을 그리러 다니기도 했습니다. 어느 날 명동 입구로 들어가는데, 무척 눈에 익은 사람이 사닥다리에 올라가 간판을 그리고 있었습니다. 가까이 가봤더니 바로 김 시인이었습니다. 그는 온몸에 갖가지 색깔의 페인트를 묻힌 채 "오늘 횡재를 했으니 저녁에 대향연을 벌이자"고 하면서 입을 크게 벌리고 웃었습니다.

김 시인의 말에 의하면 박일영이란 분은 대단한 재간을 가진 예술가였으나, 한 편의 시도 한 폭의 그림도 발표한 일이 없는 사람이었습니다. 저는 그저 김 시인의 얘기만 믿고 마음으로 그를 따르고 존경했습니다. 박 선생은 대단히 겸손한 사람이었습니다. 그런데 몸이 약해서 결혼을 못 한다고 했습니다.

5

우리는 1949년 겨울, 돈암동에 방을 얻고 신접살림을 차렸습니다. 신접살림이라고는 하지만 정식으로 면사포를 쓰고 웨딩마치에 발맞추어 걸어 나오는 정식 결혼의 관문을 거친 것은 아니었습니다. 서로 떨어져 살기 싫을 정도로 사랑한다면 그 사랑이 곧 결혼의 형식이라는 그의 방식대로 곧바로 동거 생활에 진입한 것입니다.

우리는 결혼한다고 양쪽 집에 말해 결혼 비용을 받았지만 결혼식은 치르지 않고 그 돈을 부산으로 여행하거나 데이트 자금으로 다 써버리고 말았습니다. 그래서 양가에서는 우리를 내놓은 사람 취급을 하기도 했습니다.

 그때 우리는 돈 나올 곳이 없는 가난뱅이였지만, 돈암동에서 방 세 개가 있는 집의 아래채를 얻어 살았습니다. 고모(김수명) 생일도 우리 집에서 치렀는데, 가난의 여유랄까 그런 것이 우리에게는 있었습니다. 6·25가 발발하기까지, 항상 마음에 무언가가 꽉 들어차서 더 이상 아무것도 들어올 수 없는 충만감으로 살았던, 참으로 짧았지만 행복했던 시절이었습니다.

 그이는 저와 동거 생활을 하기 전엔, 주변에 영어를 배우러 다니는 여대생도 있었고, 『문예』 잡지사의 여기자도 있었습니다. 그런데 저는 크게 신경을 쓰지 않았습니다.

 원래 저는 시도 쓰고 그림도 그렸는데, 내심으로는 시보다 그림을 그릴 생각이었습니다. 전쟁 중에 교육 받은 터라 미술 조류는 자연히 프랑스의 인상파, 그것도 일제(日帝) 군국주의 선정성과 밀접한 관련을 가진 리얼리즘에 익숙해 있었습니다. 그런데 그이를 알고, 그의 영향을 받으면서부터 더 이상 그런 그림을 그릴 수가 없었습니다. 특히 그에게서 달리 화집을 빌려 보고는 붓을 놓아버렸습니다. 김 시인은 화가 중에 달리도 좋아했지만, 뭉크를 더 좋아했습니다. 그리고 이런 말을 한 적이 있습니다.

 "뭉크한테서는 에스프리(정신) 같은 것이 감전돼 와. 물론 피카소나 베토벤이 한 수 위지만, 피카소나 베토벤은 내가 도저히 대적할 수 없는 악마적 존재야."

 이 무렵 우리 부부는 명동을 "싸구려 명동"이라고 부르며, 밖에서 만날 때는 가급적 명동을 피하고, 정동 경교장 부근에 있는 음악다방에 자주 갔습니다. 그곳엔 문인들이 없어 조용해서 좋았고, 그는 그 조용한 분위기에서 크고 빠른 목소리로 자신의 생각을 몰입하여 얘기하기를 좋아했습니다. 그는 때때로 이승만 대통령을 공격하기도 했고, 문단의 스캔들을 화제 삼기도 했습니다.

   직장 생활을 싫어했던 그가, 서울대학교 부설 간호학교 영어 강사 자리를 얻어 출강하게 된 것도 그 무렵이었습니다. 결혼 생활을 하기 위해서 돈이 필요하기도 했지만, 돈을 벌러 직장에 나가도 된다고 생각할 정도로 정신적인 안정을 얻고 있었습니다. 그런데 그 무렵, 우리 민족의 비극인 6·25 동란이 일어났습니다.

6

   그는 서울에 그대로 남아 있다가 1950년 8월 25일경, 문인들이 대거 의용군으로 끌려갈 때 인민군에게 끌려갔습니다. 계속 숨어 다니던 그가, 모시 노타이 차림으로 집을 나갔다가 강제 입대됐다는 말을 듣고 시누이(김수명)와 함께 충무로 일신(日新)국민학교로 달려가서 철조망 안으로 감자 삶은 것 몇 개를 건네준 것이 그이와의 마지막이었습니다.

   그의 큰 눈은 공포와 불안과 굶주림으로 시커먼 동혈(洞穴) 같았습니다. 저는 아무런 말도 한마디 건네지 못하고 우두커니 서 있다가, 그가 인민군 보초병 몽둥이에 맞고 끌려 들어가는 무서운 꼴을 보았습니다.

   바로 그다음 날 아침, 웬일인지 여름 날씨가 가을의 쌀쌀한 날씨로 급강하해서, 저는 부랴부랴 그의 두터운 옷을 챙겨 들고 안개 낀 새벽길을 달려갔습니다. 그러나 일신국민학교 운동장엔 흉물스런 철조망만 남아 있을 뿐, 총과 몽둥이를 들고 설치던 인민군도, 갇혀 있던 숱한 문인들도 다 어디로 갔는지 아무도 보이지 않았습니다. 텅 빈 교사(校舍), 텅 빈 운동장은 마치 폐허와 같았습니다.

기진맥진한 저는 그 자리에 털썩 주저앉아버렸습니다. 이 세상 모든 것을 잃어버린 허탈한 상태, 바로 그것이었습니다. 그 사람은 이제 영원히 돌아올 수 없는 사람, 찾을 길 없는 머나먼 북녘 땅으로 가버린 사람, 저는 그가 쌀쌀한 가을 날씨에 여름옷으로는 살아남을 사람이 아님을 잘 알고 있었습니다. 그이는 꼭 병아리같이 추위를 타서, 궂은 날이나 한여름에도 아침저녁으로는 꼭 두터운 옷을 챙겨드려야 했습니다.

후일 그이가 돌아와서 한 얘기를 들어보니, 바로 그날 밤 무서운 감시 속에서 미아리고개를 넘어 북(北)으로의 행진을 계속했으며, 포천 근처까지 가자, 입고 있던 그 노방옷은 이미 차가운 바람을 견디지 못해 갈기갈기 찢어졌다고 하더군요.

그 후 우리 가족들은 모두 그이가 살아 돌아올 수 없는 사람으로 생각했습니다. 없어진 사람에 대한 얘기를 일체 하지 않기로 무언중 약속이나 한 것처럼 그이에 대한 얘기를 가슴 깊숙이 숨겼습니다. 그러다가 누구 한 사람이라도 슬픔에 북받쳐서 그이에 대한 얘기를 꺼냈다 하면, 밥을 먹을 때건 아니건 분간도 없이 우리 집은 통곡의 수라장이 되었습니다. 얼마 동안 우리 가족은 매일 이런 통곡의 울음바다에서 살았습니다.

그러다가 1950년 12월 28일, 경기도 화성군 발안면 사랑리 피난지에서 저는 첫아들 준(儁)을 낳았습니다. 가지고 온 패물이며 옷가지를 팔아 근근이 연명하던 중 한강 도강(渡江)이 허락되지 않던 어느 날, 시어머님께서 서울을 한 번 다녀오시더니, 종로6가 노고모님한테 그이가 '반공

포로로 거제 포로수용소에 있다'는 편지가 왔다고 했습니다. 아! 아! 그이는 살아 있었던 것입니다.

우리는 너무 기쁜 나머지 며칠 밤을 그저 꿈이냐 생시냐 하고 서로를 위안하며 놀란 가슴을 진정시켰습니다.

7

저는 곧바로 그에게 긴 편지를 띄웠습니다. 그이의 답장이 곧 있을 것이란 기대에 한껏 부풀어 그동안의 피난살이 얘기, 아들 준의 탄생, 잠시 선생 노릇을 하던 피난지 중학교에서의 얘기 등을 적은 편지를 보냈습니다. 그러나 그이의 답장은 오지 않았습니다. 그쪽 수용소 사정이 편지할 수 있는 형편이 못 되는 것 같아 답장 받기를 단념하고, 밑도 끝도 없이 일기를 쓰듯 편지를 써서 보냈습니다. 그래도 그이의 답장은 오지 않았습니다. 저는 애타는 마음을 누를 길 없어 매일 한 번씩 아기를 들쳐 업고 20리 길을 걸어 우체국에 갔다가 그저 빈손으로, 무거운 발걸음으로 돌아오곤 하였습니다.

그러나 저는 그이가 저와 아들에게 반드시 돌아오리라는 믿음을 가지고 끈질기게 기다렸습니다. 믿음직한 아이의 아버지로 그가 내 앞에 나타날 것을 저는 믿어 의심치 않았습니다.

결국 그는 이런 저의 기다림을 배반하지 않고 1952년 12월 겨울, 저의 피난지 사랑리로 돌아왔습니다. 보따리 하나 없이, 돈도 한 푼 없이 맨몸으로 죽은 자가 다시 살아서 돌아오듯, 그는 그렇게 홀연히 제 앞에 나타났습니다. 저는 너무나 놀랍고 반갑고 기가 차서 아무 말도 하지 못

했습니다.

그는 포로수용소에서 석방되자마자 무척 당황했다고 합니다. 갑자기 자유의 몸이 된 그는 길 한복판에 서서 어디로 갈 것인가 하고 한참 동안 망설였다고 합니다.

"어머님도 보고 싶고, 누이동생들도 보고 싶고, 둘째 동생도 보고 싶고, 모두 모두 너무나 보고 싶었어."

훗날 그이는 어머님께 이런 말을 했었습니다.

"어머니, 포로수용소에서 나오자마자 길 한가운데 서서 한참 동안 망설였습니다. 어머니한테 먼저 가야 하나, 아들과 아내한테 먼저 가야 하나 하고 깊게 생각했지만, 결국 아내와 아들이 먼저 보고 싶었습니다."

"그건 으레 그렇단다. 정직한 얘기로구나."

그이의 말을 들은 시어머님께서는 조금도 서운한 기색이 없으셨습니다.

제가 보낸 일기 편지는 포로수용소 안에서 대인기였다고 합니다. 가족들의 소식에 굶주린 불쌍한 포로들은 제 편지를 읽으며, 그 전쟁 와중에 그래도 살아남아 있다는 사실을 확인하곤 하였답니다. 서로 편지를 돌려가며 읽는 바람에 편지가 갈기갈기 찢겨 나중엔 베개 속에 숨기기까지 했다는 얘기에 마음이 아려왔습니다. 그이도 매일같이 편지를 써서 제게 보냈다는 안타까운 사실도 저는 그때야 처음 알았습니다. 그이는 밤을 지새우며 그동안 있었던 얘기를 한없이 들려주었습니다. 삶과 죽음의 고비를 넘기며 가슴속 깊이 사무친 얘기를 낮고 조용한 목소리로, 그날의 공포와 비애를 삼키며 말씀하셨습니다.

"글쎄 말이야, 느닷없이 포로수용소 스피커에서 '내 고향 남쪽 바다아

―' 하는 이은상 선생이 작사하신 노래가 찢어지게 애달프게 울려 퍼지는 거야. 마치 거제 61포로수용소를 온통 흔들듯이. 그러면 어떻게 된 일인지, 개미 한 마리 얼씬거리지 않는 무서운 고요가 깔리고, 이어서 폭동이 일어나고, 너 나 할 것 없이 모두 공포의 도가니 속에 빠지지. 그리고 누가 누구에게 죽임을 당하는지 알 수가 없지.

그래서 '내 고향 남쪽 바다아―' 하는 노래가 울려 퍼지면 소름이 돋고 치가 떨렸어. 그 노래가 끝난 뒤엔 꼭 몇 구의 시체가 발견되기도 하고, 그 시체조차 흔적도 없이 사라지고 했거든. 적색(赤色) 포로들 때문에 반공 포로들은 자기 신분을 감추고 지내야 했었어.

정말 암흑과 고절(孤絶)과 절망의 나날들이었어. 그 속에서 내가 어떻게 견뎌내야 했겠어? 난 살아야겠다는 의지를 매 순간 다짐했어. 앞도 뒤도 없고 시간조차 흐르는 것 같지 않았지. 그대로 모든 것이 움직이지도 않은 채 끝없이 깊이깊이 가라앉는 것 같았어. 그래도 수용소에 처음 들어왔을 땐, 악귀보다 더 어둡고 무서웠던, 무섭도록 춥고 굶주렸던 탈주 경로 때문에 처음엔 그곳이 안도의 보금자리였지.

아, 그러나 나는 온갖 것이 다 정지된, 포로수용소에서의 그 침체의 연속에서 벗어나기 위해서, 내 손으로 매일 생니 하나씩을 흔들어 뽑았어. 그 답답한 시간을 나는 이를 빼는 아픔을 스스로에게 가함으로써 견딜 수 있었고, 또 견뎌야 했어. 나에게 이가 빠지는 아픔이 있다는 것은 바로 내가 이렇게 살아 있다는 것을 확신하게 만드는 것이었어.

나는 내 이를 빼면서 큰 힘을 얻었지. 그리고 나날이 한 개씩 없어지는 이를 보면서, 새롭게 내 정신을 가다듬고 내 시의 구심점이 사랑에 있다고 굳게 마음먹었지."

8

 1954년, 신당동에서 동생들과 같이 있던 김 시인의 나이 서른세 살 때, 피난지에서 돌아와 저는 다시 성북동에 안착했습니다. 우리가 세 든 집은 백낙승(白樂承) 씨의 한옥 사랑(舍廊) 별장으로, 지저귀는 새 울음소리에 잠을 깨고 약숫물로 세수를 할 정도로 피난살이에 시달린 우리로서는 그야말로 신선이 사는 선경(仙景)에라도 든 것 같았지요.

 그런데 그 성북동 집에 사는 산장지기 귀머거리 아저씨가 온종일 무분별하게 틀어대는 라디오 소리 때문에 우리는 또 그곳을 떠나야 했습니다. 소음에 대해서 무척 신경이 날카로운 그이가 글을 쓸 때는 온 식구가 고양이처럼 발소리 나지 않게 조심할 정도였으므로, 결국 그 라디오 소리를 견뎌내지 못했던 것입니다. 그는 그렇게 예민한 사람이었습니다.

 여기저기 소음이 없는 곳을 찾아 우리 형편에 맞는 싼 집을 구하다 보니 황무지 같은 서강(西江) 언덕에 상여처럼 앙상한 외딴집 한 채를 사서 이사했습니다. 500여 평 대지에 건평 26평, 주위엔 잡초가 우거져 모기가 들끓었지만, 멀리 흐르는 한강물은 일광에 따라 푸른빛으로 붉은빛으로, 또 잿빛으로 변하면서 우리의 마음을 물들여주었습니다. 나중에 안 일이지만 그 일대 주택은 모두 무허가 주택이었다고 합니다.

 저는 황무지를 개척하는 서부 여인처럼 삽과 곡괭이를 들고 밭을 갈고 씨를 뿌리는, 참으로 보람된 농군 생활을 했습니다. 그때에는 우리 국민 대다수가 궁핍한 생활을 할 때였습니다. 쌀 한 말 사다가 독에 부어놓으면 너무나 대견해서, 하루에도 몇 번씩 작은 독에 가득 찬 쌀을 복 더미 들여다보듯 하며 기꺼워했습니다. 한 달에 3,000환만 있으면 살아갈 수 있는 때였으나, 우리는 땅을 이용해야 호구지책이 되겠다고 생각하고 양계(養鷄)를 시작했습니다.

닭을 기르는 일은 생각했던 것 이상으로 여간 힘든 일이 아니었습니다. 제때에 먹이를 주고 닭장을 청소해주어야 했으며, 제때에 사료를 구해오고 물을 길어와야 했습니다. 또 '백리(白痢)'라든지 '콕시즘' 같은 전염병을 막기 위해 정기적으로 예방주사를 놓아야 했고, 수시로 어디 병들지나 않았는지 병아리들의 내색을 살펴보아야 했습니다. 김 시인의 산문 「양계 변명」에 보면 닭 기르던 얘기가 자세하게 나옵니다.

> 날더러 양계를 한다니 내 솜씨에 무슨 양계를 하겠습니까. 우리 집 여편네가 하는 거지요. 내가 취직도 하지 않고 수입도 비정기적이고 하니 하는 수 없이 여편네가 시작한 거지요. (중략) 내가 닭띠가 돼서 그런지 나는 닭이 싫지 않았습니다. 먼첨에는 백 마리쯤 길렀지요. 부화장에서 병아리를 사다가 안방 아랫목에서 상자 속에 구공탄을 피워 넣고 병아리 참고서를 펴 보면서 기르는데 생각한 것보다 훨씬 힘이 들더군요. 그래도 되잖은 원고벌이보다는 한결 마음이 편하지요. 나는 난생처음으로 직업을 가진 것 같은 자홀감(自惚感)을 느꼈습니다.

1960년경쯤엔 우리의 살림도 점차 안정을 회복해갔습니다. 힘들었던 양계 일을 그만두고, 양계를 하면서 동시에 시작했던 양재(洋裁) 일에 전념하는 쪽으로 방향을 틀었습니다. 처음엔 친구나 친구 아이들의 옷을 만들어주다가 차차 일감이 많아지고 일의 규모가 커져서, 서강 종점 부근에 '엔젤'이라는 양장점을 차렸습니다. 김 시인은 양장점 일을 못 하게 하지는 않았지만, 그 일이 바빠 제때에 식사를 못 해드리면 가끔 신경질을 내었습니다.

결국 닭을 키웠던 것은 부패한 현실 속에서 은자(隱者)처럼 살고자 한, 현실적 고뇌 때문이 아니었나 생각됩니다. 양계를 그만둔 날 저는 큰 한숨을 쉬면서 이렇게 말했습니다.

"그동안 사람을 키웠더라면 이렇게 허전하지는 않을 것을."

그동안 양계로 연명은 했지만 남은 것은 아무것도 없었습니다. 오히려 연체된 사료 값만이 고스란히 남았으니까요. 닭을 많이 키울 땐 800여 마리나 키웠는데, 어떤 땐 사료 값이 10배로 뛸 때도 있었습니다. 남들 눈에 평화스러워 보이는 양계장 풍경과는 달리 전 너무나 일에 시달리고 바쁘기만 했습니다. 물론 우리나라 이웃인 일본이나 노르웨이, 덴마크 같은 복지 국가로 만들려고 나라 살림하는 분들이 그 얼마나 노력했습니까마는, 그 당시 김 시인이 쓴 시 고료의 대부분을 닭이 먹고 갔으니, 지금도 그 세월과 그 원고료가 아깝게 생각됩니다. 양계를 하는 동안 큰 기쁨이 있었다면 둘째 아들 우(瑀)가 태어난 일과 김 시인이 제1회 한국시인협회상을 받고 첫 시집 『달나라의 장난』을 간행한 일이었습니다.

9

김 시인의 지난 생애를 살펴보면 그는 진정 타고난 시인이었다는 생각이 듭니다. 그는 어린 시절부터 비범한 암기력을 발휘해 주위 사람들을 놀라게 한 일이 한두 번이 아닙니다. 소년 과부로 김 시인을 키우시다시피 한 김 시인의 노고모님께서는 그이가 천자문(千字文)을 다섯 살 때 유창하게 암송했다고 합니다.

그러나 저는 그가 공부를 잘했다는 이야기보다 항상 무엇인가를 궁금해하고, 말수가 적고, 늘 혼자서 멍하니 그늘에 있었다'는 얘기를 하고 싶습니다.

어의동 공립 보통학교(지금의 효제초등학교)에 다닐 때에도 늘 학업 성적은 1등을 하면서도 학우들을 리드하는 반장 노릇은 못 하고, 병약해서 그랬는지 늘 햇볕이 든 벽에 기대 있기를 좋아했다고 합니다. 햇빛을 쬐고 있는 그이의 목덜미에 솜털과 좁쌀이 돋아났다는 어머니의 말씀을 들었을 때, 전 어린 시절의 그이가 가엾게 느껴졌습니다.

그이는 전위적 현실 참여의 깃발을 높이 든 시인으로 알려져 있지만 그이의 타고난 정서의 깊이와 그 섬세함을 누가 따를 수 있겠습니까. 그이는 늘 그늘과 비애를 삼킨 위대한 서정을 깔고 시를 썼다고 생각합니다. 그이는 만들어진 시인이 아니라, 타고난 시인이었습니다. 시인으로 타고난 자신을 더 높이고 극복하여 스스로를 위대한 시인으로 만든 사람이라고 저는 굳게 믿고 있습니다.

매일매일이 새로움에 대한 삶이었기에 그이에겐 많은 생활 이야기와 시가 있습니다. 시가 생활이요, 생활 또한 시가 아닐 수 없듯이 그이의 몸과 시는 항상 일치돼 있었습니다.

처음 『예술부락(藝術部落)』이라는 문학지에 발표되었던 「묘정(廟庭)의 노래」에서부터 1968년의 절명시(絕命詩)인 「풀」에 이르기까지, 그 하나하나의 작품이 어떻게 쓰였는지 저는 너무나 잘 알고 있습니다. 이것만이 저의 크나큰 보람이 아니겠습니까.

한 편의 시나 산문이 완성되면 그는 덮어놓고 저를 부릅니다. 그땐 제가 집 안에서 부엌일이든 무슨 일을 하고 있든지 간에, 손을 멈추고 서재로 뛰어가야 합니다. 다른 이유가 있을 수 없습니다. 한참 부글부글

끓어오르는 밥솥도 일단 불에서 내려놓고 달려가야만 됩니다.

서재에 들어서자마자 저는 그이의 초고를 봅니다. 깨알같이 쓴 장문의 시. 그의 시를 정리해서 원고지에 깨끗이 옮기는 작업이 저의 과업입니다. 몇 줄 안 되는 짧은 시일 때는 옮겨 쓰는 데 몇 분 걸리지 않아 아이들 시장기에 별 지장이 없었지만, 장시나 산문은 몇 시간이 걸릴 때도 있어서 아이들이 배가 고프다고 칭얼거리기도 했습니다. 한 편의 시가 완성될 때마다, 그가 입버릇처럼 말한 '산고(産苦)'를 온 식구가 다 겪은 셈입니다. 1년이면 평균 10편에서 13편 정도의 시를 썼습니다. 그이의 불같은 성미와 신경질적인 언사를 그이는 늘 '산고였다'고 말했습니다.

10

집에서는 술을 한 방울도 마시지 않고, 말수도 별로 없고, 거동이 조용하기만 한 그이가, 술만 취하면 너무나 무궁무진한 애교로 제 웃음을 자아냈습니다. 그이의 장기는 무성영화 시대의 변사 노릇이었습니다. 레퍼토리는 〈수일과 순애〉.

"순애야, 야, 이년아. 너는 돈에 눈이 멀었더냐? 순애야, 이 더러운 년아."

〈수일과 순애〉의 클라이맥스 대사를 어떻게 그토록 유창하고도 낭랑하게 잘하는지 모두 참으로 즐거워했습니다. 그러나 비위에 거슬린 술을 먹은 날의 그의 주사(酒邪)는 손을 쓸 수 없을 정도로 심했습니다. 그 주사의 대상이 저였기 때문에 저는 너무나 지쳐서 견디지 못해 이혼을 제시하고 한 열흘 정도 별거해본 적도 있습니다.

당신이 내린 결단(決斷)이 이렇게 좋군
　　나하고 별거(別居)를 하기로 작정한 이틀째 되는 날
　　당신은 나와의 이혼(離婚)을 결정하고
　　내 친구의 미망인의 빚보를 선 것을
　　물어주기로 한 것이 이렇게 좋군
　　집문서를 넣고 육(六)부 이자로 십(十)만 원을
　　물어주기로 한 것이 이렇게 좋군

　　(중략)
　　아내여 화해하자 그대가 흘리는 피에 나도
　　참가하게 해다오 그러기 위해서만
　　이혼(離婚)을 취소하자

　그이의 시 「이혼취소(離婚取消)」가 당시의 우리 부부를 잘 말해줍니다. 그이는 툭하면 거지가 되겠다고 집을 나가버리기도 했습니다. 진정한 자유와 비애를 가져야 시를 쓸 수 있다고 하시면서.
　그이는 몸도 돌아보지 않은 채 폭주를 한 시인이었습니다. 그는 술을 즐길 줄을 몰랐습니다. 술에 골탕을 먹고 늘 '금주(禁酒), 금주' 하다가 또 술에 골탕을 먹었습니다. 친구들과 이야기하고 싶으면 술을 먹는다고 했습니다. 가난한 시대에 가난한 시인들의 술자리란 안주는 소금이요, 독한 소주일 뿐입니다. 그이는 치질이라는 지병 때문에 술을 멀리해야 할 운명이었건만 일생 술에 대해서만은 철저하게 위반했습니다.
　"몸 생각 좀 하세요."
　외출하는 그이의 등 뒤에서 앵무새같이 똑같은 소리를 반복했건만, 한

번쯤이라도 귀담아 들어주었던들!

그이는 때때로 '금주, 금연, 금다(禁茶)'라는 글자를 벽에 써놓기도 했습니다.

안일과 무위(無爲)를 그는 제일 싫어했습니다. 술도 얻어먹는 술이 있고, 얻어먹지 않는 술이 있었습니다. 어느 무위도식하는 R이라는 분의 술은 아무리 돈이 없어도 피한 것으로 알고 있습니다.

그이가 술을 좋게 마시고 기분 좋게 들어오는 날 밤이면, 우리 집안은 무지개가 뜨는 듯 참으로 환하고 즐거운 집이 되었습니다. 그런 날이면 그는 두 아들을 숫제 광적으로 사랑합니다. 이 부실했던 아내까지도.

아이들과의 약속은 아무리 술에 곤드레만드레가 되어도 꼭 지켰습니다. 'xx수련장'이 필요하다면 여하한 곳이든 샅샅이 뒤져 구해가지고 오는 열성 아버지였습니다. 아이들의 학교에도 잘 갔습니다. 물론 담임 선생님이나 아이들에게 들키지 않게 몰래몰래 갔다 와서는, 아이들의 거동을 지켜본 얘기를 제게 다정하게 하곤 했습니다.

그러나 술을 항상 기분 좋게 마실 수가 있겠습니까. 그이가 기분이 안 좋아 술을 마시고 들어온 날이면 우리 집은 지옥으로 변할 때도 있었습니다. 그래도 30대보다는 40대로 접어들면서 점점 주벽(酒癖)도 좋아져서 그의 주사는 그 기운을 점차 잃어갔습니다.

"요사이 젊은 시인들은 너무 얌전해서 걱정이야."

늘 이렇게 말씀하신 걸 보면, 젊은 시인들하고 어울리기를 좋아하신 것 같습니다.

그이는 술을 마시면 처음엔 별로 말이 없다가 간이 돌고 술기운이 오르기 시작하면서부터 말이 터져 나옵니다. 시 얘기, 문단 얘기, 근간에 읽은 외국 작품 얘기, 그리고 현실 이야기……. 현실 이야기가 화제의 중심을 차지할 때쯤이면 그의 입에서는 침이 튀고 말이 봇물 터지듯 쏟아집니다.

자유당 욕과 이승만 욕을 퍼붓고 6·25 때 배운 노래를 목청껏 부릅니다. 누가 그런 노래를 부르면 안 된다고 제지하면, "노래도 못 부르고 정부 욕도 못 한다면, 불쌍한 문인들의 흥이나 보라는 게요?" 하고 퉁명스럽게 맞받습니다.

주흥이 도도해지면 그이는 벌떡 일어나 만주에서 무대에 올렸던 연극 대사나, 앞에서 얘기한 무성영화의 변사 흉내를 내며 장장 몇십 분씩 읊어댑니다. 그이는 배우 같은 마스크로 손을 추켜올리는 제스처도 곁들입니다. 막판에는 그것도 모자라 술상 위로 올라가 그이의 십팔 번 노래인 '대동강 부벽루에……'를 읊어댑니다. 술상이 튼튼한 경우에는 별일 없지만, 부실한 경우에는 178센티미터나 되는 그이의 큰 키와 동작의 힘을 이겨내지 못하고 그만 술상이 찌그러져 술도 안주도 박살이 나버립니다.

11

그런데 그이는 집에서는 절대 술을 마시지 않았습니다. 그이가 집에서 술을 마시지 않는 건 집과 서재를 엄숙한 일터로 생각했기 때문입니다. 그는 열흘 또는 보름씩 두문불출한 채 끈기 있게 일을 했습니다. 밥벌이가 되는 일로는 주로 번역에 매달렸습니다. 얼마 동안 그렇게 일을 하다가는 몸도 풀고 머리도 식히기 위해 그이는 거리로 나갔습니다. 그래서인지 저는 술상 차릴 줄을 몰랐습니다. 모던한 실업인이셨던 제 친정아버님이 맥주 정도의 가벼운 음주를 하셨을 뿐이어서 저는 술상 차리는 일을 못 보고 자랐습니다. 그래서 김 시인이 집에서 술을 즐기지 않았는지도 모릅니다.

 그이가 벼락 같은 성미를 부릴 땐, 시어머님과 시누이께서도 아무 말도 하시지 못하고, 벼락과 천둥이 가시는 하늘을 바라보는 심정으로 묵묵히 견뎌냈습니다. 그러면 구름이 가시고 바람도 가라앉은 조용한 아침이 오듯이, 그이는 책상머리에 고요히 단아하게 앉아 있었으며, 저는 그이의 그런 모습을 보고 안심하곤 했습니다.

 김 시인은 집에서는 꼭 한복을 즐겨 입으셨습니다. 여름에는 모시옷보다 베옷을 좋아했고, 봄가을에는 옥양목이나 당목 고의바지 저고리를, 겨울에는 솜바지 저고리를 참으로 좋아하셨습니다. 비단보다는 수수한 목면 옷감으로 만든 한복을 부숭부숭하게 입으셨습니다.

 그런 김 시인의 마음가짐은 늘 무경 같은 소박함, 바로 그것이었는데, 그 소박함을 어떻게 자랑해야 좋을는지요. 정말 그이의 심상은 퓨리턴(청교도)했고, 그 자신 또한 영원한 퓨리턴트였습니다.

 그이는 자신의 복장에 대한 섬세함도 있었습니다. 제가 다리미로 바지에 줄을 빳빳이 세워드리면, 다시 그 줄을 구기거나 죽여서 입을 정도였습니다.

 그이의 일생에서 의식적으로 모양을 냈을 때가 종로2가, 박인환(朴寅煥) 시인이 경영하던 서점 '마리서사(茉莉書舍)'를 드나들 즈음으로 기억됩니다. 당시 해방 직후라 모두 일본 군복에 검정물을 염색해서 입고 지낼 때였으나, 김 시인은 하루에 두 번씩 옷을 갈아입고 깔끔한 복장으로 모자까지 쓰고 나타나곤 했습니다. 저의 친구였던 최영희(崔英喜, 영문학자 최재서 씨의 장녀)도 저와 같이 '마리서사'에 자주 갔는데, 원래 이곳을 김 시인이 소개해주었습니다. 그땐 영희도 저도 스타일리스트들이라, 개성과 성격이 두드러진 옷차림에 무척 신경을 썼으며, 저는 위아래 하얀 옷을 잘 입고 다녔습니다. 옷에 따라 기분이 많이 좌우되던 젊은 시절이었지요.

김 시인의 경우, 하루는 샛노란 앙고라 조끼를 입고 있길래, 그게 얼마짜리냐고 물어보았더니 쌀 두 가마니 값이라고 해서 제가 깜짝 놀랐던 적도 있었습니다. 또 김 시인은 유달리 구두에 신경을 썼는데, 일생 동안 그 구두에 비위를 잘 맞춰드린 것 같습니다.

그이는 여자를 볼 때도 나름대로의 미적 기준이 있어서 손과 발이 예쁜 여자를 좋아했습니다. "오입을 해도 손발이 예쁘지 않으면 싫다."고 우스갯소리까지 한 적도 있습니다. 한번은 '시를 추천해달라'고 어떤 여대생이 찾아왔는데, 그 여대생이 손톱에 빨간 매니큐어를 칠했다고 시를 추천해주기는커녕 한바탕 야단을 쳐서 돌려보낸 적도 있었습니다. 생선같이 희고 맑은 손을 좋아한 게 아니라, 진정한 인간의 건강미를 느낄 수 있는 그런 손을 좋아한 것 같습니다.

그이는 가끔 저의 앉는 자세에 대해서도 주의를 주시곤 했습니다. 어느 복중(伏中) 염천(炎天)하에 우리는 바람이 잘 통하는 마루에 앉아 수박을 먹은 적이 있는데, 제가 더위를 참지 못하고 무심코 치맛자락을 올려 허벅지를 노출시키자, 그이는 제게 주의를 주셨습니다. 아이들 앞에서 얼마나 부끄러웠던지 지금도 그 일이 잊히지 않습니다.

그이는 새벽에 좁쌀을 쑤어서 만든 '조미음'을 먹었으며, 조반상이든 점심상이든 저녁상이든 그리 호화스럽지는 않더라도 격에 맞아야 했습니다. 까다롭다면 무척 까다로운 성미였지요.

12

그이는 항상 행복한 사람보다는 불행한 사람을, 강한 사람보다는 약한 사람 쪽에서 매사를 처리하셨습니다. 그이는 가끔 머리를 빡빡 삭발하고 들어와서 저를 깜짝 놀라게 한 일도 있었습니다. 자기 자신에 대해서 부단한 정신의 연마와 최촉(催促)을 게을리하지 않는 것을 저는 그이 옆에서 늘 보고 배웠습니다.

그이는 앞서가는 시정신을 갖기 위해서 철학서는 물론, 새로운 문학 서적을 숙독하는 데에 여념이 없었습니다. 깊은 감동과 흥미를 준 책은, 읽고 난 후 서 푼어치에 팔아, 술을 마시는 괴벽도 있었습니다. 그이가 가장 싫어하는 것 중 하나는 보지도 않는 책을 유리장 안에 진열하고 학자연하는 그런 사람들을 가장 혐오했습니다.

그래도 그의 서재에는 무수히 많은 책들이 쌓여 있습니다. 편히 앉을 자리도 없을 정도로 방 안은 책으로 꽉 메워졌습니다. 그이는 책상이나 서가를 아무도 건드리지 못하게 했기 때문에 일하는 아이는 얼씬도 하지 못했으며, 늘 제가 조심스럽게 유리그릇 다루듯 서재 청소를 했습니다.

그이의 학구열은 지나칠 정도로 정열적이었습니다. 플라톤, 하이데거 등의 무거운 철학 서적을 숙독하는 시간을 얼마나 즐거워했는지 모릅니다. 밥벌이로 하고 있던 번역 일도 얼마나 열심히 했던지, 각 출판사의 편집자들로부터 두터운 칭찬도 자주 들었습니다. 그러자니 자연 집 자체가 직장이나 다름없었던 그는, 아무리 친한 친구가 찾아와도 집에서 만나는 일은 거의 없었습니다. 누가 찾아와도 '없다고 하라'며 그냥 돌아가게 했습니다. 우리 집 아이들까지도 그런 거짓말을 곧잘 했습니다.

한번은 시인 유정(柳呈) 씨가 달포쯤 불출(不出)한 그이를 찾아왔습니다. 마침 그이는 그때 안방에서 글을 쓰고 있었습니다. 그이는 이따금 제가 외출하고 없으면, 여편네 방인 안방에 소반을 갖다놓고 글을 쓰거나, 책이라도 읽어가면서 집을 잘 보아주었습니다. 걸레질도 잘 해주었고, 하고 나서는 아주 꼼꼼하게 비틀어 물기 없이 짜놓기도 했습니다.

그런데 작은아들 우가 '아버지가 안 계신다'고 유정 씨를 따돌렸습니다. 유정 씨의 아들과 우리 집 우와는 동갑내기였고, 유정 씨와 우리 집은 가끔 잘 어울려 식사를 함께하기도 하고, 어떤 해엔 창경원 벚꽃놀이도 같이 간 적이 있었습니다. 이런 친근한 사이임에도 불구하고 작은놈은 능숙한 연기 솜씨로 유정 씨를 그냥 돌아가게 했습니다. 너무나 훈련이 잘 돼 있었다고 할까요. 결국 먼 길을 온 유정 시인도 그만 문전소박을 받고 말았는데, 후일 그이가 유정 씨에게 사과는 물론, 벌술까지 낸 것으로 알고 있습니다.

또 한 번은 소설가 전병순(田炳淳) 여사가 박순녀(朴順女) 여사와 함께 처음으로 그이를 만나보고자 정종 한 병과 명태 한 두름을 들고 찾아왔습니다. 손님이 집에 찾아오는 것을 좋아하지 않는 그인 데다가 더욱이 그날은 번역 일에 쫓기고 있을 때였습니다.

저는 불안해서 안방과 서재를 왔다 갔다 하면서 그이의 눈치만 살피다가 조용히 때를 맞춰 박 여사와 전 여사를 모시고 왔노라고 전했습니다. 그이는 제 말을 듣고도 아무런 대꾸도 하지 않았습니다. 저는 손님들과 안방에서 서먹서먹하게 초조한 마음으로 한참 동안 앉아 있었습니다. 그러면서 저는 김 시인의 일상생활 얘기를 해주면서 일에 신이 들리면 밥 먹는 일마저 잊어버리는 때도 있으니, 오늘 오셨더라도 혹시 헛걸음칠 수도 있다고 미리 예방책을 강구하기도 했습니다.

그런데 그이가 안방으로 건너와 전 여사의 인사 소개를 받는 둥 마는 둥 하고는 신랄하게 꾸짖는 게 아니겠습니까.

"문학 하는 사람의 프라이드가 고작 술과 명태를 사 가지고 유명 문인을 찾아다니는 것이냐? 이건 정말 꼴불견이 아니냐?"

그의 일갈에 전 여사는 물론 저까지도 어디 쥐구멍이라도 있으면 들어가고 싶을 정도로 부끄러워 고개를 들어 올릴 수가 없었습니다. 그이는 범사의 하나하나가 이렇게 진지했습니다. 잡지나 신문지상에 발표되는 시는 꼭 빠짐없이 보시고 젊은 후배들에게 격려의 찬사도 아끼지 않았습니다.

그 뒤부터 그이와 전 여사는 무척 친해졌습니다. 어느 날 제가 양장점 일을 마치고 밤늦게 돌아와 보니, 그이와 전 여사가 안방에서 차를 마시고 있었습니다. 전 여사를 전송해주고 돌아온 그이가 "하도 달이 밝아 전병순 씨에게 뽀뽀를 하자고 했더니, 마음속으로 하세요." 하더라고 말했습니다.

저는 그런 얘기를 들으면서, 한 여자로서 왜 질투가 나지 않았는지……. 그것은 김 시인에 대한 저의 사랑과 믿음이 있었기 때문입니다. 그이는 일생 동안 저를 두고 다른 여자 때문에 방황하지는 않았습니다. 그런 점에서 가슴 뿌듯하게 살아온 것 같습니다.

13

　진정 우리 가족은 모두가 김 시인을 위해서 이 세상에 태어난 사람들이었습니다. 유별나게 인정스럽고 깊고도 맑은 인간미를 지닌 시어머님과 시누이, 둘째 시동생(김수성) 등 김 시인을 둘러싼 아름다운 이야기는 산더미같이 많습니다. 김 시인은 8남매 중에 장남이었으나 실질적인 장남 구실은 둘째 시동생이 도맡았고, 시누이도 무척이나 애를 써주셨습니다. 당시 동생들이 모두 학생들이어서 그들의 학비를 보태주어야 할 입장이었으나, 그이는 오히려 여러모로 동생들의 보호를 받는 셈이 되었습니다.
　그래서 그이는 가족들에게 늘 속죄하는 마음으로, 늘 감사하는 마음으로 시를 쓰곤 했습니다. 지금도 도봉동 산기슭에 사시는 시어머님과 시누이는 저에겐 보석 같은 가족입니다. 곱고 고운 인정미로 명석하게 살 줄 아는 분들이기에, 저의 쓸쓸하고 메마른 마음에 늘 훈기를 던져줍니다. 저에 대한 그분들의 사랑도 언제나 김 시인에 대한 사랑 못지않습니다. 전 지난날 그이하고 툭탁거리고 난 후에, 아이를 업고 친정어머님께 달려가는 것이 아니라, 시어머님께 달려가서 저의 심정을 호소했습니다.
　저의 그런 모습을 죽 보아온 시누이께서는 요즘도 가끔 그런 저를 놀리기도 합니다. 저는 오늘날까지 시댁 식구들의 훈훈한 마음에 의지하고 살아왔습니다. 오늘날 김 시인의 시에 위대한 진실의 힘이 있다면, 그의 시를 낳게 해준 가족들의 힘을 소중하게 생각하지 않을 수 없습니다. 김 시인이나 그의 가족 주변을 잘 아시는 분들은 지금 저의 이야기를 전적으로 납득하실 것입니다.

그의 시에 흐르고 있는 깊고도 진한 인간적 정서의 바탕은 늘 그의 핏속에서 흐르고 있다고 생각합니다. 저의 표현이 너무 둔탁하기 짝이 없지만, 그이의 시인으로서의 밑거름은 타고난 핏줄에 있다고 생각됩니다.

저는 지금 충북 보은 시골에 살고 있습니다. 우리나라 농민들이 언제 잘살게 되나 하고, 농민들의 마음이 평화롭게 활짝 피는 날이 언제인가 하고 김 시인을 기다리는 마음으로 살고 있습니다. 김 시인은 문명의 오염을, 서울의 오염을, 인간 정신의 오염을, 나아가 인류의 온갖 오염을 시로 행동으로 구체적으로 밀어붙이고 살다 간, 끈질긴 의지의 시인이었습니다. 저는 그이가 마지막으로 쓴 시 「풀」과 같이 살아가고자 합니다. 풀과 같이 강인한 의지로 김 시인의 높은 자유의 정신을, 흉내라도 좋으니 따라가고 싶습니다.

> 풀이 눕는다
> 바람보다도 더 빨리 눕는다
> 바람보다도 더 빨리 울고
> 바람보다 먼저 일어난다

한 시대를 열심히 다채롭게 살다 간 김 시인의 이야기는 파상형(波狀形)으로 물결쳐 흘러가듯, 우리의 가슴과 가슴속으로 흘러가면서 뜨거운 진실과 사랑을 던져주고 있다고 저는 믿고 있습니다.

그이가 가신 후, 그이가 내조의 덕을 보았다는 얘기는 함부로 할 말이 아니라고 봅니다. 진정한 시인에게 있어 편리한 생활 조건이란 아무런 힘이 되지 않는다는 것을 저는 지금 분명 깨닫고 있습니다. 그것은 편리하고 안일한 생활이야말로 시인에게 있어 오히려 독(毒)이 될 수 있다고 생각하기 때문입니다.

(『가정조선』, 1985년 5월호)

제 2 부

낡아도 좋은 것은 사랑뿐이냐[1]

금선주

1. 효자병원에서

입원하신 엄마를 만나러 가는 길에 눈송이가 날렸다. 나풀거리며 내리는 눈송이들이 겨울을 감싸는 뜨개실 타래처럼 포근하게 내렸다. 길바닥에도 가로수에도 내 차의 지붕 위에도 내려 쌓였다. 차에서 내리자 눈꺼풀 위로 눈송이 하나가 내려앉았다. 병원 로비로 들어서는 마음에 눈송이가 닿은 듯 시렸다. 병동으로 올라가 면회실로 가자 요양사가 인정스러운 손길로 엄마를 모시고 왔다. 시렸던 마음에 다소의 위안이 스몄다.

"어머나! 감이 아주 탐스럽구나! 빛깔이 곱기도 하지."
"엄마, 아― 하세요."
아기처럼 벌린 입에 내 마음처럼 붉은 홍시를 한 수저 넣어드렸다.

---

[1] 김수영 시 「나의 가족」에서 차용.

"꿀맛이다! 딸내미 덕분에 호강이 넘치는구나."

입가에 묻은 감을 닦아드리자 다섯 번 만에 그만 드시겠다고 머릴 저으셨다.

엄마도 아드님 우 오빠를 이렇게 어르셨던 시절이 있을 텐데. 아기가 된 엄마 입속에 사랑이 담긴 홍시를 세 수저 더 떠서 먹여드렸다. 기어이 엄마가 손사래 치셨다.

"요즘은 끼니때도 세 수저 이상을 못 먹겠더라."

아쉬움에 빈 수저를 놓지 못하고 가만히 들여다본 엄마의 얼굴. 아직도 왼쪽 눈가에 노란색을 띤 멍 자국이 보였다. 저녁 9시에 넘어진 몸을 티끌만큼씩 움직여 아침이 되어서야 휴대전화로 연락이 되기까지의 흔적이었다. 재작년까지도 13시간이 넘는 비행을 불사하고 댈러스를 다녀오셨던 기백도 옛이야기가 되어 멍 자국 뒤로 물러서 있었다. 세월은 용기보다 몸을 먼저 사그라지게 하는 것일까.

작년 초부터 약해진 뼈가 엄마를 자꾸 넘어뜨리고 훈장처럼 얼굴에 멍이 들고 빠지기를 반복하셨다. 늑골 뼈 골절을 힘겹게 이겨내셨는데 다시 척추뼈가 주저앉아 이제는 병원에서 지내는 시간이 더 많아지신 엄마. 그날은 급기야 고관절의 대퇴골두가 말썽을 일으켰다. 철심을 박는 수술을 이겨내신 엄마를 뵈러 죽전에 있는 정형외과로 한달음에 달려갔다. 엄마의 왼쪽 눈두덩이는 전체를 보랏빛으로 분장이라도 해놓은 것 같았다. 마취제에서 겨우 깨어 눈꺼풀도 밀어 올리기 전에 틀니부터 더듬어 끼우시고는 눈알이 다치지 않아 다행이라고 하셨다. 홍시가 묻은 수저를 씻으려고 일어서는데, 엄마 얼굴에서는 지워져 가는 멍이 내 마음으로 스민 듯 가슴이 먹먹했다.

2. 용인 엄마 댁 – 김수영 자료실

현관문이 열리자 김점선의 〈웃는 말〉 그림이 연분홍빛 감성으로 다가들었다. 중문을 들어서자 복도 왼쪽으로 있는 방문이 조금 열려 있었다. 책상의 한 귀퉁이가 살며시 밖을 내다보고 있는 듯했다. 엄마가 내어주신 폭신한 슬리퍼를 신고 따라간 거실은 화랑이었다. 벽에 걸린 화가들의 그림과 가구들 사이에 있는 조각품들이 수양딸인 나의 방문을 환영하는 것 같았다.

아파트가 2층이어서일까. 베란다 통창으로 보이는 커다란 목련나무가 집 안으로 들어올 듯 울창했고, 녹색 이파리들이 별 무리처럼 반짝거리는 단풍나무가 숲을 이루고 있었다. 엄마를 따라 책상이 보이던 방에 들어서자 김수영 시인이 형형한 눈빛이 보이는 것 같았다. 세상을 향한 시선이 초상화를 뚫고 나올 듯 강렬했다. 긴 콧날과 깊게 파인 입가의 주름에서는 시인의 고뇌가 엿보였다. 김수영 자료실로 꾸며놓은 방이라고 엄마가 말씀하셨다. 책장에는 세월의 흔적과 손때를 고스란히 입은 책들이 김수영 시인의 숨결을 느끼게 했다. 숙연함이 깃든 방은 나를 조용히 서서 가만가만 둘러보게 하였다.

책상 옆에 놓인 상자에서 붉은 글씨의 시 전집인 『김수영 전집 1』과 파란 글씨의 산문 전집인 『김수영 전집 2』를 엄마가 꺼내셨다. 두 권의 책을 들고 책상 앞 의자에 앉으셔서 먼저 시 전집의 표지를 열고 붉은 면지에 서명하셨다.

김선주에게
딸을 주셔서 감사합니다.

어디다 고개를 숙여야 할지요? 92세까지 별로
좋은 일도 못한 주제에
딸의 인연을 주시다니
넘 호강합니다.

2018년 3월 16일
김수영 시인의 아내 김현경

파란 면지의 산문집에는 꿈 '夢' 자를 크게 쓰셨다.
"나는 이상하게 이 글자가 좋다! 꿈 '夢' 자 좋지 않으냐?"
엄마는 어떤 꿈을 꾸고 싶으셨던 걸까? 냉혹한 시대를 거치며 가혹한 현실 앞에서 엄마가 꾸고 싶었던 꿈이 무엇이었을지 한자 '夢'을 한참 동안 들여다보았다. 예술적으로 쓰신 '夢' 자를 소중히 받아 안고 나는 엄마께 깊이 허리를 숙였다. 그리고 엄마의 등 뒤에서 살며시 안아드렸다.

3. 김수영 기념관 – 연세대학교의 빛

2018년 연세대학교 하계 졸업식 날. 김수영 시인에게 명예 졸업장을 수여했다. 운전해서 용인 엄마 댁으로 모시러 가는 길, 하늘은 금빛 태양으로 찬란했다. 지난 어버이날 딸 가진 엄마의 사치를 누려보시라고 백화점에 모시고 갔었다. 그때 사드렸던 회색 체크무늬 상의를 입고 내려오신 엄마는 희고 고운 얼굴이 옷과 잘 어울려 단아하셨다.

"식장에 입고 갈 옷이 마땅치 않았는데 딸내미 덕분에 고맙구나." 엄마의 명랑하신 목소리가 찬란한 하늘만큼이나 내 마음을 환하게 해주었

연세대학교 김수영 기념관 출정식

다. 식장에는 김수영 시인의 동생들 김수명, 김수환, 김송자 님과 김수영 연구자들도 여럿 참석해 감회가 깊은 얼굴들이었다.

명예 졸업장을 들고 기뻐하시는 시누이들과 엄마의 가족사진을 찍어드렸다. 오랜만에 모인 가족들의 의미 깊고 아름다운 순간이었다. 김수영 시인이 1955년 발표한 시 「나의 가족」에 나오는 '유순한 가족들'을 대하고 보니 김수영 시인에게 넓은 방을 내어주고 좁은 방에서 지냈을 그 시 속의 가족들이 새삼 정겹게 느껴졌다.

그날 김용학 총장이 초대한 점심 식사 자리에서 이경원 문과대학장이 시인의 자유 정신과 한국문학에 남긴 발자취를 기리는 김수영 기념관을 연세대학교에 마련했으면 좋겠다는 제안을 했다. 내가 왜 더 좋았는지 모르겠다. 해외에서 명문대학을 돌아볼 때마다 각 대학의 정신적 뿌리를 주도하는 문호들의 위상이 부러웠기 때문일까. 연세대학교에도 김수영기념관이 들어선다면 시인의 적확한 시대정신과 앞선 세계관을 대학생들에게 심어줄 수 있겠다는 생각이 들었다.

　엄마는 때마침 한국문학관 설립 위원회로부터 김수영 자료를 구매하겠다는 의사를 들은 터라 고민이 깊어지셨다. 이경원 학장은 엄마께 직접 하지 못하는 고민을 의논해왔고 나는 엄마가 말씀해주셨던 일화 중에 김수영 시인이 영문학 강사로 연세대학교에서 특강을 했을 때, 학생들이 환호했던 일을 상기시켜드리며 시인의 자유 정신을 학생들이 배울 수 있었으면 좋겠다고 말씀드렸다. 엄마는 고민 끝에, 연세대학교에 시인의 육필 원고와 강의 노트, 일기장과 메모들 그리고 사진과 스크랩해놓으신 자료들 300여 점을 기증하셨다.

　이경원 문과대학장이 2년인 임기를 마치고 김현철 교수로 바뀌었다. 김수영 탄생 100주년이 되는 해였다. 연세대학교 신촌 캠퍼스 핀슨관 3층에서 '김수영 시인 기증 유품 특별전'을 열기로 했다. 기념관 사업팀

김수영 시인 탄생 100주년 기념으로 열린 전시회에서

과 도록을 정성껏 준비하면서 영국과 프랑스 그리고 미국의 서적과 시를 두루 섭렵하여 번역한 시인의 번역가로서의 업적을 새로 발견할 수 있었다.

'현대'를 깊이 사유했던 시인의 면목이 섬세하게 드러날 수 있도록 모두가 전시에 힘을 모았다. 2월 말까지 3개월 동안 하는 전시를 보고 독지가가 나타나 기념관 건립에 힘이 되어주기를 간절히 바랐다. 연세대학교를 졸업한 딸에게도 사업에 성공해서 김수영 기념관에 기부를 많이 해달라고 주문했다. 성공하면 꼭 그러고 싶다고 딸아이도 환하게 대답했다.

그러던 중에 남편이 회사의 동남아 총괄로 발령이 났다. 남편을 따라 싱가포르에 가야 하는데 하던 일이 있으니 마음은 한국에 남았다. 일이 진행되게 하려면 엄마를 모시고 새로 취임한 서승환 총장과 세 번째 바뀐 문과대학장 김민식 교수도 만나야 했다.

시아버님 병환이 위중하던 시기이기도 해서 남편에게는 미안했지만, 한국에서 지내는 시간을 벌었다. 그렇듯 노력을 기울인 덕분인지 김수영기념관 사업을 시작한 지 5년 만인 2022년 가을에 '연세 문인의 집'이 개관되었다. 기쁨에 넘쳐 가장 먼저 달려가 엄마를 모시고 가야 하는데, 나는 그만 코로나 감염으로 격리되었다. 개관식에 참석하지 못한 대신 축하 화분을 보내 애석한 마음을 달래야 했다.

비록 김수영 시인 단독 기념관은 아니지만 언더우드 기념관이 있는 동산의 아담한 별관에 자리를 잡은 '연세 문인의 집'은 공간의 반이 김수영 전시실이 되었다. 공간이 협소한 건 아쉽지만, 시인에 대한 자료들을 연세대학교 전자 기록 보관소인 디지털 아카이브로 구축해서 모니터로 전 세계인들이 볼 수 있게 한 건 참신했다. 나머지 자료들은 수장고에 잘 보관했다가 일정 기간이 지나면 바꿔가며 전시하겠다고 학교 측은 약속했다.

"김수영 시인의 치열한 고뇌의 흔적이 앞으로 탄생할 미래의 연세 문인들에게도 많은 영감이 되었으면 좋겠다."라고 엄마는 축사하셨다. 지적 자산은 널리 공유되었을 때 그 가치가 더 빛난다. 나는 시인의 시 정신이 연세대학교의 빛이 되어 학생들에게 소통되고 거기에 더하여 사회로까지 퍼져나가기를 소망했다.

4. 김수영의 시를 공부하며

얼마 전까지도 댁에 가면 엄마는 책을 가까이하고 계셨다. 김수영 전집의 시도 읽고 특히 산문을 머리맡에 두고 계속 읽으셨다. "지금도 느끼지만, 그 양반은 참 능변가야. 생전에 노력도 많이 했지만, 글에 타고난 힘이 있지. 요즘도 산문과 시를 읽으며 깨닫는 점이 많더구나." 하는 말씀을 자주 하셨다.

작년부터 김수영의 시를 공부하면서 엄마의 말씀이 새삼 가슴 깊이 와닿았다. 김수영의 첫 시 「묘정의 노래」를 공부하는 감회가 남달랐다. 외부 세력에 주권을 빼앗긴 나라의 참담함에 그치지 않고 분단 상황에 대한 극복을 촉구하고 있는 시는 지금도 살아 있는 육성처럼 들려와 전율이 일었다.

엄마가 가장 애송하시는 「도취의 피안」은 제목만 봤을 때는 피안의 세계를 노래한 것인 줄 알았더니 '나의 눈일랑 한층 더 맑게 하여다오'라는 구절에서 피안의 세계에 취하지 않고 애처롭고 부끄러운 현실을 오히려 맑은 눈으로 직시하겠다는 시인의 강한 현실 인식과 사회, 역사에 대한 참여 의식을 생생하게 느낄 수 있었다.

산문 「내가 겪은 포로 생활」에서 '세계의 그 어느 사람보다 비참한 사람이 되리라'라는 결심에서는 역설적인 것을 더 역설적으로 극복하려는 시인의 치열한 면모가 느껴졌다. 「헬리콥터」와 「나의 가족」 같은 시를 읽으면서는 시인이 말하는 사랑의 의미와 자유가 궁금했는데 관련된 산문을 읽어보고 나서야 비로소 깊이 이해하게 되었다.

'지식인이란 인류의 문제를 자기의 문제처럼 생각하고, 인류의 고민을 자기의 고민처럼 고민하는 사람'이라고 산문 「모기와 개미」에서 규정 짓고 있는데 프랑스 작가인 사르트르와 맥을 같이하고 있었다. 러시아 소설가 솔제니친의 시도 산문 속에 소개하면서 사랑을 위해서 새까맣게 타오르더라도 민족성과 역사관을 잃지 않고 살아있어야 한다는 생각은 시인의 시 「거대한 뿌리」와도 맞닿아 있었다.

역사는 되풀이되는 것이라지만 지금까지도 제대로 된 여론이 없고 참 지식인이 드문 대한민국의 현실을 시인은 일찍이 내다보았던 것일까? 지난 2024년 12월 대통령이라는 사람이 국회를 범죄자 집단의 소굴로 인식하여 계엄을 선포하여 민주주의가 뒷걸음질 치게 한 우리의 현실은 여전히 안타깝기만 하다.

'이때이다—
나의 온 정신에 화룡점정이 이루어지는 순간이

영사판 위의 모—든 검은 현실이 저마다 색깔을 입고
이미 멀리 달아나 버린 비둘기의 눈동자에까지
붉은 광채가 떠오르는 것을 보다.

영사판 양면에 하나씩 서 있는
설움이 합쳐지는 내 마음 위에'

위의 시 「영사판」에서는 찬란한 현실을 대항하려면 어둠 속에 있는 현실의 고통과 설움을 바로 보고 찬란한 현실이 오히려 검은 현실이 되는 내 설움의 소중하고 신성함을 잃지 않아야 두 현실이 합쳐져 온 정신의 화룡점정이 되는 것을, 느낄 수 있다고 했다. 여기서 말하는 찬란한 현실이란 존재하지 않는 것이 존재하는 것보다 생생하게 인식되는 일종의 시뮬라크르(simulacre) 현상으로 보였다. 나아가, 모사된 이미지가 실재를 대체하고, 실재가, 실재가 아닌 것으로 전환되는 과정이 시뮬라시옹(Simulation)이 아닐까. 이러한 개념은 이데아와 현상의 구분을 제시했던 고대 철학자 플라톤에서 시작되어 프랑스의 장 보드리야르가 철학적 사유로 끌어들였다는 것도 공부할 수 있었다. 가상현실과 딥 페이크, 컴퓨터 그래픽 같은 기술에 의해, 가상임에도 불구하고 진실이라 생각하면 정말로 진실이 되어버리는 세상을 우리는 살아가고 있다. 이런 현실의 확장과 왜곡에서 균형 있는 시각을 유지하라는 시인의 목소리가 들리는 듯했다.

시인이 1954년 11월부터 쓴 일기에는 소설 습작들이 많았고 특히 12월 23일의 일기에는 '침참하고 깨끗한 마음으로 세차게 '업'을 계속하여야 한다'라면서 '순수와 인내와 의지와 절약과 냉정은 영원할지어다.' 라고 맺고 있다. 김수영 시인의 무결한 시론을 엿볼 수 있는 대목이었다. 엄마가 김수영 시인이 항상 온몸으로 밀고 나가는 시를 썼다는 말을 여실히 알게 되었다. 나도 시인이 말하는 자유와 죽음 그리고 사랑과 설움의 정서를 계속 공부해 나가면서 현실 인식을 철저히 하고 깊은 세계관을 지닌 작가가 되어야겠다.

 지금 입원하고 계신 병원에서 기적처럼 엄마가 회복하시고 다시 화랑 같은 엄마 집에 모여 향긋한 차를 앞에 두고 돌아가며 시를 낭독할 수 있다면 얼마나 좋을까! 얼마 전 엄마 조카인 방송인 김세원 언니와 맹문재 교수님과 함께 용인 효자병원에 갔을 때였다. 샤인머스캣 껍질을 까서 입에 쏙 넣어드리자 맛있게 드신 후에 말씀하셨다.
 "따듯한 봄이 오면 좋은 날 멋진 곳에 가서 다 같이 식사하자. 내가 낼게."
 나는 휠체어에 앉아 일어서지도 못하는 엄마를 다시 다정하게 안아드렸다.

나의 나쁜 남자, 김수영 읽기

금시아

"내일은 시 「서책」인데요. 그냥 편하게 읽어 오세요."

금요일이면 어김없이 울리는 톡이다. 벌써 주말이군. 에고, 얼른 「서책」을 읽어야 하는데, 동동거리면서도 뒷전이다.

지난주 수업을 마치고 내던져놓은 가방. 일주일 동안 쿨쿨 잠자고 있는 저 단단한 잠을 깨워야 한다면서도 자꾸 게으름을 피운다. 뭉그적거리다 미리 읽고 가는 건 포기하고 결국 열차에서나 수업 전에 읽고 있겠다. 그래도 여전히 금요일 밤이면 또 두꺼운 김수영 시, 산문 전집을 배낭 속에 챙긴다.

토요일 이른 시간, 편한 신발에 배낭을 메고 집을 나서면 이제부터 나는 두근두근 학생 본분이다. 발걸음도 비장해진다. 제일 먼저 도착해 문을 따고 들어가 강의실을 깨운다.

김수영 시인을 읽게 된 건 2024년 여름이었다. 사실 지방에서의 서울 왕복이 쉬운 일은 아니다. 더구나 주말에 말이다. 그렇지만 그 후로 나의 토요일 우선순위는 그와의 데이트다.

서울은 매번 나를 긴장시킨다. 손에 쥔 스마트 폰을 몇 번씩 열어보면서 지하와 지상을 확인한다. 오간 지 한참이 지났지만 지금도 긴 지하에서 다 올라오면 휴, 긴 숨을 쉰다.

시인이라면서도 김수영 시인과 그의 시 세계에 대한 나의 앎은 수박 겉핥기에 지나지 않았다. 사실 김수영 시인의 시는 부끄럽게도 평론가들의 전유물인 줄 알았다. 매주 마주하면서도 그와의 데이트가 좀처럼 쉽지 않은 이유다.

선생님 말씀처럼 그의 시는 편하게 읽고 가는데 시 세계는 참 어렵다. 그런 데다 문제는 얄궂은 발표시간이다. 뭔가 내 생각을 이야기한다는 건 영 익숙해지지 않는 것이다. 겨우 더듬더듬 쑥스럽게 말하고는 가슴을 쓸어내린다. 그러나 산문과 함께하는 시 읽기는 매번 놀라움과 신선함과 반전의 연속이다.

이미 이때는 먼저 맛보았던, 내가 알던 과일이 아니다. 상상했던 맛도 아니다. 전혀 다른 육질과 과즙을 가진 낯선 과일의 세계가 등장하는 것이다.

시는 분명 이해하는 게 아닐 터인데 산문을 만나면 왜 이리 달라질까? 시와 산문이 만나는 접점은 시를 수월하게도 더 난해하게도 한다. 늘 우리들의 상상에서 벗어나 있다. 수업은 매번 편하게 읽었다가 난관에 봉착하다. 또는 무례한 오독에서 오는 자책과 무지의 반성으로 마무리된다. 친근한 듯하면서도 난해하고 낯선 그의 시 세계는 산문을 들여다봄으로써 고개가 조금 끄덕여지다가 더 놀라운 반전에 감탄하는 것이다.

그의 시 속에는 시대와 사회와 현실의 일상이 꿈틀거린다. 그의 글 속에는 역사와 상황과 시인 자신이 함께 버무려져 녹아있다. 파란만장한 삶을 살았던 시인은 자기 스스로 '절망 위를 걷고 있는 생활'이라고 했잖은가.

그런데도 시인은 자신의 '유일한 생활은 이 절망의 생활밖에 없'다는 것이고, 그것은 '이 안에는 자유가 있기 때문이'며, 또 '이 안의 모든 나의 황홀감이 사무쳐 있는 것이'라고, '이것은 결코 거짓이 아니다.'라고 자신의 시 세계 의지를 드러내고 있다.

그는 결코 '삶에 대해 원망이 아닌, 맞서고 이겨내고 품고 포용하면서 회피하지 않았다'. 늘 '고독했던 시인은 어떻게 자신의 운명을 그저 운수가 나빴다'며 수용할 수 있었을까? 곧잘 동동거리는 나는 그 큰 포용과 긍정이 얼마나 크고 아름다운지 존경스러울 뿐이다.

덮어 놓은 책은 기도와 같은 것
이 책에는
신밖에는 아무도 손을 대어서는 아니된다

잠자는 책이여
누구를 향하여 앉아서도 아니된다
누구를 향하여 열려서도 아니된다

지구에 묻은 풀잎같이

> 나에게 묻은 서책의 숙련―
> 순결과 오점이 모두 그의 상징이 되려 할 때
> 신이여
> 당신의 책을 당신이 여시오
>
> 잠자는 책은 이미 잊어버린 책
> 이다음에 이 책을 여는 것은
> 내가 아닙니다
>
> ― 김수영, 「서책」 전문

 나는 시 「서책」을 펼쳐 책을 당신이라 읽는다. 아득한 날에 '덮어 놓은' 당신은 끝나지 않는 나의 '기도와 같'다. '잠자는' 당신의 시간이 점점 희미해질 때까지 내 밖에서 당신은 '누구를 향하여 앉아서도' '누구를 향하여 열려서도' 안 된다. 그러나 나는 당신을 무작정 취하지만은 않는다.

 아지랑이 피어오르던 삶의 봄날 나는 '지구에 묻은 풀잎' 같은 당신 속에 어린 나를 숨겨놓았었지. '이다음에' 당신을 '여는 것은' 내가 아닐지도 모르지만 당신을 펼칠 때마다 당신은 꽃잎처럼 향기롭게 내게 올 것이다. 그저 당신을 여는 사람은 오직 나뿐이길 욕심부려 보지만 그땐 이미 나도 내가 아닐 게다. 그저 가만히 들여다보면 나는 이 또 무슨 오독인가 싶어 서글퍼진다.

 「서책」을 읽으면서 깨닫는다. 저 유혹적인 세계는 내 것이 될 수 없다. 무겁고 낯설고 난해한 나의 짝사랑일 뿐이다. 그저 나만의 고독한 여행일 뿐이다. 나는 그의 어떤 세계도 가늠할 수가 없어 아득하다. 당신을 덜어낸다거나 들어간다거나 할 수 없어 나는 더 자꾸만 삐딱하게 오독하고 싶어지는지도 모른다.

　나는 나의 글쓰기를 채찍질하기 위해 김수영 시인의 겸손과 자긍심을 필사하고 또 되새긴다. 철퇴 같은 그의 말이 나의 오감에 불도장을 찍는다.
　나는 그의 '남의 작품을 보듯이 내 작품을 보고 남의 문학을 보듯이 내 문학을 생각하면 얼마나 담담하고 서늘한 마음이 될 것인가.'라는 말을 몇 번이고 반복해본다. 그러면서 스스로 격하게 서늘해진다.
　김수영 시인은 '모든 사물을 외부에서 보지 말고 내부로부터 볼 때 모든 사태는 행동이 되고 내가 되고 기쁨이 된다.'라고 했다. 나는 나를 찬찬히 짚어보며 '나는 시를 알고 있는 건가.'라며 진중해진다.
　그의 말 중에서 나는 '돈 버는 일에는 게을러야 한다.'라는 말은 조금 무서웠다. '돈과 자신을 격리시켜놓고 일을 시작하는 시간, 곧 돈 버는 일은 제일 불순한 시간이어야 한다.'라는 말은 세상에 욕심부리지 말고 집착하지 말라는 채찍 아닌가. 그러나 나의 오염도는 이미 높아 시인의 저 충언은 버겁게 와닿을 뿐이다.

　'오래 앉아 있자. 오래 앉아 있는 법을 배우자.' '육체와 정신을 문학과 합치시키기 위하여 오래 앉아 있자.' 그러나 나의 인내는 너무 짧다. 정말 무거운 엉덩이를 만들자면서 '기다리는 자세'에 절치부심 절실해진다.
　'너무 욕심을 많이 부리면 도리어 역효과가 난다'는 그의 말이 귀청을 때린다. 질러가는 욕심부터 가만히 순순히 내려놓아야겠다. 매 순간 '너무 밀착하지 말' 자. '욕심을 제거하려는 연습은 긍정의 연습이다.' 곧 '거리 두기'를 명심하고 또 명심해서 글 쓰는 데 여유를 잃지 말아야겠다고 다독이며 또 다짐해본다.

나의 김수영 읽기는 계속될 것이다. 그의 세계와 그가 숨 쉬고 있는 문장과 시어들은 나를 헤집을 것이다. 그의 은밀한 사생활 미행도 거듭되고 있다. 시인의 시선을 따라가고 시인이 머무는 오감을 탐낸다. 그러다 보면 어느새 나는 '자유와 사랑과 죽음 앞에서 서러워하는', 날카롭고 또 따듯한 그의 말에 귀를 활짝 열어놓고 있을 것이다. 그를 몰래 받아 적는다. 마침내 시인을 덮으면 받아 쓴 무겁고 두터워진 기록만큼 나는 가까워질까?

그는 '고독하게 되면 벌레 소리 하나에서도 우주의 진리를 찾아낼 수 있'다 했다. 그런데 아직도 나의 관심사는 집중보다 더 많이 다양한 걸 보면 아직도 나는 나를 알아가는 중인가 보다. 나조차도 나를 정의할 수 없어 내 세계가 점점 더 궁금해지는 것이다. 확정하지 못하는 것은 분명 무한히 확장될 수 있다 했던가. 그렇다면 내 호기심 분량이 아직도 줄고 있지 않는 것은 어쩌면 참 다행이겠다.

김수영 읽기는 내게 나쁜 남자다. '순결과 오점'이 너무도 매력적이어서 서럽도록 눈부시고 고독한 그의 세상. 어느새 매 순간 그와 함께 그의 생활을 향락하며 삶을 사랑하는 법을 배운다. 반성하면서 오늘도 잘 생활한다. 나는 왜 이리 그에게 빠지고 있는 것일까?

'덮어 놓은 당신' 처럼 아득한 날의 나는 이미 '내가 아닙니다'.

수평과 수직의 세계

김민주

그의 문학관에서 기념행사를 한다는 소식을 들었다. 그가 떠난 지도 50년이 다 되어간다. 지금도 그녀는 그날을 떠올리면 가슴이 떨린다. 손녀의 전화가 아니었다면 한동안 우울했을지도 모른다. 오랜만에 한국에 들어오겠다는 손녀의 전화를 받았다. 마땅히 그래야 할 것이다.
"할머니 집에서 머물 거야. 괜찮아?"
"당연하지. 그리고 네가 꼭 해줘야 할 것이 있구나."
"그게 뭔데, 할머니?"
"와보면 알아."
아흔이 넘은 나이에도 혼자서 요리를 즐기는 그녀는 손녀가 좋아하는 잡채와 갈비찜을 만들기 위해 고기와 제철 채소와 과일들을 주문한다. 외국에서는 먹기 힘든 것들로 고른다. 또 뭘 해야 할까. 문득 손녀에게 옷을 해 입히던 오래전 일이 떠오른다. 옷 만드는 일에서 손을 뗀 지도 오래되었지만, 아직도 바느질을 한다. 머릿속으로 손녀에게 입힐 옷을 구상하며 마당으로 나선다.

마당에는 여름꽃들이 풍성하다. 칠십 년 된 집을 새삼스럽게 둘러본다. 시 쓰는 사람에게 필요한 것은 적요한 공간이다. 조그만 소음도 못 견뎌 하던 그와 함께 살기 위해 도심과 뚝 떨어진 농가를 사서 신혼집으로 고쳐 썼다. 동거라고 해야 할 것이다. 결혼반지도, 결혼식도 없이 시작한 터였다. 함께 산책하다 발견한 호젓한 마을에 있는 집이었다. 언덕 아래로 한강이 내려다보였다.

"조용해서 은둔하여 글 쓰기 좋은 곳이로군."

"너무 허름해요."

"수리하면 되지, 그게 대수요?"

가장 공들여 만든 공간은 그의 서재였다. 그곳은 그가 가장 신성하다고 생각하는 시를 써야 하는 작업장이었다. 그의 인생에서 최고의 것을 건져 올리고자 하는 간절한 소망의 공간이었다.

"이 집에는 철칙이 하나 있소."

"시끄럽게 하지 말라는 것 말고 또 있나요?"

"이 집에서는 누구도 술을 마셔서는 안 돼요."

그 말을 듣고 그녀는 웃음을 참을 수 없었다.

"당신이 그걸 지킬 수 있겠어요?"

"나를 아직도 모르는군."

그는 성난 얼굴로 말했다.

그는 시를 썼고, 시를 쓰지 않을 때는 번역을 했고, 번역하지 않을 때는 마당에 꽃을 가꾸었고, 꽃이 지고 나면 그녀가 키우는 닭들에게 모이를 주었다. 알을 받아내어 아침마다 청란을 한 알씩 먹었다.

이 집을 수리하고 난 후, 그가 제일 먼저 한 일이 마당에 꽃을 심은 일이다. 그녀가 꽃을 좋아한 까닭이다. 무한이 하늘로 향할 것 같은 접시꽃과 글라디올러스와 칸나를 심고 그 앞에는 키 낮은 봉숭아와 달리아와 데이지를 심고 그 앞에 패랭이를 심었다. 사계절 꽃은 피고 졌고, 눈이 덮였다가 다시 봄이 되면 꽃이 폈다. 마르고 앙상한 가지에 연두 싹이 나오면 죽음에서 다시 살아난 것 같은 기쁨을 얻었다. 마당에서 꽃을 바라보다 문득 생각나는 시구가 있으면 담뱃갑에 끄적거렸다.

그는 패랭이를 팽이 꽃이라 불렀다.

"난 저 꽃을 보면 자꾸 팽이가 생각나오."

"팽이요?"

"오래전 동인지에 발표했던 '달나라의 장난' 속에 등장하는 그 팽이 말이오."

당연히 그녀는 그 시를 알고 있었다. 넘어지지 않기 위해서는 영원히 맴을 돌아야만 하는 팽이의 운명에서 멈출 수 없는 인간의 운명을 본 것이 아닌가 생각했던 기억이 났다. 지구도 달도 공도 그렇지만 모든 둥근 것은 어쩔 수 없이 구르는 운명을 가지고 태어났지만, 스스로 멈출 수 없다는 것은 인간의 운명과 흡사하다. 하지만 그는 그저 끝없이 도는 것이 끝이 아니라, '영원히 나 자신을 고쳐가야 할 운명과 사명'이라고 '방심조차 하여서는 아니 될 터'라고 마음을 다잡으며, 팽이를 긍정했다.

그녀가 모를 리가 없었다. 그가 쓴 시에 대한 최초의 독자이자, 비평가였으니.

"그리고 꽃을 보면 인간이 얼마나 더 기다리고 성숙해져야 하는지도 깨닫게 돼."

그날도 그가 쓴 시를 모아 오탈자를 찾아내고, 정서해서 출판사로 보냈다.

가끔 그는 시를 쓰다가 산책 겸 빨래터로 나왔다. 그녀의 옆구리에 낀 빨래 바구니를 한 팔로 거든히 낚아채 앞서 걸었다. 바람이 불면 길가의 수양버들이 흔들렸고, 노을이 분홍빛으로 내려앉으면, 두 사람은 마주 보며 곧 스러져갈 광경을 함께 나누었다.

"난 어머니의 손처럼 부지런하고 신성한 것을 보지 못했어. 그런 시를 쓸 거요."

문득 그가 말했다. 그 며칠 전 그의 어머니가 다니러 왔다. 아들 먹일 밑반찬과 농사지은 채소들을 싸 온 것이다. 손은 겨우내 얼었다 녹아 시커멓게 트고 갈아져 있었다. 아마도 그것이 마음에 남았던가 보았다. 그는 시에 충실했고, 그녀는 그로 인해 충만했던 시절이었다.

인연은 때로 기이하다. 그녀가 열다섯 살 때 그를 만나 폴 발레리를 같이 읽고, 슈테판 츠바이크에 대해 토론하던 시절이 있었다. 친구의 심부름으로 온 그를 처음 만났다. 창백한 피부에 어울리지 않는 강렬한 눈빛이었다. 지적이고 사색적이어서 기품이 있었다. 그는 술을 마시면 〈이수일과 심순애〉 연극 대사를 즉석에서 읊었다. 사실 그녀의 첫 연인은 좌익의 남로당원이었다. 데이트 도중 총상을 입고 즉사했다. 그 일로 경찰서에 불려 갔고, 신문에도 났다. 가택 구금을 당하면서 그녀는 고립되었고, 어떻게 생을 끝마쳐야 할지에만 골몰했다. 그녀의 추종자들은 소문이 무서워 아무도 그녀를 찾지 않았고, 철저히 외면받고 있을 때, 그가 찾아와서 문학을 하자고 했다. 결국 문학이 구원이 된 것이기도 하지만,

그가 그녀의 구원이기도 했다.

그는 술을 좋아했다. 술을 마시는 것은 사랑을 마시는 것과 같다고 했고, 술과 그녀를 대등한 위치에 놓았다. 그랬던 그가 신혼의 약속대로 서재가 있는 집에서는 일절 술을 마시지 않았다. 시에 대한 그의 열망만큼은 술의 세계와 바꿀 수 없는 것이었다. 그를 남편으로 받아들인 것 역시 그런 시에 대한 그의 순정한 마음 때문이리라.

하지만 밖에서 술에 취한 그는 짐승과 같았다. 그날의 일은 지금도 괴이하다. 광화문 네거리 조선일보 사옥 근처 영화관에서 앤서니 퀸이 나오는 영화를 보고 돌아온 날, 그는 울분에 차서 우산 살로 그녀를 때렸다. 연약한 여인을 학대하는 앤서니 퀸과 맥없이 당하기만 하면서도 그를 쫓아가는, 비에 젖은 강아지 같던 작은 여인의 모습에 더없이 화가 났을 것이다. 연민으로 인한 울분을 그녀에게 말고는 하소연하고 풀 길이 없었을 것이다.

시인이 도덕군자가 되어야 하는 것은 아니지만, 때론 인간의 악을 덮어쓰고 스스로를 고발하기도 하는 것이, 스스로의 한계를 알고, 받아들이는 모습이라고 해야 할지 아직도 오리무중이다. 적어도 위선은 없다는 사실에 위안을 받으며 그의 시를 읽었다.

최근에 읽기 시작한 시가 찰스 부코스키의 시다. 시인은 싫어하지만, 시는 좋아할 수밖에 없는 아이러니를 설명할 수 있는 유일한 길이다. 과거를 향해서든, 미래를 향해서든, 나아가기 위해서는 반드시 부정이 있고, 거기서 방향을 튼다. 실제로 그 일이 있고 난 후 그의 폭력은 멈추었다.

그래도 그에게 똑 부러지는 한 가지는 가정에 대한 책임감이다. 원고료를 떼이지 않는다는 것이다. 비록 노랭이라는 악명이 붙을지언정. 신성한 노동의 대가로 받은 번역료나 원고료를 술값에 탕진하지 않고 고스란히 봉투째 가져다주었다. 가장으로서 역할을 해내려는 생활인으로서의 최소한의 책임감으로 인해, 동료들에게는 한 턱 내지 않는 의리 없는 문인이 될지언정.

어느 날 그의 첫 독자로서 또 새로운 시 한 편을 읽었다. 그는 그 시가 마음에 들었는지 탈고를 끝내자마자 의기양양하게 그녀에게 내밀었다.
"풀?"
한 음절의 단어에서 결기가 느껴졌다. 풀과 꽃, 얼과 꼴, 한과 정, 그 외에도 해와 달과 별과 봄과 눈과 숲과 날과 빛과 밤과 복과 길과 잎과 참과 땀과 밥과 삶과 꿈과 힘 등 한 음절이 품는 의미는 세상의 만물 중에서도 곱고 진실한 것만 담은 것 같았다.
"어떻소?"
그녀는 그 시를 읽으면서 바람 부는 한계령 언덕과 함께 풍전등화의 민초가 떠올라 마음이 뭉클했다. 하지만 마음껏 표현하지는 못했다. 간당간당하는 생활비 때문에 불안했던 탓이다. 다음 날 출판사에 갔던 그는 밤늦도록 돌아오지 않았다. 자정이 다가올 무렵 이웃의 연락을 받고 부랴부랴 현장으로 달려갔다. 그는 인도를 걷다가, 통금에 걸릴까 과속을 하던 버스에 치였다. 그의 두 눈은 탁하게 열려 있었고, 오른쪽 귀에서 한 줄기 피가 흘러나와 굳어 있었다. 그녀는 그의 시신 앞에 무릎을 꿇고 두 손으로 그의 머리를 감쌌다. 모자란 생활비를 충당하기 위해 출판사로 그를 내몰았던 까닭이다.

"번역료를 선불로 받아 오리다."

그녀는 그를 보내고 무엇을 하고 있었을까. 그를 한데 보낸 것이 미안해서, 또 밤새 돌아오지 않는 그를 기다리며 그의 옷을 짓고 있었을 것이다.

그의 장례를 치르고 그의 서재를 둘러보았다. 담뱃갑이나 우편물 뒤편에 쓴 메모들과 함께 출판사에 넘기지 못한 그 시가 있었다. 마치 당시의 그녀를 위해 쓴 시 같았다. 울먹이며 시를 읽었다.

풀이 눕는다 비를 몰아오는 동풍에 나부껴 풀은 눕고 드디어 울었다 날이 흐려서 더 울다가 다시 누웠다.

시는 그렇게 시작하고 있었다. 그는 시를 쓰는 데는 자유와 비애가 있어야 한다고 했는데, 이제 영원한 자유를 얻은 데다 삶에서 전쟁의 비애마저 품었으니 거기서도 시를 쓰고 있으리라.

서재는 그가 떠난 그대로다. 읽다 만 하이데거가 펼쳐져 있었고, 그 옆에는 국어사전이 있다. 그의 마지막 시가 담긴 유고 시집을 펼쳐 본다.

풀이 눕는다 발목까지 발밑까지 눕는다 바람보다 늦게 누워도 바람보다 먼저 일어나고 바람보다 늦게 울어도 바람보다 먼저 웃는다.

그가 남겨준 마지막 선물이다. 잡초보다 싱그럽고 초록의 이미지가 강해서 풀, 이라고 발음하면, 새벽의 이슬 맞은 풀냄새나, 저녁 무렵 낮게 가라앉은 온실의 냄새, 또 푸른 잔디를 베어낸 후의 냄새가 떠오른다.

더구나 풀이 바람에 누운 것이 아니라, 바람이 오기 전에 눕는다고 했다. 바람보다 늦게 울고, 또 바람보다 더 먼저 일어나고 먼저 웃는다. 왠지 그의 적극적이고 능동적인 삶의 태도 때문인지, 풀은 그를 연상시킨다.

문득 사진첩을 꺼내 본다. 그의 여동생 졸업식에서 남동생과 나란히 찍은 사진이다. 그때 그는 인상을 쓰고 있다. 세상이 그를 웃도록 내버려두지 않았을 때다. 지금 생각하면 낭만적인 청춘의 시절이었지만 어려운 시기였다.

고등학교를 졸업할 무렵 태평양전쟁으로 여학생들이나 젊은이들이 징용이나 정신대에 끌려가던 시절이었다. 그녀 역시 그것을 피하기 위해 취직을 해야 했다. 보통학교의 임시교사로 있으면서 그와 시를 교환하며 문학 수업을 했다. 그녀의 첫 연애가 실패로 돌아갔을 때 그가 남자로 다가왔다. 결혼 후, 그는 한때 전쟁 포로가 되기도 했지만, 결코 좌절하는 법이 없는 위인이었다. 시인이지만 유약하지 않았고, 태양이 항상 머리 위에서 빛나고 있다는 사실을 믿는 사람이었다. 지난 시간이 타임랩스 지나듯 순식간에 지나간다.

오랫동안 열어보지 않았던 반닫이의 문을 연다. 긴 세월 동안 열어보지 못한 그곳에 아직도 그 짓다 만 그 옷이 있다. 무더위에 입힐 거라고 만들려고 준비한 모시가 그의 몸피에 맞게 본이 그려져 있다. 그것을 그녀의 몸에 대어본다.

테라스로 나간 그녀는 그의 이름으로 지어진 문학관과 공원을 둘러본다. 그 여름날 계곡이 있었던 그곳과 닮았다. 우거진 숲과 그늘과 작은 연

못. 가끔 그때가 떠오른다. 그날을 떠올리면 그 여름의 아방가르드한 청춘이 싱그럽게 가슴에 스며든다. 그날은 8월 중에서도 가장 높은 기온으로, 열사병에 주의하라고 뉴스에서 연일 떠들어대던 날이었다.

그날도 그와 함께 영화를 보고 나왔다. 〈남과 여〉의 여운을 즐겼고, 서구에서 유행하던 플렉서스 전시를 관람하고 나오던 때였다. 불볕더위는 손차양이 없이는 태양의 뜨거운 빛을 막아내지 못했고, 땀은 시시각각 흘러내려 연신 이마를 린넨 손수건으로 닦아내야 했다. 도심에서 벗어나 인적이 드문 숲길을 걸었다. 깔깔이 블라우스도 겨드랑이와 등 부분이 젖었다. 숲으로 피신했다가 작은 계곡을 발견하고 그녀는 환호성을 질렀다. 블라우스와 스커트를 단숨에 벗어 내렸다. 스타킹과 구두를 벗고 물속으로 뛰어들었다. 그때 놀란 그의 얼굴을 아직도 잊지 못한다. 예상을 빗나가는 행동, 예측 불허의 그녀를 그는 사랑했다.

초록 잎들 사이로 숨어든 볕으로 인해 물빛은 반짝였다. 뜨거운 태양과 맑은 물과 마음을 홀리는 윤슬이 빛을 내며 눈앞에 있는데, 점잔 빼는 것은 자연이 주는 기쁜 선물을 마다하는 것이었다. 기꺼이 거추장스럽게 몸에 달라붙어 있는 것들을 모두 떼어내고 자신의 몸을 있는 그대로 받아주는 부드러운 수면 안으로 빠져들어갔을 뿐이었다. 모든 전위는 불온하다. 전통과 질서는 아스팔트 길이다. 그 길이 끝나는 지점에 새로운 길을 내는 것이 예술이 아닌가. 이단의 마음이 문학에서도 필요하다고 생각했다.

그날 밤 그는 프러포즈했다. 날이 어두워질 때까지 개울에서 수영했고 몸이 마르는 동안 바위 위 나무 둥치에 기대어 앉았다. 그는 등 뒤에서 그녀를 껴안았다. 그리고 귀에 속삭였다.

"My soul is dark."

그녀는 그 뒤에 나올 말을 알았다.

> 하프 소리가 아직 들리지 않습니다. 당신의 부드러운 손가락을 흔드세요. 녹아내리는 소리가 내 귀를 흔듭니다. 내 마음속에 희망이 있다면 그 소리는 다시 매력적으로 들릴 것입니다. 저는 울어야 합니다. 그렇지 않으면 이 무거운 마음이 터질 것입니다. 잠 못 이루는 침묵 속에서 오랫동안 아팠습니다….

"나의 혁명적 시 세계와 당신의 혁명적 예술혼이 썩 닮았소."

그 여름날의 뜨거움과 차가움, 광기의 이미지는 그대로 남아 그의 뮤즈가 되었다. 그것을 그는 알아본 것이다.

전시관 입구에 양각으로 새겨진 「풀」을 보자 그와 지나온 시간이 누운 풀처럼 지나간다. 때로는 팽이였다가 때로는 풀이었던 그의 세계. 풀과 팽이에서 수직과 수평의 세계를 본다. 팽이의 꼿꼿함과 누운 풀의 느슨함은 낮과 밤의 조화처럼 세상을 살게 하는 힘이었다. 그 시를 손녀가 기념행사에서 낭송해주기를 바란다. 평소에 할아버지를 존경해왔기에, 또 손녀 역시 시를 공부하고 있으니 의미 있는 일이다.

그녀는 손녀의 이메일로 「풀」과 「팽이」 두 작품을 보낸다. 손녀가 도착하려면 아직 멀었지만, 미리 해둘 일이 많다. 손녀에게 보여줄 것들과 챙겨 보낼 것들을 정리한다. 마당에 풍성하게 달린 꽃을 마당에 흩뿌려 환대할 것이다. 그는 시를 쓰는 일이 정신이나 마음으로 하는 게 아니라

몸으로 밀고 나가는 거라고 했다. 그녀는 오랜만에 오는 손녀를 맞기 위해 수평의 안온한 마음으로 온몸으로 밀고 나갈 것이다.

마지막으로 반닫이에서 꺼내놓은 모시로 옷을 짓는다. 올여름 마쳐야 할 일은 수의를 짓는 일이다. 수평과 수직의 세계에서 벗어나는 행운도 언젠가는 올 것이다. 그의 몸이 들어갈 뻔했던 하얀 천 안에 언젠가 그녀의 몸이 들어갈 것이다. 아직도 고운 바느질을 할 수 있는 것은 크나큰 축복이다. 그때까지 그녀는 그의 시 속에 있는 팽이처럼 수직으로 고쳐 서서 앞으로 나가야 할 것이다. 평소에 그가 좋아했던 공자의 말처럼. 즐거우면서도 음란하지 않고, 슬프면서도 마음을 상하지는 않게.

그의 나이 두 배를 더 살고도 남은 날이 향기롭다.

별학도에서 추억하는 시인 김수영의 여인

김은정

여기는 대한민국 경상남도 사천시 서포면 비토리. 비토섬! 토끼섬이라고도 한다. 김은정 시인은 여기서『먼 곳에서부터』,『김수영 전집 1』,『김수영 전집 2』를 안고 '여러 명의 그와 함께' 기억과 기념의 씨앗을 찾는다. 시인 김수영(1921~1968)의 여인, 김현경의 흔적이다.

그는 갈라파고스섬에서 산책하는 찰스 로버트 다윈(Charles Robert Darwin, 1890~1882)처럼 걷는다. 박물학자 그리고 철학자 행색을 하고 이곳 풍광을 눈에 넣으며 감정이입, 별들이 그를 바라보고 있다고 생각하며 걷는다.

나아가 탄자니아에서 선사 유적과 유물을 찾는 루이스 세이모어 배제트 리키(Louis Seymour Bazett Leakey, 1903~1972)처럼 웃는다. 인류학자 그리고 고고학자처럼 걸으면서 이곳 지질과 지층, 모든 존재에게 인사를 건네다.

"안녕하세요?"

별학도(벼락도)

    인사는 참으로 거룩한 발성이다. 목소리의 방생이다. 지금, 이 순간 예기치 않게 연결한 관계의 경이로움에 대하여 자축하고 경하하는 분절음의 '음파'가 공기들까지 설레게 한다.
    인사는 미사일 같다. 타격을 주기 위한 목적으로 투창이나 화살처럼 적을 향해 쏘아 날리는 무기가 아닌, 예의를 갖춘 상호작용을 위해 선제 공명을 건드리는 첫 발음, 공감 교신을 소망하는 발사체이다. 탄도를 따라 날아가는 유도탄처럼 여겨지는데, 그 목적이 폭발이거나 파괴가 아니다. 상대를 향해 반가운 마음을 쏘는 정성 어린 발사체!
    이곳 허공도 예사롭게 지날 만큼 그저 텅 빈 공중이 아니기에 성의를 담아 인사한다.
    "안녕하세요?"
    이렇게 인사하는 찰나, 받아들이지 않음이 없는 바다와 받아들이지 않음이 없는 허공이 '모두'이다. 바다는 자의와 상관없이 어떤 다른 것을 가로막는 경우가 있고, 어떤 대륙이나 영역의 경계 혹은 국경을 가늠하는 데 큰 역할을 떠맡기도 한다. 그런데 허공은 어떤 다른 것도 가로막지 아니하고, 어떤 다른 것에 의하여 가로막히지도 않는다. 받아들이지 않음이 없는 광활한 공간이다.

　이러한 허공 아래 비토섬이 있다. 그리고 이 비토섬 주변에는 별학도, 진도, 월등도 등 작은 섬들이 함께 도란도란 자리하고 있다. 수위 때문에 섬으로 분리된 것이지, 바다 밑에서는 한 덩어리 육지일 것이다. 이곳 사람들은 진도를 '미도'라고도 부르고, 월등도를 '돌당섬'이라고도 부른다. 대체로 하나의 섬이 여러 개의 이름으로 불리고 있다. 단 하나의 이름으로 명명하는, 표준화 약속이 확정되어 있지 않다.

　이렇게 이름 많은 작은 섬들 가운데 '별학도(別鶴島)'를 다시 찾는다. 이 섬은 경상남도 사천시 서포면 최남단 반도 지형, 선전리의 리아스식 해안을 감싸고 도는 비토섬 남쪽, 희귀한 유인도(有人島)이다.

　별학도 역시 지명과 관련한 정보를 찾으면 이름이 여러 개이다. 이 가운데 두 가지 설이 유력하게 유통되고 있다. 그 하나는, '벼락도'라는 설이다. 여기에도 또 두 가지 설이 있다. 섬 중앙 지점에 벼락 맞은 장소가 있다고 하여 그리 명명했다는 설, 그리고 원래 이 지역에서 사용한 '벼락'이라는 말은 낙뢰 현상이 아니라, 벼랑 또는 절벽을 일컫는 말이어서 '벼랑섬'이 '벼락섬'으로 불리다가 '벼락도'가 되었다는 것이다. 그러니까 종합하여 정리하자면, 이 지역에서의 벼락이라는 말은 벼랑이나 절벽과 같은 '땅', '터', '지층'을 지칭할 때 쓰는 용어였던 터라, 벼랑섬, 벼락섬으로 불리다가 벼락도라는 이름으로 고착한 셈이다.

　또 다른 하나는, 학이 날개를 펴고 나는 듯한 형상에서 유래했다는 설이다. 이는 조선 시대 영토 기록 과정에서 일어난 일과 관계가 깊다. 당시 '벼락섬'이라는 단어는 한자 표기가 불가능하므로 '별학도'라고 변경할 수밖에 없었다는 설이다. 별학도는 조선 시대 『조선지형도』에 공식적으로 표기되어 있어 1897년 곤양군 서부면에 속해 있던 과거사를 찾을 수 있다. 이후 1914년부터 현재까지는 사천시 서포면 비토리에 속해 있어 명실상부한 대한민국 영토로서 한반도 부속 도서이다. 별학도의 면적은 약 0.025제곱킬로미터, 해안선 길이는 1.3킬로미터로 매우 작은 섬이다. 인구 3명의 1가구가 거주하고 있는, 희한한 섬 벼락도, 별학도는 경탄을 자아내게 하는 힘이 있다.

토끼섬, 비토섬이라고도 불리어온 비토도 해변에서 별학도 방향으로 가는 초입은 매우 낡은 시멘트 방파제로 축조되어 있다. 이 방파제는 어느덧 자연과 협력해서 연두색 해초가 거리낌 없이 자리 잡은, 고색창연한 산책로이다. 아니나 다를까, 이미 알고 있음에도 새롭게 음미하는 이야기, 말도 안 되지만 믿는 이야기가 어수룩하고 소박하게 방파제 하단 벽을 장식하고 있다.

조금 희화하자면 '전설 따라 걷는 갯마을 산책로'이다. 「토끼전」, '토끼와 거북이' 이야기, 그 우화 마디마디를 소개하고 있는 통로이다. 꿈꾸듯 비현실에 홀려도 좋고, '그럴 수 있지'라고 하면서 속아도 좋고, '그럴 순 없지'라고 하면서 속지 않아도 좋은 우화, 그 이야기 타래로 연출한 길이다. 재미와 함께 즐기는 지혜로운 전설, 「토끼전」이 한 장면, 또 한 장면 펼쳐져 있다. 방파제 하단 벽 장식화가 '자세를 낮추라'라고 하면서 '하심(下心)'을 요구한다. 키 작은 제비꽃을 만나기 위해서는, 자세히 보기 위해서는, 몸을 낮추어야 한다는 그런 말과 흡사한 소리를 전한다고 해석하고 싶다. 다음이 그 장면 장면이다.

이야기 1#   용왕님의 병을 고치기 위해 토끼의 간을 구하러 온 별주부.
이야기 2#   별주부는 육지로 올라가서 사방팔방 토끼를 찾았어요.
이야기 3#   별주부는 토끼를 용궁으로 초대했어요.
이야기 4#   물론 토끼의 간이 필요하다는 사실은 말하지 않았어요.
이야기 5#   토끼는 용궁을 구경하러 갈 생각에 신이 났어요.
이야기 6#   용궁 입구에서 입국심사를 받고 신문장에게 인사도 했어요.
이야기 7#   토끼는 바닷속 용궁 나라의 환상적인 모습에 신이 났습니다.
이야기 8#   난생처음 고래 등에 올라타 용궁 이곳저곳을 구경했습니다.
이야기 9#   용궁의 만찬을 토끼에게 대접합니다.
이야기 10#   건강한 토끼의 간을 얻기 위함이었지만
이야기 11#   토끼는 만찬을 배불리 먹습니다.
이야기 12#   토끼는 용왕을 만나게 된 자리에서 용왕의 병을 낫게 하려면 토끼의 간이 필요하다는 이야기를 듣습니다.
이야기 13#   토끼는 기지를 발휘해 간을 육지에 두고 왔다고 둘러댑니다.
이야기 14#   "그럼 어서 가서 간을 가져옵시다."
이야기 15#   토끼를 등에 태우고 서둘러 육지로 갑니다.
이야기 16#   육지에 도착한 토끼는 별주부의 등에서 내려 앞으로 도망칩니다.
이야기 17#   "멍청한 별주부야, 나를 속이려 하다니."
이야기 18#   "다시는 육지에 오지 마라."

이 장면장면을 읽으면서 시인 김수영의 여인, 노후의 김현경이 아이처럼 정겹게 걸어가는 모습을 상기한다. '그날'로 되돌아가서 '그날'의 기

억과 함께, 어딘가에 있을 용궁의 위치를 추적하며 뒤꿈치를 들고 살랑대는 해풍과 거북이의 속도로 나란히 걸어간다.

2021년 김수영 시인 탄생 100주년을 기념하여 『먼 곳에서부터』(김현경 외, 푸른사상사, 2022)를 발간한 바 있다. 그 책 속에는 2018년 6월 17일 김은정 시인이 김수영 시인의 여인 김현경을 만난 이야기가 실려 있다. 김수영 시인은 1968년 6월 16일 사망하였다. 그러니까, '김수영 시인 50주년 추모일 그다음 날, 비토도와 벼락도에서의 만남', 그 기억을 살뜰하게 챙겨 이야기하려고 한다. 시(詩)도 함께 읽으면서 산책하려고 한다.

> 귀중하게 보관하고 있던 사진 한 장을 꺼내 바라본다. 카페 씨멘스에 들러 차를 마신 기념으로 남긴 세기의 초상화이다. 2018년 6월 17일 일요일 촬영한 기록물. 늘 보물로 간직했지만, 오늘 씨멘스에 앉아 다시 바라보니 어떤 순간의 미래 가치는 참으로 예측 불가능하다는 생각이 든다. 예전부터의 예견이 이렇게 또 검증의 순간을 맞는다.[1]

단 한 번의 방문, 그때의 만남을 추억하며 '자랑스러운 장소'를 다시 찾는다. 『먼 곳에서부터』 속에 수록한 「김수영의 시와 삼천포 매운탕」에서 이미 소개한 '카페 씨멘스'는 2018년 당시와는 완전히 다른 외관으로 교체, 이 시간에도 바다 위에 낭만적으로 둥둥 떠 있다. 오늘은 카페 씨멘스 방문은 뒤로 미루고 비토섬으로 직진! 비토섬에서 별학도로 향하고 있다. 비토에서 교각을 건너면 별학도에 닿는다. 지금 출발하여 가는 길 모두에, 가서

---

1 김은정, 「김수영의 시와 삼천포 매운탕」, 김현경 외, 『먼 곳에서부터』, 푸른사상사, 2022, 105쪽.

닿는 그곳에 시인 김수영의 여인 김현경의 발자취가 머물고 있다.

2018년 6월 17일(음력 5월 4일) 일요일 오후, 난생처음 경상남도 사천시 삼천포항을 방문한 김수영의 여인은 김수영 타계 50주년을 기념하는 의미와 함께, '걸어 다니는 김수영 시비'로 작용하기에 필요충분조건. 김수영 생존 당시 단 한 번도 김수영을 만난 일 없는 사람들에게 김수영을 대신하여 바라보며 관계를 맺는 색다른 체험의 시간을 선사해준다.

시인 김수영을 대신하는 그의 여인 김현경의 노후는 이런저런 자초지종을 길게 늘어놓아도 좋고, 전혀 아는 바 없고 들은 바 없다 하더라도, '함께한 삶의 증표'이자 '증명 뮤즈'처럼 이렇게 현존하여 생전 일면식도 없는 김수영 시인을 기리게 한다. 그의 여인, 연인, 아내, 마누라, 여편네 등등 다양한 역할을 해낸 오직 '1인', 김수영의 '블랙박스'와도 같은 김현경을 마블링하고 탐구하게 한다.

이제, 이 지점부터 『김수영 전집 1』을 간헐적으로, 무작위로 펼쳐 읽으며 고고학적 기법으로 비토 별학도에 빠진 김현경의 자취를 거나하게 인양해볼까? 『김수영 전집 1』은 펼치는 면면이 김수영 시인의 시이다. 차례와 순서를 무시하고 손 가는 지면을 넘기면서 갈피갈피 시를 쓰다듬으며 김수영 시인을 떠올리고 김수영 시인의 여인 김현경을 반추하는 즐거운 산책이면 흡족하다.

이 즐거움, 먼 곳까지 더 먼 곳까지, 북소리처럼 울려라, 울려라, 울려 퍼져라. 여기는 비토, 토끼섬, 김은정 시인은 북채, 이곳은 거대한 바다 안 '뭍 북'이라서 걸음 때마다 북소리가 나는 듯 신기한 '딴 세상'이 된다. 하늘에서는 이곳에서 나고 자란 갈매기들이 아주 작은 몸체의 공군 정찰기처럼 날아다니고 있다. 그들의 눈에 비친 광경이 곧 조감도(鳥

瞰圖, bird's-eye view)! 그 새들의 눈으로 비토섬을 내려다보듯 땅의 기복을 읽으려니, 김은정 시인이 『김수영 전집 1』의 책장을 넘기고 있다. 제일 먼저 김수영의 시 「토끼」를 읽으며, 이곳 토끼섬 즉 '비토'를 다녀간 김현경 이야기를 시작하려고 한다. 아, '토끼는 입으로 새끼를 뱉으다'!

    1
    토끼는 입으로 새끼를 뱉으다

    토끼는 태어날 때부터
    뛰는 훈련을 받는 그러한 운명에 있었다
    그는 어미의 입에서 탄생과 동시에 추락을 선고받는 것이다

    토끼는 앞발이 길고
    귀가 크고
    눈이 붉고
    또는 '이태백이 놀던 달 속에서 방아를 찧고'······
    모두 재미있는 현상이지만
    그가 입에서 탄생되었다는 것은 또 한번 토끼를 생각하게 한다

    자연은 나의 몇 사람의 독특한 벗들과 함께
    토끼의 탄생의 방식에 대하여
    하나의 이덕(異德)을 주고 갔다
    우리집 뜰 앞 토끼는 지금 하얀 털을 비비며 달빛에 서서 있다
    토끼야
    봄 달 속에서 나에게만 너의 재조(才操)를 보여라
    너의 입에서 튀어나오는
    너의 새끼를

2
생후의 토끼가 살기 위하여서는
전쟁이나 혹은 나의 진실성 모양으로 서서 있어야 하였다
누가 서 있는 게 아니라
토끼가 서서 있어야 하였다
그러나 그는 캥거루의 일족은 아니다
수우(水牛)나 생어(生漁)같이
음정을 맞추어 우는 법도
습득하지는 못하였다
그는 고개를 들고 서서 있어야 하였다

몽매와 연령이 언제 그에게
나타날는지 모르는 까닭에
잠시 그는 별과 또 하나의 것을 쳐다보고 있어야 하는 것이다
또 하나의 것이란 우리의 육안에는 보이지 않는 곡선 같은 것일까

초부(樵夫)의 일하는 소리
바람이 생기는 곳으로
흘러가는 흘러가는 새 소리
갈대 소리

'올겨울은 눈이 적어서 토끼가 은거할 곳이 없겠네'

'저기 저 하―얀 것이 무엇입니까'
'불이다 산화(山火)다'
— 김수영, 「토끼」 전문, 『김수영 전집 1』, 38~40쪽

「토끼」는 1949년 작품이라고도 하고 1950년 작품이라고도 한다. 시를 쓴 현재와 지면에 발표한 현재가 거의 불일치하기 때문에 어느 시인의 경우라도 이런 일은 예외 없이 허다하다. 오히려 오차나 오류, 부정확성, 불명확성이 시인의 일대기를 더욱 신비하게 감싸는 포장 효과로 작용해 힘이 더욱 세어지는 상승효과를 낳으므로 이에 대하여 크게 트집 잡으면 오히려 시인에 대한 기림이 정갈하지 않고 우후죽순 잡다해진다. 마치 경제학에서 명명하는 용어, 스태그플레이션(stagflation) 같다고나 할까?

스태그플레이션이라는 표현은 이미 많은 이들에게 익숙하다. 영국의 정치가인 이안 노먼 매클러드(Iain Norman Macleod)가 1965년 영국 의회의 연설에서 처음 사용했다고 알려져 있다. '물가가 상승하는 불황(inflationary recession)'처럼 시인에 관한 많은 정보가 부정확성으로 불황인데, 시인의 명성은 상승한다. 그리하여 미주알고주알 따지기 생략, 간소하고 깔끔한 신비 속으로 입장하기를 주저하지 않는다.

연구물 누적으로 오차와 오류가 증가하는 일도 있고, 아리송함을 청소하고 정결하게 정돈하여 단일화한다고 귀한 행적을 챙기지 않은 무자비한 결단도 있다고 헤아린다. 이런 축적물 위에서 믿을 만한 자료를 찾아보니, 김수영과 김현경은 1948년부터 연인으로 발전하였다. 이 정보는 앞으로도 후세들에게 그 가치를 유지하면서 계속 전해지리라고 추측한다. 독자들은 창작물에 대해서도 진지하게 접근하지만, 그와 관련한 '이야기'에 더욱더 끌리는 경향이 있다. 그 이야기가 사랑과 밀접하다면 더더욱 그러하다.

「토끼」는 '토끼'라는 애칭으로 연인 김현경을 드러낸 작품일 가능성에 기반해 읽을 때, 좀 더 현실적인 김수영의 목소리를 듣게 된다. 게다가 김현경은 '토끼띠'라고 한다. 이 「토끼」에 아리따운 소녀 감성, 연애 감성, 고백록의 정서 등 고명 같은 의미를 얹어 그 거대한 뿌리로 행간 위 바다를 노 젓는다.

   김수영과 김현경은 1942년 5월 22세 시인 지망생과 16세 문학소녀로 만나 '문학'이라는 공통 관심사로 연락을 이어가다 1948년이 돼서야 연인이 된다. 당시 김현경은 첫사랑인 배인철을 충격적인 총기 사건으로 잃은 후 상실감에 빠져 있었다. 그때 김수영은 그녀에게 "문학하자"라며 마음의 불씨를 다시 지폈다.[2]

 세상의 모든 연인, 그들의 사랑 시작, 그 출발 이야기는 모두 소설이나 영화 같거나 그보다 더 한 수 위이고, 시(詩)적이다. 오다가다 예기치 않게 만나도, 기획하여 작정하고 만나도, 중개인의 시나리오에 의한 연출로 만나도, 일정한 속셈으로 우연을 가장해 조작하여 만나도, 어느 사례든 하나같이 '운명(destiny)'으로 귀결한다. 앞서 언급한 바와 같은 사례와는 달리, 매우 거리가 먼 예외에 해당하는 사례라 하더라도 그 귀결은 언제나 '운명'으로 동일하다. 사랑 이야기의 기승전결은 성서든, 각국의 건국 신화든, 그리스 로마신화든, 보통 사람, 일반인이든, 이렇게 똑같이 괴상하도록 '판박이'인데도 이를 대하는 이들에겐 커다란 일렁임, 감흥을 불러일으킨다.

 김수영과 김현경의 이야기도 이런 감흥의 집합 속에서 탁월하게 이색

---

[2] 신소연, 「자유를 갈망한 '저항시인' 김수영의 그녀, 김현경」, 『헤럴드 경제』 2024.6.27. (https://biz.heraldcorp.com/article/3424794)

적이지는 않다. 그러나 유의미하고 '특별하다'라고 운운, 지속하여 남아 전해지고 있기에 특별한 사랑 이야기로 그 값을 올리고 있다. 이 가슴 저 가슴을 건너다니며 타인의 감정이입과도 만나고 금붙이도 따르고 은붙이도 따라붙으며 살찌는 소조 작품처럼 여전히 현재진행 덮어쓰기를 잇고 있으리라. 각색하는 각종 움직임의 미학 과정의 공헌으로 '원형'이나 '원본'에서 더 많이 사랑스러워진 오늘 모습에 이르고 있을 것이다.

시인에 대한 평판과 평가는 이야기 속의 주인공, 본인들의 의도와 합일 합치하지 않을 수밖에 없다. 예술가의 인생사에 관한 평가 규정이나 평가 지침이 있어야 한다는 것도 매우 미개하고 우스꽝스럽지만, 그 준거가 '오직 하나만'일 수는 없으므로 이야기와 접하는 자들의 수만큼이거나 그보다 초과할 것이라, 과장하든 왜곡하든 숱하게 회자하면 회자하는 그 내용이 정설로 굳는다. 뜨겁게 흘러 다니던 용암이 어떤 형상의 바위로 굳어 안착하는 것처럼.

김수영과 김현경의 운명적 만남, 불가분의 동행, "문학 하자"라며 마음의 불씨를' 지펴 연인으로 발전한 이후에는 김수영의 시에 '아내'라는 시어가 자주 등장한다. 홀로 나부끼며 서투르게 부유하던 한 자유인, 어설픈 방랑자가 유부남이 되면서 한 여인에게 귀속하여 족쇄를 차기는 했지만, 유부남이자 가장으로 거듭난 사나이, 무거운 짐을 진 자, 어른 김수영의 삶과 시 세계에 '아내 김현경'이 크고 튼튼한 초석, '버팀돌'로 정좌한 증거이다.

다음에서 보듯이 「아침의 유혹」의 경우, '나는 발가벗은 아내의 목을 끌어안았다'라는 행에서 스쳐 지나가는 여인이 아닌, '아내'라는 시어를 접할 수 있다.

> 나는 발가벗은 아내의 목을 끌어안았다
> 산림과 시간이 오는 것이다
> 서울역에는 화환(花環)이 처음 생기고
> 나는 추수하고 돌아오는 백부를 기대(期待)렸다
> 그때 도무지 모―두가 미칠 것만 같았다
> 무지무지한 갱부(坑夫)는 나에게 글을 가르쳤다
> 그것은 천자문이 되는지도 나는 모르고 있었다
> 스푼과 성냥을 들고 탄광에서 나는 나왔다
> 물속 모래알처럼
> 소박한 습성은 나의 아내의 밑소리부터 시작되었다
> 어느 교과서에도 질투의 감격은 무수하다
> 먼 시간을 두고 물속을 흘러온 흰모래처럼 그들은 온다
> UN위원단이 매일 오는 것이다
> 화환이 화판(花瓣)이 서울역에서 날아온다
> 모자 쓴 청년이여 유혹이여
> 아침의 유혹이여
>
> ― 김수영, 「아침의 유혹」 전문, 『김수영 전집 1』, 43쪽

「아침의 유혹」은 1948년 작품이라고 한다. 물론 1948년 연인으로 발전한 김현경에 대하여 '아내'라는 시어로 공식적 관계를 공개적으로 명시했다고 볼 수도 있고, 다른 시어를 썼다가 이후에 '아내'라는 용어로 수정을 가했을 수도 있다. 역시 이러한 '갸우뚱'은 시 장르에서만은 무슨 무슨 혐의라고 늘어놓으며 문초하듯 캐묻고 또박또박 지적할 일은 아니다.

그리고 '나는 발가벗은 아내의 목을 끌어안았다'이 '아내'가 반드시 김현경일 이유는 없다. 그럴 필요도 없다. 이것이 시의 특권이자 시인의

시작에서의 치외법권이다. '벌거벗은'을 시작이자 출발의 은유로 읽는다면, 김수영의 성장 과정에서 함께한 유교, 농업, 광공업 등과 관계 깊은 공든 탑으로부터의 탈피, 탈의(脫衣)이다. 전근대적 김수영에게 '산림과 시간이 오는 것이다'. 새로운 결합과 결속에의 이동, 즉 새 아침이 밝아온다. 이러한 변화와 전환을 전파하며 '서울역에는 화환(花環)이 처음 생기고' 근대인이 되고자 '화환'을 눈에 넣은 '나는 추수하고 돌아오는 백부를 기대(期待)렸다'. '백부'는 아버지의 맏형, 즉 큰아버지일 수도 있고, 수장 혹은 지도자일 수도 있고, 그야말로 많은 보통 사람, 평범한 사람일 수도 있다. 화자는 전근대를 매듭짓고 대변혁 앞에서 새 동력을 기대하지만, 그 기대와는 반대로 전혀 새로울 조짐이 안 보여 '그때 도무지 모—두가 미칠 것만 같았다'.

게다가 '무지무지한 갱부(坑夫)는 나에게 글을 가르쳤다' 그럼에도 화자 즉 시인 본인은 '그것은 천자문이 되는지도 나는 모르고 있었다'. 그래서 '스푼과 성냥을 들고 탄광에서 나는 나왔다'라고 한다. '무지무지한 갱부'는 '나'가 과거에 머물도록 가르친다. '나'는 '스푼과 성냥을 들고' '탄광'에서 나온다. '물속 모래알처럼/소박한 습성은 나의 아내의 밑소리부터 시작되었다'. 전근대적이고 구태의연함에서 변신을 시도하는, 근대인으로 탈바꿈하여 모더니스트가 되고자 하는 화자에 대해 '어느 교과서에도 질투의 감격은 무수하다'. 그러나 시대의 흐름은 그 누구도 거스르지 못한다. 오고야 말 시간이 오고 있는 듯, 자연스럽게 약속을 이행하는 듯 사정없이 들이닥치는 새로운 시대, 이 '아침', 이 급물살을 그 어떤 천하장사라 할지라도 막아낼 수가 없다. '먼 시간을 두고 물속을 흘러온 흰모래처럼 그들은 온다/UN위원단이 매일 오는 것이다'. 찬

성과 반대, 두 감정이 모두 내재하는 가운데 광장에서 공론화의 길을 연다. 찬반양론, 50:50, 반반, 이도 저도 아닌, 침략이나 침투는 아니지만 타력의 개입, 행운인지 재앙인지 알 길 없는 외세의 밀물이 화자의 세상으로 난데없이 난생처음 벼락같이 들이닥친다.

화자는 거역 불가능한 '화환이 화판(花瓣)이 서울역에서 날아온다'라고 한다. 좋기도 하고, 싫기도 하다. 이 상황을 수용하지 않고 방어하면, 이 기회를 잡지 않으면, 전근대로 후퇴하거나 제자리걸음만 하다가 안타깝게 이 한 생을 마감할지도 모른다. '화환'과 '화판'으로 거침없이 닥치는 아침, 이 새로운 양태의 시간 모습은 눈부시게 젊다. 꽃 같은 '청년'이다. 그러기에 화자는 '모자 쓴 청년이여 유혹이여/아침의 유혹이여'라고 '한탄' 같기도 하고 '찬탄' 같기도 한 어투로 마무리하면서도 여전히 어찌하겠다는 확고한 결의는 노출하지 않는다. 그럼에도, 그러함 때문일까? 「아침의 유혹」은 '탐진치(貪瞋癡)'를 떨치고 '황금을 보기를 돌같이 하는' 검약한 소유, 최소 소유와 함께하는 목가적 유생의 전통에서 자본과 물질 소유, 본능에 충실할 자유를 수용하려는 긍정적 소망의 접점과 접변에서 내놓은 '외침'이자, '깨침'의 시로 비친다.

참고로 『서울신문』 이종수 기자의 글을 읽어보자.

> 시인 김수영(1921~1968년)의 미공개시 '아침의 유혹'이 발굴됐다. 민음사가 22년 만에 '김수영 전집'의 개정·출간을 추진하면서 김 시인의 여동생이 보관해 온 작업 노트를 근거로 국회도서관의 자료열람실에 있던 '자유신문'에서 찾았다.
>
> 작품 중 일부가 훼손돼 판독이 불가능한 이 시는 자유신문 1949년 4월 1일자 2면 좌측 중앙단에 게재됐다. 민음사 측은 "초기 시로서 젊음

의 시인 김수영의 정열과 한국 현대시의 모더니즘의 특징을 보여주는 동시에 '서울역의 화환' 'UN 위원단' 등의 시어를 통해 광복 직후의 단면을 보여준다."고 평했다. 다음은 시의 전문(○○부문은 판독 불능).

"나는 발가벗은 아내의 목을 끌어안았다/산림(山林)과 시간(時間)이 오는 것이다/서울역에는 화환(花環)이 처음 생기고/나는 추수(秋收)하고 돌아오는 백부(伯父)를 기다렸다/그래 도무지 모-두가 미칠 것만 같았다/무지무지한 갱부(坑夫)는 나에게 글을 가르쳤다/그것은 천자문이 되는지도 나는 모르고 있었다/스푼과 성냥을 들고 여관에서 나는 나왔다/물속 모래알처럼/소박(素朴)한 습성은 나의 아내의 밑소리부터 시작되었다/어느 교과서에도 질투의 ○○은 무수하다/먼 시간을 두고 물속을 흘러온 흰 모래처럼 그들은 온다/UN 위원단이 매일 오는 것이다/화환이 화환이 서울역에서 날아온다/모자 쓴 청년이여 유혹이여/아침의 유혹이여"³

2003년 '판독 불능'이라고 한 부분, '어느 교과서에도 질투의 ○○은 무수하다' 행은 2023년 이영준이 엮은 『김수영 전집 1』에 '○○'을 '감격'으로 판독하여 싣고 있다. 「아침의 유혹」과 마주한 화자, 시인에게 '나의 아내의 밑소리'의 영향력은 막강하고 막대하다.

이어서, '아내'가 시어로 나오는 시, 「사치」를 읽어보자.

---

3 신지홍, 「시인 김수영 미공개시 발굴-민음사」, 『연합뉴스』, 2003.7.3.(https://n.news.naver.com/mnews/article/001/0000403310?sid=103)
김종수, 「김수영 미공개시 발굴/1949년 자유 신문 게재 '아침의 유혹'」, 『서울신문』, 2003.7.3.(https://www.seoul.co.kr/news/newsView.php?id=20030703016001)

어둠 속에 비치는 해바라기와…… 주전자와…… 흰 벽과……
불을 등지고 있는 성황당이 보이는
그 산에는 겨울을 가리키는 바람이 일기 시작하네

나들이를 갔다 온 씻은 듯한 마음에 오늘밤에는 아내를 껴안아도 좋
으리
밋밋한 발회목에 내 눈이 자꾸 가네
내 눈이 자꾸 가네

새로 파논 우물전에서 도배를 하고 난 귀얄을 씻고 간 두붓집 아가
씨에게
무어라고 수고의 인사를 해야 한다지
나들이를 갔다가 아들놈을 두고 온 안방 건넌방은 빈집 같구나
문명(文明)된 아내에게 '실력을 보이자면' 무엇보다도 먼저
발이라도 씻고 보자
냉수도 마시자
맑은 공기도 마시어두자

자연이 하라는 대로 나는 할 뿐이다
그리고 자연이 느끼라는 대로 느끼고
나는 실망하지 않을 것이다
의지의 저쪽에서 영위하는 아내여
길고 긴 오늘밤에 나의 사치를 받기 위하여
어서어서 불을 끄자
불을 끄자
　　　　　　— 김수영, 「사치」 전문, 『김수영 전집 1』, 167~168쪽

1958년 작품이다. 소승적 차원과 그 규모로 「사치」를 대하면 '아내를 껴안아도 좋으리'라는 마음가짐이 '사치'가 되는 소시민의 평범한 일기 같은 글이다. 그런데 대승적 차원에서 「사치」를 대하면, 이는 또 '문명 (文明)된 아내에게' '실력'을 보여야 하는 긴장감으로 인해 '무엇보다도 먼저' 해야 할 일이 있다. '밋밋한 발회목에 내 눈이 자꾸 가네'라고 발회목, 즉 복사뼈에 주목하는 화자는 자신의 '아킬레스건'에 대해 점검하지 않을 수 없다. 불사신이라고 하더라도 약점이 있는데, 하물며 호랑이 판관, 판정자로 등극한 여왕 같은 주도권을 쥔 최첨단, '문명(文明)된 아내에게' '약점'을 들킬 수는 없는 일, 연거푸 '내 눈이 자꾸 가네'라고 하면서 부족한 자신감, 열악한 조공, 상대적으로 후진적일 수 있는 전리품을 우려하고 있다.

'그대 앞에만 서면 나는 왜 작아지는가!'라는 노랫말 출현 이전, 사랑을 마주한 연인 혹은 배우자가 품은 자동 축소 심경을 내보이는 '어물어물' '우물쭈물'을 대신하면서 땀나는 초조감을 미사여구 없이 건조하게 지면에 차려놓고 있다. 여하튼 대장부의 기백은 발포하고 싶으니, 최소한 '발이라도 씻고 보자'부터 '냉수도 마시자' 그리고 '맑은 공기라도 마시어두자'라고까지, 매우 사소해서 별것 아닌 듯하여도 나름대로 복잡한 다단계 준비 절차를 제시하면서 실행하고자 한다. 스스로에게 청유형으로 고하는 이 독백 형식은 청승이 깃든 정성스러운 청빈이라, 홀연하게 청정하다.

이즈음에서 황규관의 글을 참고하여 읽어보자.

1958년의 「사치」에서 김수영은 자연과 이웃에 기대는 어떤 낙관을 보여주었었다. 예를 들어 "자연이 하라는 대로 나는 할 뿐이다/그리고 자연이 느끼라는 대로 느끼고/나는 실망하지 않을 것이다". 이 앞에서 또 "새로 파는 우물전에서 도배를 하고 난 귀얄을 씻고 간 두붓집 아가씨에게/무어라고 수고의 인사를 해야 한다지" 하며 명랑을 잃지 않으려는 모습도 보여줬다. 물론 이 작품은 '아내의 몸'에 대한 솟구치는 생기를 표현한 작품이지만 일반적으로 '모더니스트'라는 이미지 안에 갇힌 그에게 자연주의적 낙관도 생생했음을 보여주는 사례가 되기도 한다. 작품마다 숨어 있는 어떤 비밀을 읽어내지 못하는 한 김수영을 모더니즘의 흐름이라는 문학사 속에 박제화시키는 우는 그치지 않을 것이다.

아무튼 「사치」에서 보여주었던 자연을 통한 나름의 생기가 「싸리꽃 핀 벌판」에 와서는 "피로는 도회뿐만 아니라 시골에도 있다"고 말함으로써 이 당시 김수영이 가졌던 "피로"의 깊이가 전해에 비해 훨씬 깊어졌음을 알 수 있다. 달라진 게 있다면 그것은 "문명"과 "형이상학" 같은 어휘의 등장일 것이다. 어쩌면 이 당시 김수영은 추상적인 '문명 비판'과 형이상학적 관조의 자리로 후퇴할 의향이 있었는지도 모른다.[4]

누구라도 김수영의 진심을 알기는 어렵다. 문명을 비판하고 자연을 거스르지 않으려고 했다는 김수영 시 읽기도 일리가 있다. 게다가 삶의 동반자, 인생을 함께하는 환경으로서의 '문명(文明)된 아내'를 껴안고 '실력을 보이자면' 여기에 걸맞은 상당한 역량이 있어야 한다. 그리하여 김수영은 그 역량을 갖추기 위해 '무엇보다도 먼저/발이라도 씻고 보자/냉수

4　황규관, 「[김수영의 시적 여정] (18) 필경 내가 아직 건강한 사람이기 때문이리라」, 『뉴스민』, 2018.3.5.(https://www.newsmin.co.kr/news/28139/)

도 마시자/맑은 공기도 마시어두자'라고 하면서 현대를 사는 모더니스트의 보약으로서의 냉수와 맑은 공기 마시기, 그리고 발 씻기 등의 매우 일상적인, 기초 행위부터 시작하고 있지 않은가!

서구적 문물 수입과 수용을 근대화와 연결하여 문명화라고 단정하며 개념화할 수는 없지만, 김수영 생존 시 우리나라는 대개 문화를 대하는 관점과 태도가 사대주의적이었던 터라, 공식적으로 새롭게 도착하거나 암암리에 침투하는 문명의 선두에 선 이들은 제멋대로 뻐기며 방자했거나 추종하기에 바빠 부자연스러운 과도기 풍경으로 다채롭게 고달팠다. 하지만, 어떤 경우에도 한국인은 한국인의 눈으로 한국을 보며 편안함을 느낀다. 한국인이면 누구나 한옥을 좋아하고 동경하는 공통점이 있듯, 김수영도 개발도상국 이전의 우리나라 전통적 풍광과 자신의 위치를 그리고 있다. '어둠 속에 비치는 해바라기와…… 주전자와…… 흰 벽과……/불을 등지고 있는 성황당이 보이는/그 산에는 겨울을 가리키는 바람이 일기 시작하네'라는 1연에서 만나는 서정은 한국적이다.

나아가 '나들이를 갔다 온 씻은 듯한 마음', 김수영의 방하착(放下著)! '자연이 하라는 대로 나는 할 뿐이다'라고 마음을 내려놓으면서 '자연이 느끼라는 대로 느끼고/나는 실망하지 않을 것이다'라며 자기와의 협상을 시도해 자기를 사수하는 통로를 연다. 게다가 '나들이를 갔다가 아들놈을 두고 온 안방 건넌방은 빈집 같구나'라며 휑한 '오늘밤에는 아내를 껴안아도 좋으리'라는 의도형 어미로 시인 자신의 '의지의 저쪽에서 영위하는 아내'를 향해 '길고 긴 오늘밤에 나의 사치를 받기 위하여/어서서서 불을 끄자/불을 끄자'라고 재촉한다. 전위적인(avant-garde), '문명된 아내'를 껴안는 일이 김수영에게는 '사치'인 것이다. 물론 문명은 아내와 동격, 아내는 문명의 상징이다. '성황당이 보이는/그 산에는 겨울을 가리키는 바람이 일기 시작'하고, 토착 신앙과 원시적인 마을 풍경을 선진 문명과 상반되게 열등 문명으로 본 당시 김수영의 주관적 견해 측면에 기반하여 김수영을 두둔하자면, 누추하고 빈곤한 시대 겨울바람이 이는 어느 날에 나의 '사치'를 받는다.

＊

이제 별학도로 건너간다. 대한민국 영토로서의 섬이지만, 특이하게 '사유지'라고 한다. 비토 해양 낚시 공원으로 조성해 운영하고 있다. 현재 행정 주소는 경상남도 사천시 서포면 산47-9.

물 위를 걷는 김은정 시인, 별학도로 건너간다. 이 다리 위에서 김현경, 김가배, 김금주, 맹문재, 김은정 이렇게 사진을 찍은 적이 있다. 섬의 이름도 모른 채, 2018년 당시에는 아름다운 경치에만 취한, 경이로운

별학도(벼락도)로 건너가며 바라보는 진도(미섬)

별학도(벼락도) 몽돌 갯벌 해변

자연 한 점 만나는 기쁜 돌발 상황에서 이곳 다리를 디뎠다. 예기치 않게 당혹스러운 순간은 언제나 어떤 독보적 찬탄으로 그 행적을 업적처럼 가공하여 굳게 사실화한다. 난생처음 만나는 사건 발생, 기념할 만한 새로운 장소로 거듭나는 시간의 첫 호흡, '장소감'! 우리가 키워가는 특용작물이다.

  이 다리는 그 난간에 경사지게 기대거나 발로 바닥을 힘차게 디디거나 굴리면 흔들흔들한다. 현수교가 아니라 교각은 있지만, 물밑을 바라보면 공포감으로 뇌혈관이 수축하여 혈류가 감소하는지 현기증과 더불어 일시적 평형감각 둔화가 일어나 몸이 얼얼하다. 모험심이 가득하고 담력이 좀 센 이들은 이 다리를 건너갈 때 오히려 굉장히 기분이 좋을 것이다. 귓불로, 콧등으로, 이마로, 소맷자락으로, 바짓가랑이로 따라붙는 바람의 결이 내장 청소를 해주는 듯 주저 없이 개운하다. 기술력 도약의 증표, 도구를 통해 날아다닐 수도 있고 물 위를 건너다닐 수도 있는 이 현대 문명의 힘!

'문명(文明)된 아내'라고 하는 김수영 시인의 시 한 대목을 이 부분과 연결해볼 참이다. '나의 사치를 받기 위하여' 별학도가 이 다리 건너에 있다. 문명이라고 하는 것은 그 횡포가 심하기도 하지만 문명이 우리에게 이렇게 자유를 누리도록 도움 주고 있다. 한때는 물이 많이 나서 '모세의 기적'처럼 또 다른 섬과 섬을 이어놓는 그런 풍광을 접할 수가 있었는데, 오늘은 물이 많이 빠지지 않아서 경이로운 변동을 마주하지는 못한다.

2018년 6월 17일 오후, 김현경 방문 당시는 썰물 시간, 물이 제법 빠져서 갯벌이 일정량 드러났다. 이곳 바닷물이 어디로 이끌려 이동했는지 해저가 잠시 융기한 듯, 별학도 해변이 넓어졌다.

"우와~~!"

김현경과 그의 수양딸 김금주는 해초로 뒤덮인 갯바위와 자그마한 몽돌, 그보다 더 작은 조개껍질 조각, 모래알, 본원을 알 수 없는 알갱이 흙 등이 뒤섞인 갯벌로 내려가서 고둥을 줍고 굴을 만진다.

"여기를 언제 다시 오겠어요!"

두 여인은 바닷가에서 봄나물 캐는 처녀 감성으로 굴 줍기, 조개잡이 체험을 펼치면서 '천연기념물'이라 별명 붙이고 싶은 마음을 자극하는 극적인 실물로 화사하다. 다정다감한 모녀, 이들은 아주 오래전에 하던 사부작사부작 소풍 난장 놀이를 다시 떠올려 재현하는 소꿉친구 모양새로 장난을 치기도 한다. 당연히 아무 근심 걱정 없는 어린이들의 모습이라고 할 만한데, 그야말로 천연덕스럽게 전생에 무슨 복을 지었기에 누리는 복, 전생에 나라를 구했기에 누리는 복 등 검증 불가능한 윤회사상을 끌어와 엮은 수사학으로 형이상학적 세계에 적립해 둔 기쁜 무의식

감정을 꽃피우며 분출한다.

 그 당시 모습은 영락없이 '바닷가의 어린이'라, 라빈드라나드 타고르(Rabindranath Tagore, 1861~1941)의 송가를 떠올리게 하는 거룩함까지 겹겹으로 이어지는 풍광이었다. 함께하면서도 전혀 참견하지 않고 그저 관조하는 일로 관여하며 장면 장면 사진도 엄청나게 많이 찍었다. 그런데 지금 그 사진들이 없다. 스마트폰 속의 자료가 모두 영리하게 어디론가로 날아가 버렸다. 돌이킬 수가 없다. 애석하다. 아무도 없는 현재의 별학도 몽돌 갯벌 해변에서 그날 그때의 마음으로 그 순간의 어린이 김현경을 그려 넣어 마음의 눈으로 볼 수밖에, 달리 어찌할 도리가 없다.

 '문명의 장난'으로 인해서 모든 사진 자료가 사라진, 만에 하나 있을까 말까 한 사고가 이렇게 발생하였다. 물론 알 수 없는 일이다. 이 허망한 고장 상황에 극적인 기술을 투입해 정상으로 복구하게 된다면 다시 그때의 사진 자료를 또 만나게 될는지? 현재는 불가능! 스마트폰 자료뿐 아니라, '만약'을 대비하여, '벼락 맞을 확률에 비견할 만한 불상사'에 대비하여 외장용 하드 속에 특별히 저장했던 사진 자료까지 '몽땅' 사라져서 그 당시 촬영했던 사진 파일은 아예 하나도 존재하지 않는, '없는' 상태이다. '복구할 수 있겠습니까?'라고 직접 대리점에 가서 여러 차례, 여러 가지 논의를 해보았으나 대답은 동일하다. '복구 불가능'이란다. 지금까지도 긍정적인, 다른 반가운 대답이라곤 전혀 없다. 편리하기 이를 데 없는, 신통방통한 종합 요술 도구지만, 믿는 도끼에 발등 찍힌다는 속담을 들먹이는 사례, 참으로 믿지 못할 물건이다. 전자기기는 하루아침에 이렇게 배은망덕할 수도 있다.

 컴퓨터도 스마트폰도 석기시대 주먹도끼나 빗살무늬 토기에 견줄 만한 혁명적 물건이다. 여기에 누가 부정적 편향으로 토를 달겠는가? 그러나 아이러니하게도 이 멋진 최첨단 도구는 완벽하게 무책임하다. 사용자 부주의나 저장 능력에 대한 꾸지람으로 허망함에 대해 정서적 폭력까지 추가하는 이 부작용이야말로 또 하나의 사회문제 장르로 등극, 전문가 연구 영역까지 확장해 놓고 있다. 도구의 권력이 우리의 기본권, 즉 자유권과 사회권, 청구권 등등을 앞지르니, 망연자실 때는 권리 위에서 잠잘 수밖에 달리 묘수가 없다. 물론 이렇게 믿고 의지하기 힘든 도구임에도, 때로는 슬프고 허탈한 빈털터리 신세로 끝장내는 물건임에도, 사람들은 여전히 여기에 의지해서 수많은 사진을 찍고 수많은 글을 쓰고 수많은 사연을 보관한다. 수많은 인증서까지 보관한다. 게다가 이 인공의 세계, 이 사이버 공간을 또 다른 신대륙이라고 사수하는 중독 증세로 이 물건 속 주민 신분과 결별하지 못한다. 사용자들에게 여기는 의기양양한 사업처, 귀중품 보관 금고, 정치적 광장, 각종 놀이터, 통로(Tube), 여가 카페 등등 무궁무진한 식민지이다. 실제로 사용자는 이 도구와 공간에서 활동하는 식민인데, 이를 알아차리건 알아차리지 못하건 이 바닥에서 이런저런 발자국을 찍는 이력으로 각자의 유통업을 마우스나 손가락으로 이리저리 끌고 다닌다. 신앙에 가깝다. 진정 어마어마한 매력, 일미진중함시방(一微塵中含十方)!

 이렇거나 저렇거나 간에, 요모조모 안타까워 경계할 일 성찰할 일 많아 지혜롭게 활용해야 한다는 교훈을 명심하거나 망각하거나 간에, 이 시점에서 가장 중요한 사건은, '없다!', '없어졌다!', '사진이 없다!', '자료가 없어졌다!' 뿐이다. 아, 남는 건 사진 뿐이라는 시쳇말을 정면으로 부인할 수가 없다. '맞다!' 라고 빅데이터에 한 사례 더 추가하면서, 이

'없음'을 어떻게 '있음'으로 복구할 것인가 애통해한다. 소리 소문 없이 사라진 보물 창고, 시간 저장고, 기록 보관소, 파탄, 파경, 공백, 공허, 0, 이 날벼락 '무소유'가 몹시 황당하고 언짢다. 이를 이루 표현할 수가 없다. 순망치한(脣亡齒寒)이라지만, 참으로 온 전신이 아뜩하고 시리다.

그런데 반전+반전+반전! 디지털 기록이 흔적도 없이 사라지고 나니, 느리고 느린 아름다운 아날로그의 풍미, '그날'로 '그날'로 집중하고 몰입하는 신비한 기운이 작동하기 시작한다. 사진을 찍어두었으니 보험들듯 그 기억도 언제까지나 보장되리라는 안심으로 한동안 마음껏 잊었던 시간. 그 속으로 괭이질, 삽질, 호미질하며 들어간다. 그런데 이런 일은 문명의 발생 이전, 디지털 시대 이전으로의 역주행이 아니다. 고육지책(苦肉之策), 고육지계(苦肉之計)일 수도 있으나, '없음'으로 인해 '있음'을 생산하는 가역성에의 접견, 여기에 도달하니 '필자연(必自然)'으로 가는 통로는 '공손한 수공예'라는 결론, '무소유'의 망연자실에서 벗어나고자 애쓴 요동이 수확한 천연의 열매이다. '없음'이 더 많은 '있음'을 만들어내고 있다. 한 땀 한 땀 손수 바느질하듯 '짓는' 작업, '생성형'이 따로 없다. 궁여지책(窮餘之策)이 이렇게 새로운 축복을 생산하는 조물주 역할을 하고 있다.

다리를 건너자, 별학도 초입에 건물이 한 채 있다. 사무실과 매점이다. 2018년 6월 17일, 함께 많이 걸었으므로 어디 조금 앉아 휴식했으면 좋겠다고 생각했는데, 마침 그 순간에 거기 있던 매점. 그날 부라보콘, 비비빅 등 얼음과자를 먹으며 잠시 앉았던 그 매점이다. 그날 김현경, 김가배, 맹문재, 김선주, 김은정이 앉았던 의자들이 보인다. 여전히 그 자리 그 간격 그대로 흡사하게 있다. 오늘은 여기를 찾은 어떤 이용자가

별학도(벼락도) 매점

잠시 머물다가 갔을까? 그 당시 사용했던 그 의자들 그 모습 그 색채로 온전하다. 이럴 때는, '변함없다'라는 말이 발전하지 않았다는 뜻이 아니라 첫 마음 그대로인 사랑과 우정의 지표처럼 매우 소중하고 반갑다.

매점에서 왼쪽으로 시선을 돌린다. 낙상 사고 방지를 위해 해변 방향에 설치한 벽과 난간에도 식당 차림표와 흡사한 '알림표'가 있다. 메뉴는 바지락, 살조개, 밴댕이, 전어, 임연수어, 대게, 홍게, 코끼리 조개, 개조개, 가리비, 대왕조개, 대가재, 쏙 등. 이들에 대한 소개가 지나치게 간략하지만, 이 정도의 친절이면 관광여행 중 잠시 걸음 한 방문객이 산뜻하게 호기심 자극받으며 감당할 만한 정보량이다. 이 분량을 초과하면 휴식을 위한 여행의 환상을 방해하는 요소 과잉이 된다. 천생 학자거나 공부 중독자는 여기서도 소요학파처럼 열심히 읽고 유용한 배움을 일으켜 스스로 천재적 자아와 내통한다. 심지어 디지털 도구로 검색까지 해가며 더 깊이 탐사하듯 읽으면서 일시적으로 전공자를 추월하는 견지를 구축한다. 하지만, 이곳 토종 바닷바람이나 이들 소개 자료를 읽고 유려하게 지나갈 뿐, 떠돌이 관광객은 대체로 그저 스르륵 무미건조하게 훑어보다가 시치미 떼듯 싹둑 관심을 뗀다.

별학도에 들어와서 배 위의 갑판 같은 '데크'를 차근차근 걸어보면 마치 대형 크루즈를 탄 느낌이다. 데크는 0.025제곱 킬로미터 면적의 별학도를 한 바퀴 다 돌지는 못할 정도의 양, 즉 약 3분의 2가량으로 놓여 있다. 그런데 앞으로 별학도를 한 바퀴 완전히 돌 수 있게끔 '벼락같이!' 연장하여 만들지 않을까 기대해본다. 이런 기대가 바로 민심이다.

데크가 끝나는 지점, 난간 벤치에 앉아 바다를 바라보고 있는데, 이 물빛이 얼마나 맑고 깨끗한지 속이 훤히 들여다보인다. 물결무늬와 물밑에 자리하고 있는 조약돌 무늬가 수심의 간격을 두고 일제히 동일하다. 조약돌이 수직으로 상승해서 물 위를 지나가는 듯, 움직임이 연이어 물비늘까지 만들어 내보이는데, 가만히 숨만 쉬고 있어도 내가 내게 보내는 영상 편지, 기쁜 마음의 춤곡 악보이다. 둥글둥글 닮고 닮은 돌들이라 모난 데가 없어 놀랍도록 까탈스러운 개성 또한 없지만, 그들끼리 일군 구조 속에서 그들만의 무늬들을 단단히 지키고 있는 고집은 자연 그 자체이다. 자연에는 직선이 없어서 그러한가? 모두 나대지 않고 고만고만하게 엮여 있으면서 삐쭉대지 않는 원만함으로 한 치 오차도 없이 냉철하게 전체를 이루고 있다.

그런데, 둥글둥글한 게 정말로 좋은 건가? 원융이야말로 진리인가? 진리는 진정 우주 구성원을 자유롭게 하는가? 모나지 않은 돌들은 태초부터 모나지 않았던 것은 아닐 테고, 여러 상황에서 독보적으로 뾰족뾰족한 살점과 뼛조각, 그 위대한 촉을 떼어냈을 수도 있다. '뾰족한 수'를 포기하거나 버리고, 이리저리 정 맞고 융화해서 얻고자 한 그 무엇을 얻기는 했을까? 애초부터 얻을 것이 없어 얻을 생각조차 하지 않았을까? 하지만 세상에는 공짜가 없으니, 기회비용을 감당한 것이라 해석해 봐야 하나? 이를 적응이라 해야 할지, 허탈? 허망? 하여튼 몽돌들은 적재적소에서 최적화한 것이겠지만, 인간의 감정을 이입하면 그 해석은 무진장 무량수 무한하다. 그 오해도 '늴리리', 알을 까고 나가는 새의 세계를 만드는 거대한 힘이라 그 무수한 변주를 아직 생각해보지 않은 관형어의 공터에 흩뿌려 놓아보자. 그리고 그대로 두자. 일파만파 좋다!

 해석의 향방을 조금 이동하면, 모난 돌들의 소멸은 달갑지도 반갑지도 않다. 감동적이지도 않다. 획을 긋는 시대적 파괴나 건설, 전회는 모난 돌들이 하거나 이루니 말이다. 모난 돌들의 업적은 천문학적으로 지대하다. 모난 돌들, 눈엣가시 같은 기세등등 돌들은 야성 그 자체이다. 타력에 의한 가공의 길을 걷지 않은 이 거친 원석은 상상 속의 석기시대를 체험할 수 있게 해준다. 이 돌들은 훈련이나 조련으로 갈고 닦이지 않아 날카로우므로 거뜬히 무기로도 행세할 수 있다. 그래서인가? 각종 모난 돌들은 괭이나 삽의 역할 정도는 아주 수월하게 감당하여 다양한 도달 정도를 업적으로 가시화한다. 가령, 지층이나 지면을 파거나 흙을 헤집으면 식량이 될 만한 뿌리를 캘 수 있다. 약초도 캘 수 있다. 갯벌 안을 헤적이면 그곳에서 서식하는 조개가 나오기도 한다. 좀 더 큰 고둥을 잡고자 하는 욕심이 등장하면 커다란 바위를 뒤집어엎어야 한다. 이때도 길고 날카로운 야성의 돌들은 사람의 팔과 손 등 한정적인 신체를 그들의 몸집만큼 연장해준다. 이로써 유용한 도구 역할을 하며 인류의 삶에 출연하는 조연으로 자리 잡는다. 제 자리인지는 모르겠지만 사람의 선택으로 유용성을 발휘하는 존재로서의 힘을 얻는다. 서로 감사할 일인가?

고둥은 보약 같은 식재료이다. 삶아서 까먹으면 그 자체로 음식이다. 물을 곁들여 그냥 삶아서 국물만 마셔도 좋다. 1급수 민물에는 다슬기가 서식한다. 그런 다슬기를 잡아서 삶으면 간에 좋은, 간을 보호하는 데 좋은 다슬기 국물이 된다. 그런데 바닷가에 있는 여기 고둥들, 긴 고둥 또 뭐 장군 고둥 등등도 마찬가지다. 왜 그런 이름이 붙었는지 모르겠지만, 긴 고둥은 길어서 긴 고둥이고, 장군 고둥은 고둥 딱지가 군인 철모처럼 생겨서 장군 고둥이라는 이름이 붙지 않았을까 생각한다. 어쩌면 누군가가 최초로 장군 고둥이라고 이름 붙였겠지? 이어서, 이후의 사람들이 그 모양을 보고 새로운 이름을 붙이거나 난감해하지 않고 동일한 이름으로 부르는 일을 지속하여 고정하였으리라고 추측한다. 풍요로운 상상을 위해 이렇다 저렇다 자료 조사 및 채집, 빅데이터에 기반하여 논하지 않는다. 모두가 다양한 가능성을 열어놓고 상상하며 즐겁도록 미검증 가설로 둔다.

물빛은 계속해서 맑다. 여기는 바다라기 보다는 호수인 듯 잔잔하다. 매끈하다. 그야말로 해인(海印)에 가까운 수면이다. 지금, 이 바다를 향해서 주변의 작은 섬들이 자기 모습을 그윽하게 내려놓고 있다. 바다 위에 있는 물체가 바다 아래쪽으로 내려가서 그대로 존재한다. 장엄한 데칼코마니, 거울이다. 바다에 각인한 비경, 바다에 찍은 도장, 준엄한 승인이다. 오, 해인!

*

걷다 보니, 별안간 '별학길 49' 정자이다. 역시 크루즈의 갑판에 올라

온 듯한, 아~ 기분 좋은, 상쾌한 분위기가 '살아 있다!'라는 훼손 없는 야성의 존재감을 견인해준다. 발아래로는 바위들 그리고 그 바위를 만지고 있는 물결의 손이라고 해야 할까? 물들이 마치 사람의 손가락에 있는 지문처럼 결결이 다가와서 벽창호 갯바위를 자비심으로 쓰다듬어주고 나간다. 그 형상은 웨딩드레스 맨 밑자락 바이어스, U 혹은 V 선으로 물과 바위 그 영빈의 혹독한 접견 결과물을 보여주고 있다. 오른쪽도 왼쪽도, 그러고 보니까 바다 전체가 어떤 특정한 웨딩드레스를 지어 입기 위한, 어떤 거인의 웨딩드레스를 지어 입히기 위한 보배 천으로 느껴지기도 한다. '차르르르' 흘러내리는 이 느낌, '스르르르' 빨려 들어가는 듯한 이 흐름, 그러면서도 다림질을 당하고 있는 듯한 매끄러움이 심신을 통과한다. '아~ 그렇다!'라고 파도가 찰랑찰랑 답한다. 손뼉 치듯 바위와 맞장구 하면서 '맞아요! 맞아요!' 이렇게도 답하고 있다. 그런데 신기하게 물결이 전혀 없는 듯하면서도, 이 잔잔한 물결의 움직임은 마름모꼴을 만들면서 오다가, 가장 가까이 와서는 둥글게 파문을 일으키는 어떤 생물이 된다. 물과 바위가 만나는 지점에서는 손가락 지문, 발바닥 족문처럼 어김없이 문양도 만들어 낸다. 와, 놀라운 일이다. '별학길 49' 정자에서의 신선놀음. 이 장소에서 나가면 여기 바깥의 장소는 몇백 년, 몇천 년이나 흘렀으려나?

 이왕지사 세속을 떠난 듯 초월하는 쾌거를 자랑하려고 하는 것이니, '별학길 49' 정자, 여기 오래 앉아서 파도 소리를 폭포 소리로 즐겨보자. 그리고 김수영의 「폭포」를 읽어보자. 1959년 작품이라고 하는데 그 창작 연도가 꼭 정확해야 할 필요는 없다. 부정확하다면 이는 설화나 전설에 가까운 이야기를 펼치기에 더 좋은 질감이다. 정확하지 말아라. 상상력이 뛰어놀 수 있는 공간과 여백, 이 풍요의 저변이야말로 벅찬 지평이다. 선사 고고학적이다.

폭포는 곧은 절벽을 무서운 기색도 없이 떨어진다

규정할 수 없는 물결이고
무엇을 향하여 떨어진다는 의미도 없이
계절과 주야를 가리지 않고
고매한 정신처럼 쉴 사이 없이 떨어진다

금잔화도 인가도 보이지 않는 밤이 되면
폭포는 곧은 소리를 내며 떨어진다

곧은 소리는 소리이다.
곧은 소리는 곧은
소리를 부른다

번개와 같이 떨어지는 물방울은
취(醉)할 순간(瞬間)조차 마음에 주지 않고
나타(懶惰)와 안정을 뒤집어 놓은 듯이
높이도 폭도 없이
떨어진다

— 김수영, 「폭포」 전문, 『김수영 전집 1』, 128쪽

바닷물은 기둥 모양의 바위를 만나기만 하면 일시적으로 폭포를 만든다. 파도가 세차게 몰아치며 찾는 주상절리라면 그 접변은 어김없이 폭

포가 된다. 폭포는 '곧은 절벽을 무서운 기색도 없이' 물이 떨어지는 광경, 그런 상황의 장소이다. 수직 또는 몹시 가파른 경사면으로 낙하하지만 '규정할 수 없는 물결'이고, '무엇을 향하여 떨어진다는 의미도 없이' 단차(段差)로 인해 자동 발생한다. 이 현상은 '계절과 주야를 가리지 않고' 아이작 뉴턴(Isaac Newton, 그레고리력 1643~1727)의 만유인력 법칙을 시각화하며 '고매한 정신처럼 쉴 사이 없이 떨어진다'라고 할 만하다.

이즈음에서 잠시 정지해 휴식하듯 한숨 돌려보자. 다시 폭포가 보인다. 여러 움직임에 관해 다양한 각도로 살피려니 물체가 제자리로 돌아가려는 성질을 나타내는 지점도 만나게 된다. '관성(inertia)'으로 개념화한 이 성질이 훤히 보이는 지점이다.

경사진 모양의 갯바위 즉 입암(立巖), '선바위'라 하기에는 그 서 있는 각도가 수직을 이루지는 못하지만, 그 곁에서 '계속 정지하려는 본성'과 '계속 움직이려는 본성'이 만나 부딪치는 광경을 접한다. 갈등과 분쟁이다. 그런데 그 절차 이후의 결과는 순리대로 될 수밖에 없다. 역류, 분수가 아니라 폭포이다. 그 순행의 풍광이 폭포로 발현한다. 수수만 년 가격(加擊)에 의해 미세한 타격을 입은 그 누적의 총량으로 오늘의 형체인 바위는 형언할 수 없는 부정형이다. 그 부정형을 수식할 위대한 언어가 없으니 그저 거룩할 뿐. '곧은 소리는 소리이다./곧은 소리는 곧은/소리를 부른다'라고 폭포는 사납게 소리 지르고 김수영은 책사처럼 온순하게 속삭이는 것 같다.

물론 착시 현상도 함께하지만, '번개와 같이 떨어지는 물방울은' 단 한 번도 동일한 물이 아니다. 제자리로 돌아가기 위해 떨어지면서 '취(醉)할 순간(瞬間)조차 마음에 주지 않고' 어디론가로 가버린다. 난데없이 출현

해 '나타(懶惰)와 안정을 뒤집어 놓은 듯' 하다.

김수영의 「폭포」는 1994학년도 대학수학능력시험 1차 언어 영역에 출제되었다. 이후, 2013학년도 대학수학능력시험 언어 영역에서도 현대시 지문 가운데 6번째 지문, 즉 32~35번 문항과 관련한 지문으로 출제되었다.⁵

'별학길 49' 정자는 김수영의 「피아노」를 읽기에도 적정한 조건의 자리이다. 파도가 '덩덩 덩덩덩 울리면서' 친구 해줄 테니 아무 계산 없이 같이 놀자고 관용으로 포용한다. 하지만, 아무 계산이 없을 수 있나? 그런 관계는 이 세상 어디에도 없다. 무심한 한 찰나(刹那) 정도 가능할 수는 있겠으나, 인간의 의지가 개입하여 갈구하는 시간의 길이만큼 지속할 수는 없다. 꿈꾸기나 가능할 뿐, 단언컨대 어떤 상황의 현실에서도 지속 가능하지 않다. 이 지구 구성원은 모두 본능적으로 '이해관계(利害關係)'이다. 상생 혹은 상극, 천적 등 먹이사슬로 얽히고설킨, 모두 '셈'과 연결되는 관계이다. 반드시 값을 치러야 한다.

'별학길 49' 정자는 김수영의 「피아노」 속 '어제 내가 혁명을 기념한 방'을 패러디하여, '이곳은 바로 어제 내가 혁명을 기념한 곳'이라 하여도 어울리는 공간이다. 꼭 정치적인 거사, 그러한 색채를 지닌 혁명이 아니라도 소소한 삶 속의 혁명, 개혁, 쇄신에 비유하며 스스로 자기를 달래는 피아노 소리의 자리, 그런 처소이다. 위안의 힘을 지닌 이곳!

---

5 나무위키 참고.(https://namu.wiki/w/%ED%8F%AD%ED%8F%AC(%EA%B9%80%EC%8 8%98%EC%98%81))

피아노 앞에는 슬픈 사람들이 많이 있다
동계 방학 동안 아르바이트를 하는 누이
잡지사에 다니는
영화를 좋아하는 누이
식모살이를 하는 조카
그리고 나

피아노는 밥을 먹을 때도 새벽에도
한밤중에도 울린다
피아노의 주인은 나를 보고
시를 쓰니 음악도 잘 알 게 아니냐고
한 곡 쳐보라고 한다
나의 새끼는 피아노 앞에서는 노예
둘째 새끼는 왕자다

삭막한 집의 삭막한 방에 놓인 피아노
그 방은 바로 어제 내가 혁명을 기념한 방
오늘은 기름진 피아노가
덩덩 덩덩덩 울리면서
나의 고갈한 비참을 달랜다

벙어리 벙어리 벙어리
식모도 벙어리 나도 벙어리
모든 게 다 중단이다 소리도 사념(思念)도 죽어라
중단이다 명령이다
부정기적인 중단

> 부정기적인 위협
> ―이러면 하루종일
> 밤의 꿈속에서도
> 당당한 피아노가 울리게 마련이다
> 그녀가 새벽부터 부정기적으로
> 타 온 순서대로
> 또 그 비참대로
> 값비싼 피아노가 값비싸게 울린다
> 돈이 울린다 돈이 울린다
> ― 김수영, 「피아노」 전문, 『김수영 전집 1』, 284~285쪽

바다 앞에는, 파도 앞에는 슬픈 사람들이 많이 있다. 죽으나 사나 어부인 원주민, 잠시 어부로 아르바이트하는 마찰적 실업자, 잡지사에 다니는 작가, 영화를 좋아하는 문맹의 여행자, 국토 순례를 핑계로 서성이는 수험생, 그리고 등등 허다한 이유로 방황을 시작하거나 방황을 끊거나 불편한 거기서 시시한 거기서 벗어나려고 하는 수많은 이들.

파도는 도시락을 열어 밥을 먹을 때도 보온병 뚜껑을 열어 커피를 마실 때도 새벽에도 한밤중에도 소리를 낸다. 파도의 주인은 파도를 만나고 있는 자, 파도와의 대화는 스스로와의 대화이다. '시를 쓰니 음악도 잘 알 게 아니냐'고 바다를 건반으로 하여 파도 위에 '한 곡 쳐보라'라고 한다. 일필휘지, 파도와 함께 낮은 마음으로 전하는 사자후(獅子吼)이다. 낮다고 높지 않으랴. 세상의 밑바닥에서 곤하게 수행하는 황제이다.

이 시간, 삭막한 바다는 피아노의 모습이다. '삭막한 집의 삭막한 방에 놓인 피아노'이다. 이 시간 '별학길 49' 정자는 '그 방은 바로 어제 내

가 혁명을 기념한 방'처럼 바다가 피아노 역할을 하며 가로 놓여 있다. 마침 '오늘은 기름진 피아노가/덩덩 덩덩덩 울리면서/나의 고갈한 비참을 달랜다'. '별학길 49' 정자 앞에서 피아노가 된 바다는 파도를 연주하면서 「피아노」 속 '나'의 비참을 달랜다고 엎치기와 덮치기를 한다. 모두 다 받아들이면서 어떤 응어리도 없이 흐른다.

피아노 소리에 자극을 받은 귀가 혀를 누르고 입을 닫게 한다. 단속하고 삼가게 잠근다. '벙어리 벙어리 벙어리/식모도 벙어리 나도 벙어리'가 된다. 그리고 '모든 게 다 중단이다 소리도 사념(思念)도 죽어라'라고 하면서 피아노 소리는 계속하여 울린다. 피아노 소리는 '중단이다 명령이다'라고 발포하듯 귀를 후비고 '나'를 지배하면서, 말 잘 듣게 하는 독재자 역할을 한다.

정치적으로 읽어도 '부정기적인 중단/부정기적인 위협'과 관계 깊은 피아노 소리는 '나'와 상호작용하고 있으니 전혀 상관관계가 없지는 않다. 하지만 이러면 참으로 곤란하다. '─이러면 하루종일/밤의 꿈속에서도/당당한 피아노가 울리게 마련이다'. '삭막한 집의 삭막한 방에 놓인 피아노'는 이상하게도 당당하다.

그런데 '나'와 다른 타인, 뜻밖에도 '그녀'가 출현한다. '그녀'가 피아노의 주인인가? '그녀가 새벽부터 부정기적으로/타 온 순서대로' 피아노 소리가 울린다. 당할 재간이 없다. '나의 고갈한 비참을 달랜다'라고 했지만, '또 그 비참대로/값비싼 피아노가 값비싸게 울린다'. 어떤 판국에서도 '나'는 어찌하지 못한다. '그녀'의 피아노 소리가 누군가를 향해 과시하기 위함이 아니라 할지라도 '나'는 이 피아노 소리에 꼼짝 없이 빈곤한 자, 생산 수단을 소유하지 못한 계급, 사회적 약자, 노예처럼 괄시

받는 존재가 되고 만다. 자본주의 사회의 유한계급으로서 '그녀'의 손가락이 두드려 내는 값비싼 피아노 소리는 '나'에게 소외감과 패배 의식을 갖게 하는 바탕이다.

피아노를 소유하고 피아노 소리를 값비싸게 울리는 계급에 속하지 못한 '동계 방학 동안 아르바이트를 하는 누이/잡지사에 다니는/영화를 좋아하는 누이/식모살이를 하는 조카/그리고 나'는 '가진 자'로서의 상류층과 '구별 짓기'로 이분화, 양극화된다. 그 중심에 '피아노'가 있다. '가지지 못한 자'로서의 '나'는 무산자, 난쟁이 계층, 가지지 못하였으니 '고갈한 비참'으로 '벙어리 벙어리 벙어리'이다. 그런데 아이러니하게도 '나'를 비참하게 하는 피아노의 명령을 수용하여 '고갈한 비참을 달랜다'.

가진 것이 없는 집, '삭막한 집의 삭막한 방에' '기름진 피아노'가 놓인다. '그 방은 바로 어제 내가 혁명을 기념한 방', 그러나 '나'는 혁명에 성공하지 못했고, 자본 또한 축적하지 못해 '고갈한 비참'이라, '그 방'은 빈민, 난민, 비주류 수용소, 감호소 같은 곳이다. '그 방'에서 '그녀'가 연주하는 기름진 피아노 앞에는 '나'를 비롯하여 슬픈 사람들이 많이 있다. '그녀'는 '나'와 다른 부르주아, 그녀의 값비싼 피아노 소리가 당당하게 울리는데, '돈이 울린다 돈이 울린다'라고 하는 '나'는 기죽어 활개를 접은 피지배층이다.

김수영 시인의 생전에는 피아노가 재산 목록에 등장할 정도로 매우 값비싼 악기였을 것이다. 요즘엔 피아노가 거의 가가호호의 가구 같은 소품, 매우 흔한 악기라고는 하지만, 그래도 그 가격이 천차만별인지라 여전히 값비싼 피아노는 소유가 쉽지 않아 의미 있는 재산으로 대우받는다. 이러한 피아노를 자본가의 상징, 부의 상징, 돈의 상징으로 내세우고 그 피아노 소리 '덩덩 덩덩덩'을 '떵떵거리는 소리'로 듣는 화자는 서구적인 문화 유입과 자본주의 유한계급 앞에서 속수무책 무기력하다.

그리하여 시인은 피아노가 울리는 소리를 '돈이 울린다 돈이 울린다'라고 발화하기에 이른다. 불가항력이지는 않으나, 물질만능주의, 황금만능주의에 저항하지도 않는다. 관조하면서도 반골적인 성향을 완전히 감추지는 않지만, '돈' 앞에서 영세한 자아를 개탄하지도 못할 만큼 처량하기도 하다. 물질의 권위가 우상향, 급기야 수직상승하고 비물질에 대한 열망은 급속도로 감소하면서 '문화 지체 현상'이 급격하게 사회를 포위한다. 혁명으로 자기를 소모한 화자는 '고갈한 비참'에 대하여 '그녀'의 피아노 소리로 보상받는다. 겨우 마음 달래는 정도의 위안이 '혁명을 기념한 방'에서 획득한 전부이다. 호락호락한 것이 없다.

피아노 같은 바다, 건반 같은 물결 앞에는 슬픈 사람들이 많다. 슬픈 사람들 앞에는 피아노 같은 세계가 있지만 연주할 능력이 없다. '시를 쓰니 음악도 잘 알 게 아니냐'고 말을 건네는 자의 시인에 대한 예의는 마땅히 고결하다. 그런데 '한 곡 쳐보라고 한다' 이후, 호연지기를 잃고 주눅 들게 하는 순서의 이어짐은 예상한 대로 씁쓸하다. '나의 새끼는 피아노 앞에서는 노예'로 저자세를 취하며 그 열등하고 옹색한 심경을 노출하고야 만다. 김수영의 지성과 패기는 피아노 앞에서 분리수거되고 '둘째 새끼는 왕자다'라고 하지만, 이 또한 누구의 명을 받들어 행할 자가 아닌 최고 존엄이므로 강력한 자존심과 함께 역설적으로 거부하는 무능한 자의 자학적인 심경을 신경질적으로 일갈한다. 극점과 극점을 잇는 은유의 선분 위에서 시인의 진심은 불편하고 정체성은 파란만장하다.

김수영은 단순히 '피아노'라고 하는 악기를 소재로 하여 그 피아노가 있는 방, 그 피아노와 함께 만들어진 시간의 상황, 그 시간에 참여하는 사람들의 신분과 삶 그리고 태도의 사회적 소수자성 등을 표현하고 있다. 그런데 시인이 세상에 공개한 시는 '시를 읽는 자의 시', 즉 새로운 시로 재탄생하므로 읽는 자, 읽어내는 자의 눈에 따라 얼마든지 다른 시가 될 수 있다. 예상을 초월하여 '차별화'가 되므로 그 읽기의 다양성과 다채로움은 무한, 한계를 짓지 않는다. 그래야만 한다. 그러니 피아노, 즉 '황제성'을 지닌 악기가 놓인 방과 그 방 안에서 일방적으로 연주에 귀를 기울이는 수동적인 구성원의 모습을 정치적으로 읽을 수도 있다.

김수영 시인의 작시 의도와 완전한 일치는 불가능하고, 그에 버금가는 시 읽기만이 시에 대한 예의이고, 전혀 다른 향방으로 시 읽기를 시도해 보는 일이 시에 대한 결례라고 생각하지는 않는다. 어쩌면 시인이 발표한 한 편의 시는 그 시를 읽는 독자의 수에 해당하는 '천 편 만 편'으로 전환한다고 본다. 그러함이 멋지지 않은가. 천편일률적인 시 읽기에 의존하는 독자더라도 시를 읽는 일을 '한다'라는 것, 이만으로도 고마운 일이다. 그러나 한 걸음 더 나아가, 천편일률적인 시 읽기, 그 태만한 사랑 위에 매혹적인 억지를 부려 현재까지의 시선과는 다르게, 낯설게 보는 태도로 가격하면 천편일률(千篇一律)을 넘어 '천편만률(千篇萬律), 그 이상이 되리라 본다. 훌륭한 독자야말로 명작을 만드는 동료이며 동업자이다.

✽

김수영 시에 대한 이 생각 저 생각으로 걷다 보니, 이제 '별학길 63' 정자에 이른다. 여기서는 1963년 작품이라고 하는 「죄와 벌」을 읽어보자.

'63'과 '63'. 이렇게 작위적으로 일을 꾸미고 이야기를 일구는 작업을 진행하는 역량 펼치기도 아무나 못 하는 '짓', 구성력이라는 자기 두둔 애정으로 으쓱한다.

디케(Dike)와 유스티티아(Justitia)의 시간이다. '죄형법정주의'를 떠올리며 법조인의 자세로 쓴 시인가? 하다가, 이미 많은 시인들이 발표한 성찰 시적인 내용을 쓰다듬으면서 '양형'을 양심의 저울에 다는 화자, 시인을 안쓰러워한다. 가해자를 안쓰러운 대상으로 상정한다는 것은 역시 시에서나 가능한 일이다. 시는 '정신의 삶'의 가온 자리에서 보편 윤리, 진리 그 너머, 그 너머에까지 가고자 갈구하면서 모두와 함께하기 때문이다.

> 남에게 희생을 당할 만한
> 충분한 각오를 가진 사람만이
> 살인을 한다
>
> 그러나 우산대로
> 여편네를 때려눕혔을 때
> 우리들의 옆에서는
> 어린놈이 울었고
> 비 오는 거리에는
> 40명 가량의 취객들이
> 모여들었고
> 집에 돌아와서
> 제일 미움에 꺼리는 것이

> 아는 사람이
> 이 캄캄함 범행의 현장을
> 보았는가 하는 일이었다
> ―아니 그보다도 먼저
> 아까운 것이
> 지우산을 현장에 버리고 온 일이었다
> ― 김수영, 「죄와 벌」 전문, 『김수영 전집 1』, 294쪽

드디어 이 「죄와 벌」 속에서 '여편네'라고 하는 어휘를 만난다. 그 유명한, 널리 알려진, 김수영의 '여편네'라는 시어가 나온다. 시인 김수영의 여인은 적지 않게 몇몇, 그 이름도 여럿, 실명으로 회자한다. 하지만 여편네라고 할 여인은 오직 그의 부인 '김현경'만이다. '우산대로/여편네를 때려눕혔을 때/우리들의 옆에서는/어린놈이 울었고'라고 쓴 이 작품 속의 여인인 여편네가 김현경이 아닌 다른 인물이라면, 이는 어떤 유의미를 상징화하기 위해 조작과 연출을 위해 매만진, 사회적 발언으로서의 '쟁점 던지기'일 것이다.

상세한 표명이 곤란하거나, 과도하게 주관적 해석에 치중하여 자칫 필화 사건으로 확장할 우려를 예측할 수 있을 때 문학 작품으로 '동화'나 '우화'를 창작하듯이, 그런 양태의 글일 수도 있다. 김수영 시인이나 그의 여편네 김현경에게 질문할 필요는 없다. 정독이면 바람직하겠지만 오독이라고 해도 바람직하지 않을 일은 없다. 독자가 끝없이 해석을 재생산하는 작업은 연꽃만 꽃이거나 장미꽃만 꽃인 상황에 도전장을 날리는 돌연변이들의 비주류 운동장 구축에 해당한다. 또, 무슨 일이 있어도 연꽃은 연꽃으로만 불러야 하고 장미꽃은 장미꽃으로만 불러야 하는 규

정을 향해 온갖 종류의 활시위를 창의적으로 겨누어보는 돌발적 출정과도 유사한 영적인 발현, 무쌍한 심상의 융기이다. 독자의 수가 지구인 모두라면 지구인 모두만큼의 '읽기'가 있으니 얼마나 풍요로운가? 시문학의 특권이다. 그래서 시가 예술일 수 있다.

'죄와 벌'이라고 하면 대체로 표도르 미하일로비치 도스토예프스키(Фёдор Михáйлович Достоéвский, Fyodor Mikhailovich Dostoevskii, 1821~1881)의 『죄와 벌(Преступление и наказание, Crime and Punishment)』을 떠올린다. 그야말로 "범죄에 대한 심리학적 보고서"! 그런데 동일한 제목의 김수영의 「죄와 벌」도 이런 맥락의 무대에서 나란히 직립하고 싶었던 걸까? 아니면 더 나아가 치졸한 가장(家長)의 가면을 난해하게 폭로하고 싶었던 걸까? '남에게 희생을 당할 만한/충분한 각오를 가진 사람만이/살인을 한다'라고 쓰고 있다. 「죄와 벌」 속의 화자에게는 그 '충분한 각오'가 없다. 그래서 최극단, 종말에 치닫는 듯 '살인'까지는 실행하지 못한다. '우산대로/여편네를 때려눕혔을 때' 겨우 살인에 근접하는 정도이다. 그러나, '우리들의 옆에서는/어린놈이 울었고', 이 비상 상황을 둘러보니 '비 오는 거리', 게다가 '40명 가량의 취객들이/모여들었고', 의도했건 의도하지 않았건 본인은 가해자로서 난감한 지위를 획득하고 만다. 정신을 차리면서, 광란의 상황 이전에 발광했던 광인의 정신을 버린다.

그런데 그 후속은 더욱더 가관이다. 냅다 도망치는 비열하고 무책임한 '살인미수' 폭력 남편. 이어지는 내용은 화자, 즉 시인의 심리학적 지향을 담아낸다. '집에 돌아와서/제일 마음에 꺼리는 것이/아는 사람이/이 캄캄한 범행의 현장을/보았는가 하는 일이었다'라고 하면서 '완전범죄'가 성립할 수 있다면 죄와 벌이 발생하지 않을 인과에 대해 사유하게 한다. 목격자가 죄와 벌을 가능하게 하는 중심 역할을 맡고 있다. 살인미수에 가까운 폭력을 행하고도, 이 가해자 남편은 후미에서 잔인한 인간의 면모를 감추지 않는다. '―아니 그보다도 먼저/아까운 것이/지우산을 현장에 버리고 온 일이었다'라고 하니, 이 남편의 '여편네'는 지우산, 즉 '종이우산'만도 못한 존재로 계량이 되어 미미해진다. 그야말로 하찮은 종이짝보다 못한 여편네의 인권이다.

「죄와 벌」에 대하여 김수영과 김현경의 가족사 일부를 간추려놓은 작품이라고 일축하며 사유와 상상의 범위를 한정하지는 않는다. 이 작품 창작 시기까지, 즉 1963년까지 한반도에서의 이러한 가부장 폭력 상황은 비일비재, 그저 일상이었을 것이다. 남존여비(男尊女卑)는 지금에서야 낯설고 야만적인 적폐의 질서, 평등권을 저해하는 인간의 존엄성 파괴 풍속, 유린하고 착취하며 얻을 것을 얻어내면서도 그에 합당한 위신 정립에 대해서는 위반하는 조건임을 상식화하고 있다. 하지만 당시까지만 하여도 먹고 마시는 음식과 공기처럼 거의 당연지사여서, 40명의 목격자가 있다고 할지라도 '명태와 여편네는 두들겨 패야 제맛'이라는 관용구에 대한 지지가 무성하여 가장의 폭력은 이상하게도 죄형법정주의에서 예외, 치외법권이라 할 정도로 보호받고 있었던 터라, 기막히게도 '무죄의 영토'로 남는다. 세상의 어느 곳보다 안전해야 할 가족의 보금자리, 사랑의 둥지, 가정이 최고의 우범지대이다.

그럼에도 「죄와 벌」 속의 화자, 폭력 남편은 CCTV와 같은 증빙물 보유자, 목격자에 대해 의식하고 있기는 하다. 물론 이는 자신의 숭고한 체면과 명예가 훼손되지는 않을까 하는 걱정이 앞섰음이지, 반성적 이타심은 아니다. 총체적 폭력의 핵심으로서 남편이 갖는 여편네에 대한 측은지심, 뉘우침의 총량은 '0'이다. 미수에 그치지만, 아무리 뻔뻔하다고 해도 미결인 채로 기억을 점령하고 있는 사필귀정, 그 판정이 두려움은 누구도 피해 갈 수 없는 정전이다. 여편네를 패대기치면서 열등감을 극복하며 공든 탑을 쌓아서 마음의 평화를 찾아 어느 분야에서 우뚝 으뜸이 되었다고 치자. 이 탕아는 가정을 지키고 있는 여편네, 이 '판관'이 가장 무서울 수밖에 없다.

『두이노의 비가(Duineser Elegien, Duino Elegies)』에서 라이너 마리아 릴케(Rainer Maria Rilke, 1875~1926)가 포괄적으로 '모든 천사는 무섭다'라고 총명하게 천기를 누설한 적 있다. 사회적 소수자, 최고의 약자, 그 여편네가 살인미수도 눈감아주는 '천사'인 덕분에, 남편은 가정 밖으로 나돌면서 또 무슨 일인가를 벌이며 야비하고 비열하게, 가증스럽게 자신의 야망을 달성하고 잇속을 챙긴다. 못마땅하게도 허위와 위선의 삶을 지속하여 늠름한 최고위 신분을 취득하거나 그 이후에도 이를 유지 존속하게 된다.

여권 신장이 있기 전까지 한반도에서 가정을 꾸린 부부의 역사는 대체로 이런 모습으로 면면을 가득 채우고 있다. 어떤 시대상에 대하여서는 풍속이라고 하여 그 당대의 시대정신을 준거로 평가해야 한다고 문화상대주의적 견지를 강조할 수도 있다. 하지만 앞장서서 씩씩하게 두둔할 일은 아님에 어김없다. 지난 이러한 시대를 견디며 이겨낸 여성은 인류 생존 경기에서의 천하장사, 가해자 남성에게는 눈엣가시, 비견할 데 없는 영웅이다. 역작용의 우려로 인해 후세에게는 가부장 남성 폭력에 대하여 방어 대책 없이 살아낸 여편네를 성스럽다고 환상을 갖게 해서는 안 되지만, 여펴네는 밤이 되고, 거름이 되고, 남성이 욕설 뱉는 시궁창, 분풀이 치료제, 치유에 크게 쓰인 만병통치약 등등 온갖 잡것의 총체, 구원의 여신으로서 그 조건을 충족하고도 남는다.

1968년 김수영 시인은 48세의 젊은 나이로 삶을 마감한다. 1950년 4월에 결혼하여 1968년까지 '자연인 김수영'과 함께하고 공인으로서의 '시인 김수영'과도 동지로서 함께 살아낸 이후 홀로 남은 김현경. 현재는 매우 상스러운 단어로 유통하는, 그 격이 완전히 땅에 떨어져 다시 줍고 싶지도 않은 욕설 같은 용어가 되어버린 '여편네'라는 칭호는 이 작품에서 먹먹하게 슬픈 첩지, 오랜 결혼 생활을 통해 볼꼴 못 볼 꼴 다 보며 산 공로자와의 동격, 표면적으로는 귀히 떠받들며 '정실'이라 하여 호적에 올리고 동반자라 공식화하면서도 만만하게 여기는 '본실'에게만 씌워주는 왕관, 가호 같다.

＊

이제 '68'보다 큰 수, '별학길 69' 표지가 붙여진 정자에 서 있다. 아래쪽으로는 갯바위가 널찍하게 자리하고 있다. 그야말로 이들이 우주의 어느 일부, 어느 시대에서부터 움직여 와 존재하는 건가 싶다. 어떤 바위는 넓적한 구들 같고, 또 어떤 바위는 고인돌 같고, 또 어떤 바위는 주상절리처럼 존재하고 있다.

마주 보는 펜션들은 바다 위에 반달 모양으로 다른 우주와의 교신을 위한 기지처럼 떠 있다. 물 위에 존재하는, 꿈에 그린 집이다. 그 모양은 어린이 TV 프로그램, 〈텔레토비(Teletubbies)〉의 집을 연상시킨다. 보라색 집은 '보라돌이'를 떠올리게 한다. 영어 이름은 팅키윙키(Tinky Winky), 영국 배우 사이먼 쉘튼 반즈(Simon Shelton Barnes, 1966~2018)가 역을 맡아 보라색 옷을 입고 연기했는데, 안타깝게도 2018년 세상을 떠났으므로 이제 육신의 거주지에서는 그를 만날 수 없다.

1997년 영국 BBC에서 방영을 시작한 〈텔레토비〉는 세계적으로 인기를 끌었던 까닭에 현재까지도 회자한다. 대한민국에서는 1998년부터 2000년까지 방영하여 많은 이들의 기억 속에 아직도 남아 있다. 2022년부터는 넷플릭스에서 볼 수 있다. 연두색 캐릭터는 '뚜비', 영어 이름은 딥시(Dipsy), 노란색 캐릭터는 '나나', 영어 이름은 라라(Laa-Laa), 빨간색 캐릭터는 '뽀', 영어 이름은 포(Po)이다.

별학도(벼락도)에서 만난 갯바위

영국의 언어학자 앤드류 대븐포트(Andrew Davenport)가 제작에 참여하였고, 프로듀서가 사라 그라함(Sarah Graham)이었는데, 〈텔레토비〉를 시청할 당시 그 어린 시절에는 이들의 존재와 이름은 전혀 알 바 아닌 채, TV 화면 앞에서 오로지 '보라돌이, 뚜비, 나나, 뽀'만 바라보며 그들의 '대박'에 공헌하였다고나 할까? 열광할 일 없는 프로그램이었는데도 그다지 심취할 만한 다른 경쟁 프로그램, 명작이 없어서 갈등이나 변심 없이 관성적으로 시청률을 올려준 것이다. 그 결과 오늘 물 위에 떠 있는 보라색 집을 바라보면서 '보라돌이'를 생각하는 어처구니없는 상황을 접한다. 하지만 매우 자랑스럽고 기쁜 상황을 만드는 기회도 얻는다. 유년 시절 눈에 넣었던 TV 속 풍광은 어느 세포, 어느 뼛속에 머물러 있었는 가? 세월이 흐른 어느 날, 이렇게 귀결이다. 터무니 있나? 터무니없나?

마주 보이는 저 섬이 '남해도'이다. 대한민국에서 다섯 번째로 넓은 섬이다. 그리고 그 섬보다 조금 앞에 있는 섬이 '창선도' 그리고 창선도에서 조그마한 섬으로 넘어가면 그 섬이 '초양도', 초양도에서 다시 '삼천포대교'를 건너오면 사천시, 삼천포항이다. 사천시 삼천포항은 '와룡산' 아래 태평양 연안에 자리 잡고 있다. 와룡산 기운은 상상외로 세다. '와룡산과 삼천포'에 얽힌 다양한 이야기는 2022년 출간한 『먼 곳에서부터』에서 「김수영 시와 삼천포 매운탕」으로 잠시 언급한 일이 있다.

마치 크루즈를 타고 가는 듯, 이 '별학길 69' 정자는 슬슬 움직이는 느낌, 그런 착각을 일으켜 아주 미세한 멀미 조짐과 함께 경이로운 허상 체험을 선물해준다. 바다를 향해서 취한 듯, 오른쪽으로 보니 바위, 이 바위에 누우면 대단히 굉장한 마사지가 될 것 같다. 그리고 또 왼쪽으로 가서 보면 그 왼쪽에는 거인의 발자국 암각화라 주장하고 싶은, 그다지 엉뚱하지 않은 시인의 사명감을 건드리는 바위가 존재하고 있다. 어느 바위가 거인의 엄지발가락일까? 거인 이야기에 대해서 설렘으로 수용하고 실재설을 옹호하는 이들의 그럴듯한 자료집을 건너다니면서 그 메아리의 통로를 찾았던 적이 있다. 물결과 바위를 보면서 다시금 거인에 대한 상상이 분수처럼 솟고 있다.

'별학길 69' 정자에서 김현경과 환담했었던가? 김현경이 시인 김가배와 시인 맹문재, 시인 김은정, 지금은 수필가로 등단한 그의 수양딸 김선주(필명 금선주)와 나란히 낭랑 소녀처럼 걸으면서 아직도 잃지 않은,

여전히 아름답고 우아한 여인 감수성을 분출하던 '별안간'의 자리이다. 바다 위의 테라스, 이 데크 위를 걸으며 삶의 찬가와 김수영 문학의 요모조모를 이야기했던 이들 그 누구에게도 봄날은 가지 않았고 잔치는 끝나지 않았다!

『김수영 전집 1』을 간헐적으로 펼쳐 읽는다. 331쪽.

    당신이 내린 결단이 이렇게 좋군
    나하고 별거를 하기로 작정한 이틀째 되는 날
    당신은 나와의 이혼을 결정하고
    내 친구의 미망인의 빚보를 선 것을
    물어주기로 한 것이 이렇게 좋군
    집문서를 넣어 6부 이자로 10만 원을
    물어주기로 한 것이 이렇게 좋군

    10만 원 중에서 5만 원만 줄까 3만 원만 줄까
    하고 망설였지 당신보다도 내가 더 망설였지
    5만 원을 무이자로 돌려보려고
    피를 안 흘리려고 생전 처음으로 돈 가진 친구한테
    정식으로 돈을 꾸러 가서 안 됐지
    이것을 하고 저것을 하고 저것을 하고 이것을
    하고 피를 안 흘리려고
    피를 흘리되 조금 쉽게 흘리려고
    저것을 하고 이짓을 하고 저짓을 하고
    이것을 하고

그러다가 스코틀랜드의 에딘버러 대학에 다니는
나이 어린 친구한테서 편지를 받았지
그 편지 안에 적힌 블레이크의 시를 감동을 하고
읽었지 "Sooner murder an infant in its
cradle than nurse unacted desire" 이것이
무슨 뜻인지 알았지 그러나 완성하진 못했지

이것을 지금 완성했다 아내여 우리는 이겼다
우리는 블레이크의 시를 완성했다 우리는
이제 차디찬 사람들을 경멸할 수 있다
어제 국회의장 공관의 칵테일 파티에 참석한
천사 같은 여류작가의 냉철한 지성적인
눈동자는 거짓말이다
그 눈동자는 피를 흘리고 있지 않다
선이 아닌 모든 것은 악이다 신의 地帶에는
중립이 없다
아내여 화해하자 그대가 흘리는 피에 나도
참가하게 해다오 그러기 위해서만
이혼을 취소하자
　　　　— 김수영, 「이혼 취소」 전문, 『김수영 전집 1』, 331~332쪽

「이혼 취소」는 1966년 작품이라고 한다. '당신이 내린 결단이 이렇게 좋군', 이 작품의 첫 행은 독자를 끌어당겨 읽게 하는 '지남력'을 지니고 있다. 이혼을 하자는 것인지, 이혼을 취소하자는 것인지, 어느 쪽에 갖다 붙여도 '좋군'으로 이어갈 수 있다. 독백처럼 훅 토한 듯한, 배설물 같

은 말, 대화 중 툭 뱉어놓은 간단명료한 대사가 전혀 간단명료하지 않다. 산문이 아닌 이유가 이러하다. 「이혼 취소」는 거의 어느 부부에게나 일어날 수 있는 사건이다. 표출하지 않더라도, 쌍방 소통하여 사건을 일으키지 않더라도, 오래 산 부부의 일기장이나 낙서 속에 등장하지 않는 경우는 희박하다. 아이러니하게도 부부의 역사에서는 필수 불가결 징검다리, 「이혼 취소」는 더욱더 돈독한 부부애를 위한 서약이 아닌가!

타인들에게 100년의 부부로 아름다운 모습을 보여주며 잘 살아가고 있다고 해도, 미주알고주알 누누이 밝히지 않아서 그렇지 이들의 사사건건 안에는 100여 회도 넘는 「이혼 취소」가 있을 것이니, '숙제'의 달인으로서 달관한 후에야 이르는 가계 실록의 경지, 가족사진이라고 읽어야 할 가공품이다.

이 순간, 마치 「이혼 취소」와 관련하여 사색하는 공간으로 이곳 별학도를 연출한 듯, 젊은 부부가 아이들과 함께 지나간다. 부계사회나 모계사회나 아이는 엄마의 몫인가? 젊은 여인, 아내가 가슴엔 갓난아기로 보이는 아이를 포대기로 둘러 품고, 오른손은 이 아이의 형이거나 오빠일 사내아이의 손을 잡고, 왼쪽 손에는 루이뷔통 모노그램 핸드백을 들고 걷는다. 젊은 남자, 남편은 기저귀 가방으로 보이는 두툼하고 큼지막한 누빔 천 핸드백을 들고 뒤따라 걷는다. 무거워 보인다. 소형 이삿짐처럼 온갖 내용물이 든 가방으로 짐작한다. 기저귀는 물론 보온병, 분유, 우유병, 휴지, 물휴지, 수건, 손수건, 여벌 옷 등등 아이를 함께 키우는 부부의 젊은 날 나들이에 참여한 일등 공신들이다.

한창 젊은 이 부부도 이 소풍의 순간을 만들기 위해 티격태격, 또 다른 사건과 의견 충돌로 이미 적잖은 「이혼 취소」를 했을는지 모른다. 부부

인연을 맺기 전, 애초부터 으름장을 놓거나 각종 엄포로 심사숙고, 묵언하면서 묵직하게 이런 사례를 생산하지 않으려고 애쓸 뿐, 첫눈에 반한 사이라고 하더라도 조심하지 않으면 여간해서 '해당 없음'으로 관통하기는 불가능하다.

이 젊은 부부를 한없이 축복하지만, 이 별학길 산책 시간 후 더 애정이 깊어지고 감사하는 마음이 켜켜이 쌓일 것이라 믿어 의심치 않지만, 그럼에도 만에 하나 '벼락같이' 부부싸움을 안 한다는 보장이 있겠는가? 타인의 일이건, 자기 일이건, 사람 마음의 조삼모사를 불 보듯 뻔히 논의하지 않을 수 없다.

모성애로 가득한 젊은 엄마, 마하마야 부인과 성모 마리아를 연상하게 하는 거룩한 엄마지만, 이 가족을 얻기 위해 이 젊은 여성은 얼마나 많은 다른 것들을 포기했을까? 젊은 아빠인 남성 또한 전혀 다르지 않다. 식솔이라는 단어가 시대착오적인가? 이런 삶을 선택한 결과, 결핍을 보완하고 안정적으로 정착하여 풍요로운 둥지를 가졌다고 할지라도, 안전지수와 행복지수가 훌쩍 높아졌다고 할지라도, 수시로 '되돌림'에의 가정법을 적용하여 이해타산과 타산지석을 검토하지 않을 수 없다.

'여편네'는 얼마나 숙성한 존재인가. 젊은 여인은 여편네뿐 아니라 '색시', '새댁', '아내', '처', '마누라'라는 단어와도 어울리지 않는다. '결혼한 처녀'로 불러야 할 것만 같은 아기 엄마, 아직도 귀밑머리 보송보송한 이 여인은 분명히 눈부신 불꽃 신부인데, 울컥하는 감동과 함께 애잔한 성스러움을 보여준다.

속상해서 걷어차는 상황, 미칠 것 같은 분리, 토막 난 관계에 대하여 덤덤한 척하는 시인은 어느 부부에게나 흔해빠진 불화를 흔쾌히 미화한다. '이것을 지금 완성했다 아내여 우리는 이겼다/우리는 블레이크의 시를 완성했다 우리는'이라면서 구차한 '이혼 취소'를 국제적인 규모로 합리화한다. '사람 나고 돈 났지 돈 나고 사람 났나?'라는 말 진부하지만, 자본주의 사회 이전의 사회에서부터 자유권과 저항권 쟁취를 위한 항쟁용 표어였을 테고, 그 시효 말소의 날은 언제까지나 오지 않을 가능성이 높다. 자본주의 사회 최고의 핵심은 돈이고, 최고의 선도 돈이다. 구속도 돈이고 자유도 돈이고 승리도 돈이고 영광도 돈이다. 돈과 연결하면 패배나 허영, 질병조차도 상품이라 돈을 획득하는 거래, 수단, 교환 가능한 재화와 서비스이다. 가상 화폐까지도!

시 속의 화자를 시인 김수영과 동일시해도 좋고, 동일시하지 않아도 좋은, 개방형 노작으로 부부 문제를 관조하며 잠시 젊은 부부의 초상을 구경한 시간, 별안간 별학도를 지나가는 젊은 남편과 아내의 시간처럼 순식간에 모든 부부의 시간은 지나간다. 이 흐름의 실상을 감상한 행운이 김수영의 아내 김현경을 다시 떠올려 찾게 한다. 남편으로서의 화자, 즉 시인이 '천사 같은 여류작가의 냉철한 지성적인/눈동자는 거짓말이다'라고 발견하는 데 이른 건, 아내와의 이혼까지 간 상황에서의 개안(開眼), 이전에 없던 시력이다. 여태껏 보지 못했고 보이지도 않았던 눈, 새로운 시력을 얻어 '그 눈동자는 피를 흘리고 있지 않다'라고 진단한다. 봉사가 눈 뜨는 데는 비용이 많이 든다. '선이 아닌 모든 것은 악이다 신의 地帶에는/중립이 없다'라고 단언하는 궤도에 이르는 데도 학비가 많이 든다.

복전(福田)이든 시주(施主)든, 금과옥조 탑을 완성하기 위해서는 숱하게 공을 들여야 한다. "'Sooner murder an infant in its/cradle than nurse unacted desire'"[6]라는 블레이크의 시 2행을 지팡이 삼아 자신을 추스른 화자, 시인은 '아내여 화해하자 그대가 흘리는 피에 나도/참가하게 해다오 그러기 위해서만/이혼을 취소하자'라고 청유한다. 정중하고 공손함이 깃들어 있다면 있고, 그러하다 하기에는 부족하다고 하면 부족한, 그렇게 표현하기에 적정한 양의 겸연쩍음까지 보이는 남편으로서의 요구가 미묘하게 '아내'를 설득하는 '선'이다.

「이혼 취소」 속의 '당신', '아내', '그대'가 그의 실재 아내 김현경이든 아니든, '나'가 김수영이든 아니든, 이 작품은 이 순간에도 이 시대 부부의 일로 읽힌다. 현재 지구 곳곳, 만국에서 일어나고 있는 부부의 일상, 애증의 회오리이자 메아리이다. 윌리엄 블레이크(William Blake, 1757~1827)가 이혼 숙려 캠프에 참여하여 도운 바가 크다. 영국의 시인 블레이크는 1966년 대한민국 시인 김수영에게서 이런 시가 탄생하리라 예측했을까? 시인 김수영은 2025년 별학도에서 시인 김은정이 「이혼 취소」를 깊이 읽으며 그의 아내 김현경을 그리는 이런 글을 생산하리라 예측했을까? 시인은, 시인에서 시인으로, 또 시인에서 시인으로 건너가며 시를 낳고 문학을 낳고, 난관을 극복하며 중대사를 결정하는 일에도 포괄적 진료소 같은 뮤즈로 동참한다. 난데없이 문제 발생, 문제 해결과 발명 및 발견을 참관하고 참견한다. 이성과 논리만으로는 가늠 불가능

---

6 '요람 속에 있을 때 죽이라/간호사가 병을 고치기 위해 애써야 하기 전에'라고 직역할 수 있지만, 맥락상 '서둘러 죽이라/악이 더 자라기 전에'라고 의역할 수도 있다. '문제가 발생하는 즉시 없애라/잠재하고 있는 욕망을 더 키우기 전에'라고도 의역할 수 있다. 상대를 '원수'라고 여기는 감정이 더 크기 전에 더 이해하고 오해를 풀라 정도로 번역하여 읽으면, 김수영이 인용한 의도와 크게 멀지 않을 것 같다.

한 환상적인 영토에서의 마술적 영감 관계 맺기, 시인의 특권이다.

이제 『김수영 전집 1』 363쪽과 367쪽! 여기서 「꽃잎」을 읽어볼까? 아, 몹시 길다. 다음 기회에 천천히 긴 시간을 준비하여 읽기로 하자. 그러면 김수영의 「꽃잎」과 제목이 같은 김은정의 「꽃잎」을 읽어볼까?

> 만져보아라
> 햇살 가락으로 뜨개질한 시계
> 이 부드러운 살
>
> 모든 것을 알고도
> 모든 것에 놀라는 눈동자로 무늬 넣은
> 이 물음표의 살
>
> 누구도 계산할 수 없는 순간의 길이로
> 중후하게 허공을 밀면서 독립하는
> 현재진행형 대륙
> 화사한 향기에 볼을 대어보아라
>
> 한 결을 따라 걸었던 속 깊은 이야기
> 그 영원의 중심을 원만하게 드러낸
> 장엄한 날개
>
> 다시 태어나도 이 길을!
> ― 김은정, 「꽃잎」 전문, 『일인분이 일인분에게』, 42쪽

김은정 시인의 「꽃잎」은 2015년 출간한 『일인분이 일인분에게』를 펼치면 읽을 수 있다. 당해 연도 즉, 2015년 한국출판문화산업진흥원이 주관하는 '세종도서 문학나눔' 우수도서에 선정된 시집이다. 2015년 4월 13일 월요일, '꽃잎-김은정'을 게재한 지면을 본다. 다음은 『한국경제신문』 박상익 기자의 소감이다.

지금 여의도에는 벚꽃이 한창입니다. 복잡한 인파 속에서도 웃는 이들의 얼굴은 꽃처럼 활짝 피었습니다. 복잡하고 피곤한 일상에 지칠 때면 아무 생각 없이 꽃길을 걸어보세요. 온몸으로 내뿜는 생명의 기운으로 새로운 한 주를 살아갈 힘을 얻을 테니까요.[7]

2015년 출간한 김은정 시인의 시집 『일인분이 일인분에게』는 2023년 표지 디자인을 환복, 개정판으로 다시 새롭게 세상으로 나왔다. 푸른사상 시선의 51번째 시집인 『일인분이 일인분에게』는 '나-너' 관계에 관한 절절하고도 따뜻한 동일성의 상상력, 자기 기원에 관한 깊은 회감과 고백, '시'를 향한 매혹적이고 궁극적인 사유 등이 결속되어 있다.[8]

✳

비토섬 별학도에서 걷다가, 앉았다가, 쉬다가, 멍하니 풍광에 빠지다

---

[7] 박상익, 「[이 아침의 시] 꽃잎-김은정」, 『한국경제신문』, 2015.4.13.(https://www.hankyung.com/article/2015041246871)

[8] 강무성, 「김은정 시인, 시집 '일인분이 일인분에게' 개정판 펴내」, 『뉴스사천』, 2023.5.22. 문학평론가 유성호(한양대학교 교수)의 해설 가운데 일부를 인용하고 있다. (http://www.news4000.com/news/articleView.html?idxno=43762)

가, 읽다가 보니 마침내 『김수영 전집 1』의 지면 388이다. 수록한 시들의 지면은 여기서 끝난다. 「부록」을 펼치기 직전, 마지막 지면이 388이다. 여기에 그 유명한 김수영의 「풀」이 자리하고 있다. 「풀」 역시 단선적으로 '풀'만 떠올리며 읽고 해석할 시가 아니다. 앎과 지혜, 그 총량과 그 관계가 밀접한 시 읽기. 이제 바다를 풀밭이라 생각하며 시 읽는 마음의 동력을 가동해보자.

풀이 눕는다
비를 몰아오는 동풍에 나부껴
풀은 눕고
드디어 울었다
날이 흐려서 더 울다가
다시 누웠다

풀이 눕는다
바람보다도 더 빨리 눕는다
바람보다도 더 빨리 울고
바람보다 먼저 일어난다

날이 흐리고 풀이 눕는다
발목까지
발밑까지 눕는다
바람보다 늦게 누워도
바람보다 먼저 일어나고
바람보다 늦게 울어도
바람보다 먼저 웃는다

> 날이 흐리고 풀뿌리가 눕는다
> ─ 김수영, 「풀」 전문, 『김수영 전집 1』, 388쪽

「풀」에 대해서는 할 이야기가 매우 많다. 「풀」을 읽은 후 어떤 공감의 접점을 만나면 분명 마음에 파도가 일렁이거나 일정치 않은 소란이 즐비하다. 물론 영적인 세계의 소득이다. 그래서 뒤 이어 차례차례 패러디 욕구도 생긴다. 김수영의 원작을 훼손하지 않으면서 사유의 영역 확장에 공헌하는 일이라고 정당화하며 때와 장소에 따라 시어를 교체해본다. 여기는 별학도, 벼락도. 파도 일렁이는 섬이니, 이 장소에 맞게 '즐거운 시 읽기'를 시도하여 일으킬 혁신이 많고도 많다. 환청인가? 파도 소리를 타고 귀에 닿는 피아노 음 '레이크 루이스(Lake Louise)'. 여기 바닷가까지 저 건너의 루이스 호수가 건너오고 있는가?

> 물결이 눕는다
> 비를 몰아오는 동풍에 나부껴
> 물결은 눕고
> 드디어 울었다
> 날이 흐려서 더 울다가
> 다시 누웠다
>
> 물결이 눕는다
> 바람보다도 더 빨리 눕는다
> 바람보다도 더 빨리 울고
> 바람보다 먼저 일어난다

날이 흐리고 물결이 눕는다
발목까지
발밑까지 눕는다
바람보다 늦게 누워도
바람보다 먼저 일어나고
바람보다 늦게 울어도
바람보다 먼저 웃는다
날이 흐리고 물결 뿌리가 눕는다

 별학도에서 읽는 김수영의 「풀」은 '물결'로 대체가 가능하다. 「물결」이라 제목을 붙인다면, 제1의 물결, 제2의 물결, 제3의 물결, 제4의 물결, ……, 한없이 물결을 보내고 끝없이 오는 물결을 맞이할 수 있다. 앨빈 토플러(Alvin Toffler, 1928~2016)의 『제3의 물결(The Third Wave)』 이후에도 물결은 쉬지 않고 닥친다. 물결은 또 다른 물결을 맞아 퇴장하는 듯 보이거나 퇴출당하는 듯 보이지만, 다음의 물결을 일구고 그 물결의 근육이 되어 함께한다. 다시 새로워져서 더욱더 큰 힘을 구축하며 같이 간다. 앞으로만 향해 가는 행보가 아니라, 앞뒤 좌우, 상하, 다양한 지향점, 등대를 설정해 입체적으로 덩치를 키운다. 현기증을 유발할 듯한 불편한 쾌속에 가속화까지 추가하면서도 조화와 균형을 이루며 나아간다.
 사하라, 고비 등 사막에서 읽는 김수영의 「풀」은 또 다른 'ㅁ', 'ㅇㅇ'로 대체가 가능하다. 히말라야, 안데스 등 산맥에서 읽는 김수영의 「풀」은 또 다른 '△', '◇◇'로 대체도 가능하다. 그래서 시(詩)이다. 어느 고전 속에서 어떤 부분을 가지고 와 지은 시라 할지라도, 어느 불멸의 경전 DNA가 검출된다고 할지라도, 김수영의 「풀」이 짊어진 빚은 다윈이 갈라파고

스섬에서 채집한 영적 감흥 같은 것. 무릎을 탁! 치는 순간의 천재성, 바람이 바늘처럼 뇌를 뚫고 지나가는 듯 신통한 관통, 예기치 않게 가슴에 지평을 여는 공황에의 공감 등등 '찰나의 자업자득'이다. 귀와 입에 자연스러워 붙임성이 강하고 천연하여 어느 시대와도 친화적이다. 탕약은 재탕 삼탕 달일수록 약성이 감소하지만, 김수영의 「풀」은 그 반대이다. 재탕, 삼탕, 사탕, 읽을수록 시 읽기의 미각을 진화하게 한다. 교과서에서 만난, 학교에서 배운, 그 뻔한 시민 교양, 입시용 문학 상품만으로 안착하는 시가 아니다. 정체하지 않는다.

김현경은 1968년 김수영 사망 이후 현재까지 혼자 살고 있다. 김수영은 살아 있는 시간에 당연히 한 생명체, 유기체, 문학인, 학자, 그 외 다양한 직함으로 성장했지만, 그러한 성장을 위해 그가 흡입한 수많은 성장 호르몬 가운데 단연 최고는 김현경이다. 그런데 김수영은 사망 이후에도 이 성장 호르몬 덕분에 '사후 성장'까지 멈추지 않고 있다. 사랑의 화학 작용은 아직도 진행형이다. 대부분의 부부는 상대로부터 '일심동체(一心同體)' 요청을 받는다. 주변에서도 압박하거나 응원하며 세뇌한다. 김현경은 아직도 김수영과 일심동체가 가능한가? 김수영의 상속인, 대리인, 증인 등 여전히 김수영과 불가분의 관계로 다방면 활약하고 있다. 김현경에게도 김수영은 여전히 삶의 이유이며, 항노화 호르몬, 항상성 유지의 등불인가?

"김수영이란 거물과 살다 보니 웬만한 남자는 눈에 차지 않더군요."[9]

---

[9] 송혜란, 「김수영 50주기, 아내 김현경의 회고」, 『이코노미퀸』, 2018.8.15.(https://www.queen.co.kr/news/articleView.html?idxno=300547)

사랑이 있어 버틴 긴 세월은 누가 강요한 일이 아닌, 자신의 선택임을 토로하는 대담의 일부이다. 김현경의 얼굴 속 주름살과 다양한 표정 근육은 김현경의 USB(Universal Serial Bus)이다. 프로토콜(protocol)이다. 춘향이 마음이었는지, 잔다르크의 마음이었는지는 질문하면 답을 얻어낼 수도 있으려나? 그런데 그러고 싶은 마음이 없다. 왜냐하면, 또 다른 마음에 비유한다면 그 또한 좋고, 그런 마음과는 전혀 다른 아주 독특한 마음이라면 그 또한 곧 사랑의 마음 목록에 특이하게 올려봄 직하니까. 하여튼 김현경은 김수영을 더욱더 빛나게 한다. 행운의 사나이!

사랑하는 사람 사이, 그 광활하거나 혹은 비좁거나 한 그 간격, 그 속에서 어느 누가 등불인지, 등대인지, 북극성인지, 그 역할에 대해서는 잘 모른다. 서로 첫눈에 반하여 동시에 사랑이 시작되는 경우는 서로가 서로에게 등불, 등대, 태양 즉 항성일 것이다. 그러나 사랑 감정의 탄생 시점과 교류의 시작점이 그렇게 명징하지 않고 그 진행 관련 방식이 현재 우리 인류가 공유하고 있는 공식적인 예식 순이나 수학 공식, 과학 공식 등과 일치하지 않아서 이 부분은 언제나 현저히 어렵다. 미궁이다. 사랑의 모든 사례는 언제나 독특하고, 오직 단 하나이다. 어쩌다 유사할 수는 있겠으나, 언제나 '하나' 뿐이다.

예로부터 사랑하는 사람들은 대체로 폴라리스(Polaris)라는 단어를 많이 사용한다. 폴라리스는 르네상스 이후 보편화된 명칭이다. 그 어원은 라틴어 'polaris', 번역하면 '북극 근처'이다. 영국에서 Polaris를 사용한 시기는 17세기로 거슬러 올라간다. 그 어원은 라틴어 'stella polaris', 번역하면 '북쪽 별'이다. 영어로는 'Star', 즉 '별'이다. 폴라리스의 또 다른 라틴어 이름은 'stella maris', 번역하면 '바다별'이다. 이 명칭은 성모 마리

아의 별칭으로 쓰였고, 8세기에는 찬송가 'Ave Maris Stella'로 유명해졌다. 14세기부터 쓰인 호칭으로 'lodestar', 번역하면 '인도하는 별'이다. 이는 고대 노르웨이어 'leiðarstjarna', 중고 독일어 'leitsterne'와 그 근원이 같다. 또, 폴라리스는 'steadfast star', 번역하면 '한결같은 별'이다.

김현경은 '김수영이란 거물'과 부부로 살았던 유일한 여인이다. 김수영 생존 그 당시는 김수영이 김현경의 폴라리스였을까? 그때도 김현경이 김수영의 폴라리스였을까? 지금은 다를까? 김수영이 김현경의 폴라리스일까? 김현경이 김수영의 폴라리스일까? 김수영과 김현경은 이러한 관계이다. 남모르게 혹은 남들도 다 알게 켜켜이 쌓인 애증도 유유한 세월 덕분에 이미 아름답게 코페르니쿠스적 전회를 이루었을 것이다.

폴라리스도 '완전히 천구 북쪽에 자리 잡은 별은 아니고 바로 옆에 자리했기 때문에 다른 별들처럼 1°씩 하늘에서 움직인다. 북극성은 고정된 별이 아니라, 세차운동의 영향으로 지구의 자전축이 움직이면서 25,770년을 주기로 바뀐다.[10]

김현경의 마음이 1°씩 움직이는 일까지의 총합으로 김수영을 향했다면, 김수영의 항상심과 충성심은 김현경을 능가할 수 없다.

✳

'비토리 별학길 76', 여기부터는 2024년 새로 조성한 흔적으로 지금까

---

10 위키백과 참고.(https://ko.wikipedia.org/wiki/%EB%B6%81%EA%B7%B9%EC%84%B1)

지의 설비 재료들과 다른 질감 및 색감을 보여준다.

"어서 오세요!"

"환영합니다!"

소리 없는 소리를 듣고 두루 응하지만, 한눈에 보아도 그다지 긴 세월이 지나가지 않았음을 강조하는 건축 토목 자재들이다. 게다가 굳이 구분 지어 '새길'이라고, 아직 길들지 않은 새로운 질감을 느끼게 하려는 의도를 펼쳐놓고

별학길 76

있다. 김수영의 여인 김현경의 발자국이 없는 길이다. 2025년 현재 와이파이 공사도 완료하여 인터넷으로 세계 어디와도 접속이 가능하다. 세계가 별학도 속으로 '벼락같이!' 올 수 있다.

사람에 대해 이야기하는 일은 독후감 같기도 하고, 기행문 같기도 하다. 시를 읽는 일은 사람을 읽는 일 같기도 하고, 산책 같기도 하다.

사진이 사라진 이후, 김은정 시인은 다시 별학도에서 '벼락같이!' 김수영의 여인 김현경의 자취를 상세히 살핀다. 한 장의 사진에 대하여 열두 가지 이상 궁리하고, 한 기억에 대해 열두 번도 더 감사하며 가지런히 정리한다. 그리고 '마음의 고고학' 그 힘과 '해인'을 염두에 두고 고요히 '기억 도장'을 사용하는 기록에의 만전! 별학도, 벼락도에서 '벼락같이!' 만난 그 인연을 떠올리는 기쁨을 동력으로 '그날'을 이 자리에 모신다. 고이 기념한다!

오곡밥과 알배추 된장국

박규숙

　알배추 된장국이었다. 배가 고팠던 건 아니었다. 현경의 수양딸과 함께 마트에서 스무 쪽이 되려나, 한 줌에 쥐어지던 쪽파를 샀다. 알배추 된장국을 끓였는데, 있을 줄 알았던 쪽파가 없다며 사 오라고 전화했다. 알배추 된장국과 함께 오곡밥을 지어놓고 현경이 기다리고 있었다. 화장실에 들를 겨를도 없이 싱크대에서 손을 씻고 의자에 앉았다. 처음 보는 된장국이 오곡밥 곁에 놓여 있었다.
　알배추를 처음 알게 된 건 통영에서였다. 친구와 겨울에 통영에 갔다가 시장에 들렀다. 배추 고갱이가 유난히 노란빛을 띤 알배추가 많이 나와 있었다. 시장 상인은 통영 알배추가 황금빛이 나며 맛있다고 자랑했다. 친구도 알배추를 처음 보았다며 마주하고도 배추와 알배추를 구별하지 못했다.
　알배추 된장국은 처음이었다. 부드럽게 감기는 알배추 잎은 한 번 씹으면 입속에서 금세 사라졌다. 매끄럽다 느껴질 만큼 부드럽고 고소한

맛이 입속에서 오래 맴돌았다. 현경이 솜씨가 좋다는 것은 얘기를 들어 익히 알고 있었다. 바느질 솜씨는 어렸을 때부터 좋았다고 했다. 바느질 솜씨뿐이 아니었다. 달고 차진 오곡밥도 내가 먹어본 최고의 맛이었다. 그 맛을 다시 느끼고 싶었으나 아직 기회가 오지 않았다. 내가 자주 찾아뵙지 못한 것이 가장 큰 이유일 것이다.

함께 브런치 카페에 가거나 식당에서 만나 식사를 했고 현경의 집에서도 가끔 식탁에 앉았지만 알배추 된장국과 찰밥을 그때 이후 맛보지 못했다. 아, 찰밥은 한 번 더 먹을 수 있었다. 그렇지만 알배추 된장국이 없어서인지 조금 아쉽게 느껴졌다.

현경의 집을 처음 방문했던 날 들어선 순간 놀랍기만 했다. 오래된 앤티크 가구와 한국화, 유화들이 살림살이와 어우러져 꽉 찬 그곳은 박물관이 아닌가 싶었다. 오래된 도자기나 민속품들, 손때 묻은 가구들까지 모두 예사롭지 않았다. 각기 자리에서 흐트러짐 없이 더하거나 덜하지 않으며 돌올하게 자신들을 드러내고 있었다. 부엌살림도 오랜 손때가 묻은 듯 보였고 하나같이 정갈했다. 현경의 집을 방문할 때마다 나는 여러 개의 방을 둘러보며 그것들을 오래 감상했다. 하나하나 살피며 음미했고 더 오래 들여다볼 수 있는 시간이 가는 것이 아쉬웠다. 50여 년 넘게 써왔던 그릇들이 한둘이 아니었다. 김수영 시인과 함께 쓰던 접시도 있다며 보여주었다. 흠 없이 깨끗했다. 지금도 가끔 꺼내 쓴다고 말했다. 놀라는 내게 장롱에 들어 있던, 30여 년이 넘은 옷을 꺼내오기도 했다. 마치 어제 산 옷처럼 깔끔했고 멋진 디자인이 돋보였다.

현경이 입은 옷을 나는 오래 바라보곤 했다. 여쭤보면 대부분 10년 넘게 입은 옷들이었지만 금방 산 옷처럼 반듯하고 멋진 차림이었다. 빨간 테이프 포인트로 허리를 장식한 아이보리색 원피스는 단아하면서 열정적인 현경에게 피부처럼 들어맞았고 훔치고 싶을 만큼 특별해 보였다.

거실에 앉아 자신이 살아온 얘기들을 들려주곤 했다.

"아주 어렸을 때야. 아마도 일곱 살이 채 되지 않았을 수도 있어. 근처에 사는 친구 집에 놀러 갔어. 어머니 아버지가 오래 집을 비워서 자매 둘이 살고 있었던 것 같아. 마루에 먼지가 자욱하게 앉아 있더라고. 나는 아무 생각도 없었어. 그저 걸레를 빨아다가 그 마루를 깨끗이 닦아줬지. 나는 어딜 가나 그렇게 행동했어."

그런 모습은 여전히 변하지 않은 듯했다. 화장실에 들어가 앉아 있는 시간이 지루하지 않았다. 작고 앙증맞은 장식품이 이곳저곳 놓여 있었다. 색색의 조화도 예사롭지 않았고 그 작은 장식품에 먼지 한 톨 앉아 있지 않았다. 언제 그렇게 쓸고 닦는지. 걸레를 손에서 놓지 않고 운동 대신 집안을 가꾸며 몸을 움직인다고 들었다. 매일 화장하고 예쁜 옷을 입고 집안을 쓸고 닦거나 책을 읽으며 시간을 보낸다고 했다. 넓은 거실 통창으로는 계절마다 달라지는 목련이며 단풍나무가 현경의 움직임을 기웃거리듯 가지를 뻗고 있었다. 현경도 나무들도 서로를 챙기며 봄을 맞이하고 여름을 보내지 않았을까.

식사 후 커피를 마시며 매달 발행되는 옥션 가이드북을 가져와 그림이나 공예품들 또는 오래된 민화나 서예 작품들을 같이 들여다보았다. 예전에는 더 비쌌는데 요즘 한국화가 가격이 낮아졌다며 아쉬워했다. 하나하나 짚어가며 선생님과 얘기를 주고받았다. 집에 계실 때, 그런 날들을 많이 갖지 못한 것이 몹시 아쉽다.

어느 날 현경이 나에게 문자를 보냈다. 궁금하고 보고 싶다, 는 거였다. 서둘러 시간을 내어 현경 집을 찾았다. 혼자서는 처음 찾아가는 길이었다. 늘 둘이서 셋이서 갔었다. 성격이 가볍지 않은 나는 조금 걱정스러웠다. 둘이서 함께 보내는 시간이 서걱거리지 않을까. 기우였다. 오히려 편안하고 여유가 있었다. 방문 도우미가 차려준 식사를 마치고 과일과 빵, 커피를 나눠 먹으며 얘기를 오래 주고받았다.

서너 달 전, 내 소설집을 현경에게 드렸었다. 그동안 못 읽고 있다가 다 읽은 모양이었다. 내 소설 얘기를 직접 하고 싶었던 듯했다.

"그리 오래고 긴 시간 차이가 있는데도 생각하는 것, 느끼는 것 모든 것이 어떻게 나와 똑같을 수가 있을까. 세대를 뛰어넘어 나와 같은 사람이 있을 수 있다니, 너무 놀라웠어요."

지나친 칭찬에 내가 더 놀랐다.

"지난주에 다 읽었는데 지금도 생생하게 떠올라요. 아마도 그림을 그리듯 묘사를 했기 때문일 거예요. 너무 신선하고 멋이 넘쳤습니다. 문맥도 서정이, 생활감정이 현실을 이탈하지 않고 정서가 교양의 깊이를 깔고 있어 작가의 품위가 느껴집니다."

이런 칭찬을 듣고 있기 민망했다.

"많이 쓰세요. 정직한 생활감정이 시가 되고 소설이 됩니다. 문학이 구원입니다. 많이 쓰세요. 앞으로의 작품이 궁금합니다."

현경의 글을 읽었었던 나는 그런 감상의 얘기가 믿어지지 않았다. 현경의 글을 여러 편 읽고 소설을 썼다면 유명 작가가 되어 있지 않았을까 생각했다. 현경에게 직접 그렇게 말하기도 했다.

"선생님께서 소설을 쓰셨다면 여느 작가 못지않게 좋은 책을 많이 남기셨을 것 같은데요."

"소설을 한 편 썼어요, 오래전에. 그렇지만 더 쓰지 않았지요."

그 말끝에 회한인지 묘한 얼굴빛이 어리다 스쳤다. 얘기가 더 이어질 줄 알았는데 나아가지 않았고 워낙 말을 골라 하는 분이라 나는 더 묻지 못했다.

김수영 시인의 시 칠 할이 현경의 영향에서 나왔다면 과장이겠지만 나는 그렇게 믿고 싶다. 믿지 않을 이유가 없을 만큼 현경은 크고 깊은 사람이다.

그녀처럼 현대적이고 파격적이며 멋진 여성을 만난 일이 없다. 첫 키스의 날카로움처럼 선생님과의 첫 만남은 날카로웠다. 지금껏 내가 보아온 그 누구와도 닮지 않았다. 살아 있는 눈빛, 말투나 태도와 개성이 나를 압도했다.

현경을 처음 만난 건 고속버스터미널 지하상가 입구에서였다. 친구를 통해 이미 많은 얘기를 들어서 친숙할 것 같았으나 아니었다. 단단한 몸과 앞에 선 사람의 심장까지 들여다보는 것 같은 크고 맑은, 그렇지만 날카로운 눈앞에서 나는 금방 위축되었다. 섬세하고 예민한 관찰력, 무엇도 속일 수 없을 것 같아 긴장했다. 몸이 굳어지고 걸음이 부자연스러워졌다. 김수영 시인의 힘인지 김현경 여사, 그녀의 아우라인지 구분되지 않았다. 네 사람이 앞서거니 뒤서거니 지하상가로 내려갔다.

신발이 필요하다며 여러 가게를 기웃거리며 가격을 섬세하게 체크하고 물건 하나하나를 꼼꼼하게 살폈다. 앞머리 부분가발 핀을 보려고 가게에 들렀는데 가격이 비싸다며 포기했다. 지금 쓰고 있는 걸 더 쓰면

되지 뭐, 하고 돌아섰다.

현경의 집을 보고 나서야 그날을 이해할 수 있었다. 그렇듯 근검하게 성실하게 살아오신 것이다. 쓰던 물건도 허투루 버리지 않았고 하찮아 보이는 것도 그녀의 손에서는 다시 쓸모 있는 것으로 바뀌었다. 먹고 버려도 좋았을 꿀이 들어 있던 도자기도 현경의 집에서는 골동품으로 달라졌다. 유행 지난 것처럼 보이는 오래 쓴 찻잔은 귀한 빈티지 도자기가 되어 있었다. 미다스이다, 현경은.

목련꽃 필 무렵의 초대

박설희

"요즘 무슨 생각을 하고 계세요?"
"죽는 데도 결심이 필요하다는 생각을 하고 있어요."
2025년 2월 3일 김현경 여사님을 뵈러 용인효자병원에 갔을 때 병실에서 주고받은 대화다. 골절 수술을 하신 후부터 한 끼에 딱 세 숟가락씩만 드신다고 했다. 재작년부터 조금씩 쇠약해지시면서 병원에 입원했다 퇴원했다 반복하실 무렵, 곡기를 끊고 돌아가신 분들 이야기를 나눈 적이 있다. 그걸 기억하고 계신 건가 걱정이 됐다.
"그동안 세상을 위해 큰 도움도 못 되고……"
김수영 시인은 인류를 위해 시를 쓴다고 했다. 나는 여사님의 마음이 어디에 닿아 있는지 가늠할 수가 없다. 갑자기 눈물이 솟았다.
"그게 무슨 말씀이세요? 여사님이 계셔서 얼마나 행복했는데요. 여사님 주변에 계시는 분들이 다 그렇게 생각하실 거예요."
빈말이 아니라 사실이 그랬다. 워낙 깔끔하고 세련되고 감각이 있으신 분이라 패션, 음식, 교양, 어느 것 하나 뛰어나지 않은 것이 없었다. 김수영 시인 살아 계실 때부터 생계를 책임지다시피 하셔서 양계장 경영 외에도 패션 디자이너, 큐레이터 등 직업을 가지셨다고 한다. 내 개인적인 생각으로는 여사님의 우주가 커서 여사님이 안 계시면 지구의 큰 손실이라는 생각까지 든다. 이토록 아름답고 총기와 재치가 있으신 분이 또 어디 있겠는가.

한 달 전에 뵈었을 때보다 대화가 힘들어졌다. 올해 1월 초에는 병원 면회실에서 휠체어에 앉으신 채 기다리고 계셨다. 많이 수척해지셨다. 안부와 이런저런 이야기를 나누다가 여사님이 문득 "나라가 어지러워서 어떻게 하누." 걱정을 하셨다. 병원에서 휴식과 안정을 취하셔야 할 분이 나라 걱정을 하고 계시다니……. 여사님이 1927년생이시니 일제강점기, 광복, 육이오, 사일구, 오일팔 등 역사적 사건을 다 겪으셨는데 말년에 또 한 번의 계엄을 목격하시고는 심란하신 것이다.

병원에서 위문 겸 시낭독회를 열어드리고 싶었는데 그동안 사정이 여의치 않았다. 혼란한 정치와 사회에 대한 걱정을 함께 하다가 오늘은 시를 낭독해드리고 싶다고 하니 옆에 서 있던 간병인이 면회 시간 40분이 다 지나갔다고 한다. 나는 서둘러 김수영 시인의 시 몇 편을 추천하고는 듣고 싶은 시를 고르시라고 했다.

"「사랑의 변주곡」 좋은 시지요."

간병인에게 양해를 구하고 시를 낭독하기 시작했다.

"욕망이여 입을 열어라 그 속에서/사랑을 발견하겠다."

단호한 목소리로 시를 읽어나가다 울컥, 눈물이 나오려 했다.

"눈을 떴다 감는 기술—불란서 혁명의 기술/최근 우리들이 4·19에서 배운 기술……"
내용이 왜 이리 사무치던지. 우리들이 역사에서 뭘 배우긴 한 걸까.

입원하시기 전에는 한 달에 한두 번 댁을 방문했다. 방문이 뜸하다 싶으면 여사님께서 카톡을 보내오셨다. 식사를 하거나 다과를 나누다 보면 두세 시간 후딱 지나 있곤 했다. 2012년 여름 한국작가회의 회보 편집장으로 인터뷰차 용인 마북동 자택에서 처음 뵌 이래 벌써 13년이 되었다. 미술 작품들이 거실과 방에 빼곡해서 갤러리를 연상케 했고, 상주사심(常住死心) 현판, 일본어판 하이데거 전집, 김수영 시인이 사용하던 책상과 의자, 노리다케 찻잔이 생각난다. 지금은 도봉구에 있는 김수영 문학관으로 그중 일부가 옮겨져 있다. 당시 86세였던 여사님은 살아오면서 가장 보람 있고 잘한 일이 무엇이냐는 내 당돌한 질문에 "이걸 지켜온 일이지요." 하셨다. '이걸'에는 김수영 시인에 대한 기억, 유품과 자료들, 아내의 자리 등이 포함돼 있을 것이었다. 용인에 이백 밀리에 가까운 폭우가 내리던 날, 김수영 시인의 시 「비」 중 '움직이는 비애' 등을 되뇌며 집으로 향했던 기억이 선명하다. 여사님은 활력이 넘치셨고 기억력이 매우 좋으셨다. 문단에 관한 이야기를 풀어놓으실 땐 이름과 시간, 장소를 다 외고 계셨다. 질문을 일곱 가지 정도 준비하고 갔는데 질문 하나를 하면 삼십 분 이상 말씀하셔서 인터뷰를 마쳤을 때에는 네 시간 이상 지나 있었다.

여사님은 늘 음식을 직접 차려서 대접하시곤 했다. 요리도 머리가 좋은 사람이 잘하는 거라고 하시면서 창의적으로 요리법도 개발하고 제대로 갖춰서 식탁을 차리길 좋아하셨다. 번거롭고 힘드니 그냥 짜장면을 시켜 먹자고 했던 누군가의 이야기를 전하면서 "사람을 어떻게 보고" 분개하셨던 일을 기억한다. 그래서 나는 여사님이 차려내시는 음식을 말끔히 비우는 걸로 보답을 했다.

마북에 있는 여사님 댁은 여러 문인들의 보금자리였다. 축하할 만한 일이 생기면 모였다. 내가 처음 드나들던 당시에는 강민·정원도·맹문재·함동수 시인 등이 주 멤버였다. 시인들의 시집 출간기념회도 거기에서 했고 그런 날이면 반주도 곁들이기 마련이었다. 그런데 여사님은 술을 안 드신다. 왜 안 드시냐고 여쭤봤더니 "내가 혼자 술 마시기 시작했으면 지금쯤 알코올중독이 됐을 것"이라고 하셨다.

여사님 댁에서 숱한 사람들을 만났다. 정치인, 학자, 시인, 소설가, 교사, 군수……. 다양한 사람들이 여사님을 뵈러 왔다. 그중에서도 강민 시인이 기억에 남는다.

강민 시인은 용인 동백지구에 사셔서 내가 모시러 가거나 모셔다 드리곤 했다. "나는 문학을 하지 않고 문학을 살았다"고 말씀하시던 시인. 80세가 훨씬 넘으셨는데도 눈빛이 형형했고, 피부는 맑고 깨끗했다. 박근혜 탄핵 정국에는 주말마다 광화문 광장에 나가셔서 노익장을 과시하시곤 했는데 2019년에 돌아가셨다. 강민 시인이 용인 백암에 있는 호스피스 병동에 계실 때 여사님을 모시고 마지막 인사를 하러 방문한 적이 있다. 침상에 누워 담담한 눈빛으로 여사님을 맞이하시며 "빨리 죽고 싶은

데 죽는 것도 쉽지 않다"고 하시던 모습이 지금도 눈에 선하다.

　칩거 중인 고은 시인도 여사님 댁에서 뵌 적이 있다. 고은 시인의 천재성을 가장 먼저 발견한 것이 김수영 시인이라는 것은 김현경 여사님을 통해 직접 들었다. 공유하고 있는 기억들이 많아서인지 두 분의 대화는 막힘이 없었고 태도는 자연스럽고 온화했다.

　여사님을 모시고 강화도에 계시는 박광숙 선생님을 방문한 적도 있다. 1978년 내가 명성여중 2학년 때 국어 선생님이셨던 박광숙 선생님이 1979년 남민전에 연루되어 김남주 시인과 옥중에서 만났고, 먼저 출소한 박광숙 선생님이 김남주 시인의 옥바라지를 했으며, 김남주 시인 출소 후 결혼해서 강화도에 정착하셨다는 이야기, 그리고 김남주 시인이 돌아가신 후 아들 하나 키우며 지금도 강화도에 계셔서 가끔 뵈러 간다고 말씀드렸더니 한번 만나보고 싶다고 하셨다. 1960년대의 대표적 시인인 김수영의 부인과 군사독재 시대의 대표적 시인인 김남주의 부인이 만나는 장면은 내가 지금 생각해도 극적이었다. 게다가 두 분은 여러모로 대조적이었다. 김현경 여사님은 어디에 계시든 화려하고 눈에 잘 띄는 분이었지만 박광숙 선생님은 소박하고 내면이 단단한 분이다. 김현경 여사님은 댁에 돌아와서도 김남주 시인과 박광숙 선생님의 삶을 곰곰 되새겨보셨는지 시간이 얼마간 흐른 뒤 '대단한 분들'이라고 한 말씀 남기셨다.

　여사님은 97세에도 돋보기를 쓰지 않고 독서를 하셨다. 사회적인 사건 등에 궁금한 점이 생기면 내게 질문도 하셨다. 한참 나이가 어린 내게도 절대 하대를 안 하셨고 꼬박꼬박 존댓말을 하셨다. 이전에는 여사님의 말씀을 내가 주로 듣는 편이었다. 김수영 시인과 작품에 대한 이야기, 미국에 있는 손녀들 이야기, 한국 문단의 숱한 시인과 소설가들 이야기……. 이야기는 끝이 없었고 나는 손재주가 많았던 어린 김현경, 이대 영문학과 재학 시절 정지용 선생의 재기발랄한 제자였던 김현경의 모습을 머릿속에 그리며 시간 가는 줄을 몰랐다.

그런데 최근 몇 년간은 여사님께서 내 말을 듣고 계시는 경우가 많았다. 바깥 출입이 점점 어려워지자 내 눈과 입을 통해 세상을 보고 들으시는 것이었다. 나는 이런저런 활동을 하면서 겪은 경험담이나 생각들을 마치 손위 언니에게 이야기하듯이—나이 차이를 거의 느끼지 못하고—자세히 전하곤 했다. 늘 젊은 정신을 가지고 계셔서 어떤 대화든 열려 있었다. 문학뿐만 아니라 역사, 정치, 예술, 여행 등 대화의 테두리가 없었다. 살아오면서 여사님만큼 호기심이 많으신 분을 처음 보았다. 주의 깊게 들으시곤 거기에 대한 느낌이나 의견을 말씀하시곤 했다.

여사님은 삶을 사랑하셨고 삶에 대한 열정이 대단하셨다. 직접 디자인해서 만든 옷을 입고 외출하실 때면 단연 눈에 띄었다. 모시고 식당에라도 갈라치면 늘 사람들의 시선이 따라다녔다. 오죽하면 80대 후반 즈음 전철 타고 귀가 중인데 70대 초반으로 보이는 분이 차나 한 잔 하자면서 따라왔다고, 그래서 나이를 알려주었다며 환히 웃으셨을까.

8년 전 내 어머니가 뇌출혈로 쓰러져 장기입원을 하게 되자 병문안을 하고 싶다고, 꼭 가봐야 한다고 우기셨다. 아무리 말려도 소용없었다.

그래서 어머니가 입원한 요양병원에 여사님을 두 번 모시고 간 적이 있다. 어머니의 상태를 살피고 요양병원 내부도 찬찬하게 둘러보셨다. 혼자 사시는지라 장래에 있을지도 모를 상황에 대비해 머릿속에 그려보시는 것 같았다. 그러곤 요양병원이나 요양원이 아닌, 자택에서 되도록 오래 지내기로 결심하신 듯했다. 혼자 사시면서 '정신을 바짝 차리려 애쓴다'는 말씀을 종종 하셨다.

또 한 번은 내가 이사를 하게 되었는데 이사한 집에 꼭 가봐야 한다고 하셔서 집에 모서 온 적이 있다. 집에 있는 책들을 꼼꼼히 둘러보고는 만족하신 듯했고, 벽에 이런 그림을 걸었으면 좋겠다고 조언도 해주시고 분위기에 어울릴 그림을 선물로 주기도 하셨다. 미국 명문 미대를 졸업한 둘째 손녀의 작품 몇 점이 이 순간에도 나를 마주보고 있다.

김현경 여사님 댁은 여름에도 시원했다. 2층이라 목련나무 그늘이 우거지고 앞뒤 베란다 창문으로 맞바람이 불었기 때문이다. 봄이면 목련꽃 피었다고, 혼자 보기 아까우니 놀러 오라고 하셨다. 올봄에도 목련꽃은 필 것이다. 여사님에게서 목련꽃이 예쁘게 피었다고 놀러 오라는 초대를 받았으면 좋겠다.

몽(夢), 그리고 이중의 기념일

박홍점

 갈 곳이 있어 마음이 바쁘다. 그런데 김밥을 싸야 한다. 그는 내가 싼 김밥이 소울푸드란다. 준비물을 꼼꼼히 챙긴다고 챙겼는데 참기름이 없다. 맨발에 슬리퍼를 끌고 슈퍼를 다녀온다. 그런데 또 단무지를 잘못 샀다. 단무지 포장을 열어보니 김밥용 단무지가 아니라 동글동글 달처럼 잘라진 단무지다. 그렇게 동글동글한 단무지가 있다고 전혀 생각을 못 하고 포장지의 이미지만 보고 산 것이다. 언제 동그란 단무지가 나왔지? 말도 없이, 나는 괜히 투덜거린다.
 그러나 어쩌랴. 시금치 위에 단무지를 올리고 김밥을 만다. 그런데 이번에는 김이 자꾸 부서진다. 구운 김을 산 것이다. 약속 시간에 맞춰 가야 하는데 뭐가 자꾸 어긋난다. 허둥거리며 손이 난감하다. 별안간 알람이 울린다. 꿈이다. 새벽 여섯 시다.
 열 시에 집을 나선다. 집에서 김현경 여사님 댁까지는 40킬로미터, 대략 한 시간을 예상하고 출발했는데 잠시 내비게이션이 꺼지는 바람에 길을 잘못 들어 시간은 조금 더 걸린다. 여사님은 여전히 곱고 단아한 모습으로 분주하게 점심을 준비 중이시다.

세 개의 냄비를 가스레인지 위에 올려놓고 열일을 하시는 중이다. 그렇게 여사님이 정성껏 준비해주신 집밥을 몇몇 시인들과 먹고 담소를 나눈다. 한 켠에서는 활짝 핀 개발선인장이 졸고 있다. 드디어 김수영 탄생 100주년에 맞춰 발간된 산문집 『먼 곳에서부터』가 펼쳐진다.

여사님은 참여한 필진들에게 일일이 자필 서명을 해주신다. 제일 좋아하시는 글자가 몽(夢)이라고 하시며 일필휘지로 夢를 쓰신다. 夢이 여사님 손끝에서 새롭게 피어난다.

부랴부랴 돌아와서 또 시계를 본다. 저녁 모임이 하나 더 있다. 늘 천천히 약속 없이 흘러가는 시간들인데 오늘은 유독 분주하다. 꿈인가 생시인가. 아침에 싼 김밥의 주인공인 그의 생일파티가 예정되어 있는 식당이름이 몽중(夢中)이다. 일부러 짜맞추어도 쉽지 않은 그야말로 세겹의 꿈이다.

나의 첫 문을 열고 그는 세상에 태어났고 34년을 지나 지금에 도착했다. 꿈에서 꿈으로 이어지는 하루가 저물어간다. 벌거벗은 목에 목도리를 매주며 하루의 셔터를 내린다. 벌써 4년 전의 일이다.

꽃이 오고 있다. 바람이 찬 나의 마가리에 빨간 꽃이, 쉽게 오지는 않고 한없이 뜸을 들이면서 천천히 아주 나무늘보처럼 오고 있다. 아주 낮은 포복으로 엉덩이로 밀면서 오고 있다. 점심 식탁에서 빨간 고추장에 밥을 비벼 하얀 순두부와 함께 먹으면서 눈을 기다린다. 지금쯤 눈이 오면 딱, 인데 혼자 중얼거리면서 자유다.

개화를 준비 중인 꽃은 기다림에 대해 말한다. 마디 하나가 얼마나 번져나가서 일가를 이루는지 보여준다. 번져나간 것들은 공간을 확장하고 시간을 연결한다. 커다란 화분의 테두리를 넘어가면서도 그것은 뱀의 대가리처럼 꼿꼿하다.

그러나 나는 곧바로 부끄러워진다. 2025년 1월, 얼음에 갇힌 사람들, 집에 돌아가지 못하고 엄동설한에 얼음장 위에서 밤을 밝히는 거리의 시민들을 생각하니 미안함이 밀려온다. 은박 담요를 거적때기처럼 뒤집어쓰고 밤을 밝히는 무릎들, 새해 복 많이 받으라는 인사도 못 했다. 어디선가 찍은 일출 사진도 내놓지 못하고 있다. 소소한 일상을 공유하며 웃고 떠들던 친구들의 연락도 끊겼다. 광장에 나가지 못하니 침묵할 수밖에 다른 도리가 없다. 카톡 프로필 사진을 바꾸려다가 다시 되돌린다.

철옹성 같은 경호 속에서 체포되지 않은 한 사람이 국민들을 살이 에이는 찬 바람 속으로 내몰고 있다. 불안은 과거로부터 온다. 이를테면 주인한테 맞아본 강아지는 팔을 들기만 해도 달아난다. 비열한 집 주인을 만나본 세입자는 집을 옮길 때마다 불안하다. 80년 5월을 함께 겪은 친구는 비상계엄 포고령이 있고 나서 제일 먼저 전화가 왔다. 이 기시감이 뭐니? 외치면서 불안해했다.

그럼에도 나의 마가리에는 꽃이 오고 있다. 꽃이라곤 하나도 없는 겨울 베란다에서 엄동설한을 뚫고 감히 꽃 피울 생각을 하다니. 뿌리들은 단단하다. 평범한 식물은 아니다. 쁘그덕 삐그덕 화분을 옮긴다. 한밤중이다. 내일은 영하 12도, 체감 온도는 영하 20도라는 예보다. 입을 다문 콩새의 부리 같은 모양을 하고 꽃 필 준비를 하고 있는 게발선인장을 옮긴다. 추위도 추위지만 서둘러 꽃을 보고 싶은 마음이 사실은 먼저다. 뿌리들이 문지방을 넘는다. 꽃이 앞다투어 피는 봄이 아니고 겨울이라서 더 애틋하다. 물걸레로 화분의 몸피를 닦는다.

책상 옆에 화분을 놓아두고 준비 중인 꽃송이들을 세어본다. 족히 서른 송이는 될 거 같다. 방 안의 온도는 23도, 뭐랄까 개봉박두 합격을 기다리는 수험생의 기분이랄까. 아주 오래전 고등학교 입학시험 합격자 발표하던 날이 생각난다. 꽃발을 디뎌도 키가 닿지 않는 높은 벽에 명단을 걸어놓았던 교정이었다.

선인장은 2022년 1월 23일 용인 김현경 여사 댁에서 몇 마디를 분양해 온 것이다. 흔한 식물이지만 그곳에 김수영 시인의 넘치는 흔적들이 뿌리내리고 있어서 몇 마디 끊어 온 것이다. 그것을 화분에 꽂아두었더니 단단하게 뿌리를 내렸다. 뿌리가 단단해지자 마디가 마디를 늘려서 마디 끝에 선인장 꽃이 피었다. 이곳에 와서 벌써 세 번째 꽃 필 준비를 하고 있다. 식물이지만 단순한 식물 그 이상의 것. 그의 생일과 선인장의 분양 일이 같으니 이중의 기념일이다. 나는 나름대로 화분이 넘치도록 일가를 이룬 선인장을 바라보며 인연에 대해 생각한다.

어쩌면 한 사람이 태어나는 것과 다르지 않을 거라는 생각을 한다. 그도 나에게 오기 전에 다른 누군가의 자식이었을지도 모른다. 그러다가 이러저러한 인연을 거쳐 나를 통해 다시 세상에 왔고 여전히 자라고 꽃 피우고 있을 거라는 생각이 든다.

꽃은 별이다 낮의 별이다. 반짝반짝 피어서 말을 걸어온다. 말이 말을 낳는다. 말은 건너오고 건너가고 반색하며 웃는다. 저 꽃은 우리 집에 온 지 겨우 사 년이 지났을 뿐이지만 이후로도 오래도록 피고 지면서 김수영의 문장처럼 여전히 빛나고 번져나갈 것이다.

제 3 부

나무의 혁명

양선주

  그를 만난 건 내가 일어서지 못할 때이다. 시 쓰기 힘든 시간을 지나, 다시 시의 숲을 걸을 수 있는 시간이 왔다. 그럼에도 일어설 수 없었다. 쪼그려 앉아 걷는 사람을 동경했다. 시 속을 걸어갈 수 있는 시간이 왔음에도 걸을 수 없었다. 시 속을 걷는 사람이 될 수 없었다. 그때 걷기를 요청한 사람, 덥석 손목을 잡은 사람, 그가 바로 시인 김수영이다. 그의 시다. 나에게는 혁명이었다. 그는 나의 모든 것을 테러했다.
  그의 숲은 새벽의 나무들이다. 숲은 빛나고 공기는 푸르렀다. 나무는 알맞게 서늘했으며 나무의 몸가짐은 단아했다. 일어나서 단정한 숲길로 걸어 들어갔다. 나무들은 한 그루 한 그루 강골로 버티고 있었다. 정확한 거리에서 나무끼리 좋은 인연을 만들고 있었다. 걷는 이에게 흔들리거나 주변에 시선을 빼앗기지 않았다. 나무들 각각 굳건한 뿌리로 하늘로 곧게 뻗었다. 곧은 뼈대로 거대한 숲을 지키고 있었다. 숲과 나무. 군더더기가 없었다.

그의 시를 볼 때마다 자코메티를 떠올린다. 꼭 말할 수 있는 것만 남긴 김수영의 시, 말할 수 있는 것도 끝내 드러내지 않고 삼킨 말, 그것만으로 올곧게 서 있는 김수영의 시처럼. 자코메티 역시 걷어낼 것은 다 걷어내고 인간의 실체만 남긴다. 그의 조각은 깎고 깎은 뼈다. 본질을 남기려 군더더기를 버린다. 꼭 세워야 할 정신 하나로만 몸을 깎아 몸을 세운다. 자코메티에게서 김수영을 본다. 김수영에게서 자코메티의 조각을 본다. 꼭 서야 할 것만을 세운 사람. 그것으로 걷는 두 당신, 자코메티와 김수영. 얼마나 절묘하게 맞아 떨어지는 정신의 쌍둥이인가.

> 고통의 영사판(映寫板) 뒤에 서서
> 어룽대며 변하여가는 찬란한 현실을 잡으려고
> 나는 어떠한 몸짓을 하여야 하는가
>
> 하기는 현실이 고귀한 것이 아니라
> 영사판을 받치고 있는 주야를 가리지 않는 어둠이
> 표면에 비치는 현실보다 한치쯤은 더
> 소중하고 신성하기도 한 것인지 모르지만
>
> …(중략)…
>
> 영사판 위의 모오든 검은 현실이 저마다 색깔을 입고
> 이미 멀리 달아나버린 비둘기의 두 눈동자에까지
> 붉은 광채가 떠오르는 것을 보다
>
> ―「영사판」 부분

1.

　김수영은 어둠에서 빛을 본다. 김수영에게 어둠은 어둠이 아니다. 그의 어둠은 빛의 이면이 아니다. 저마다의 어둠에게 다른 색빛을 입힌다. 어둠을 다른 이름의 빛으로 부활시킨다. 위 시에서 김수영이 제시한 어둠은 '붉은 광채'이기도 하지만 다른 광채로도 환원이 가능하다. 이를테면 '노란 광채, 보라 광채, 연두 광채' 어둠을 다양한 광채로 가능케 한다. 단순한 어둠이 아닌 색을 품은 광채다. 하여 김수영의 어둠은 다채롭다. 오로지 어둠만을 남겨놓았을 때 어찌 그것을 온통 어둡다 할 수 있겠는가. 자코메티 역시 모든 것을 다 깎고 인간의 본질만 남겨놓는다. 이때 인간의 고유한 빛이 드러난다. 그것은 어둠을 감싼 빛이다. 결국 어둠을 입은 빛으로 서 있는 인간의 모습이다. 어둠의 진실한 모습으로의 빛, 그 속으로 걸어갈 사람, 어둠을 빛나게 할 사람, 어둠의 실존을 빛으로 드러내며 '걷는 사람'을 보여주는 두 당신. 이 두 사람의 작품 속에서 어둠은 곧 빛 이상의 희망이다.

　　　영사판 양편에 하나씩 서 있는
　　　설움이 합쳐지는 내 마음 위에

　김수영의 시 정신과 생활과 서정을 이끌었던 '설움'이 광채 곳곳에 내려앉는다. 모든 것을 다 주고, 빼앗기고, 남은 설움 위에 어둠으로 뭉친 광채가 떠오른다. 자코메티 또한 어떠한가. 그가 조각에서 모든 것을 걷어내고 남기려 했던 것은 무엇인가. 인간만이 가진 고독, 그 안의 질서, 그리고 자유, 이것을 드러내기 위해 자코메티는 깎았다. 인간에게 붙어 있는 사상, 죄, 불필요한 관계, 인간 내면의 악을 버렸다. 자신이 가진 최소한의 실존(설움)을 남기고 비워내는 작업을 한 것이다.

김수영과 자코메티가 추구하는 방향성과 자유에 대한 향심은 같다. 자신의 중심을 드러내려 자신의 실체를 파헤쳐 그 중심에 자신의 본질을 세운 김수영. 인간의 원형으로 들어가기 위해 모든 살들을 깎아 오로지 인간의 실체를 뼈대로 세운 자코메티. 어찌 이 둘의 작업에 다름이 있겠는가.

거듭 집중해야 할 것은 그들의 나무이다. 숲의 주인은 나무다. 봄에서 시작한 나무는 여름과 가을에 무성해진다. 겨울을 만나 앙상한 본연을 드러낸다. 한 계절씩 충실히 통과한 나무는 끝까지 숲을 유지시킨다. 이에 숲은 나무에 책임을 다한다. 이 둘의 관계는 맹목적이다. 동반을 넘는 동등한 귀속이다. 나무는 숲으로의 귀환에 성실하다. 숲은 나무의 시간을 안전하게 지킨다. 나무와 나무의 연대에 냉혹한 질서를 유지하면서, 한 그루마다 독창성을 귀하게 여긴다. 숲은 나무가 계절을 향해 뻗어가는 '나무의 혁명'을 돕는다. 고스란히 지켜내려는 책임을 완수한다. 최선을 향함에 숲과 나무는 서로의 담보랄까.

시인 김수영이 지키려는 숲은 김수영 스스로가 나무가 되는 것이다. 숲의 테두리까지 그의 나무가 숲이 되는 것이다. 숲속의 나무는 생활 속의 시다. 나무를 지키려는 숲의 정신과 숲에서 버티고자 하는 나무의 의지는 시 속에 생활을 지키려는 김수영의 시 정신이다. 반드시 생활 속에서 시적 자유를 찾는다. 그 과정에 충실하려는 진실된 시간들, 끝내 사라짐을 수긍하는 죽음을 향한 자세, 이 모든 것에 바탕이 되는 설움이 각각의 나무가 되어 숲을 만들고 있는 것이다. 완벽한 숲으로 거듭나기 위한 나무들, 이것이 김수영의 나무다.

2.

시인 김수영의 거대한 숲의 힘은 무엇인가. 어떤 자양분이 김수영의 나무와 숲을 지키고 꿈꾸게 한 걸까. 잠시 눈을 감고 그들의 시간을 묵도한다. 나무가 자라는 시간, 나무가 숲을 이루는 시간, 그 속에서 예측할 수 없는 변수들, 과감한 결단, 그리고 실천 이 모든 것을 움직이는 주축이 과연 무엇이었을까. 골몰해본다. 그것은 도전, 김수영의 혁명에는 멈추지 않는 도전의식이 있었다.

> 기침을 하자
> 젊은 시인이여 기침을 하자
> 눈 위에 대고 기침을 하자
> 눈더러 보라고 마음 놓고 마음 놓고
> 기침을 하자
>
> ―「눈」 부분

웃음과 울음이 함께한 시, 기쁨과 슬픔이 함께한 시, 하여 불끈 주먹을 쥐게 한 시, 결코 앉아만 있을 수 없는 시, 무언가를 해야 하는 시, 하지 않고는 견딜 수 없는 시, 이 모든 것을 껴안고 있는 시, 이 시의 주인, 시인 김수영은 마지막까지 도전했다. 이 의지에 몸과 정신을 아끼는 않았다. 그는 모든 것에 도전의식을 갖고 전부를 할애했다. 자코메티 역시 스스로에게 도전했다. 작품을 깎고 깎아 손바닥 위에 작품을 올려놓을 정도로 작아진 그의 조각들. 작은 입김에도 작품이 날아갈 정도로 자신 아닌 것을 과감히 버린 조각들, 인간 본연의 원형을 드러내고자 최소의 자신만 남긴 조각가. 이 두 예술가에게는 도전의식이 있었다. 자신의 모든 것을 지키고 드러내기 위해 오히려 모든 것을 버린 예술가. 그들의 도전, 그리고 실천. 이것이 아직 우리 옆에서 살아 있는 근본 아니고 무엇이겠는가.

시인 김수영을 만나고, 서 있는 지점에서 내 걸음을 돌아본다. 그의 숲으로 들어왔건만 힘차게 한 발짝도 떼지 못한 이 숲, 그의 나무가 울창하게 서 있는 숲에서 그의 나무들처럼 혁명을 할 수 있을지. 아니면 활활 숨 쉬는 그의 나무 틈에서 무기력하지는 않을지, 반대로 성마름에 나무들 속을 마구 뛰어다니는 것은 아닌지. 여러 번, 수없이 내 모습을 살핀다.

김수영 시인은 성냄을 성냄으로 드러내지 않는다. 유쾌를 입을 벌려 크게 웃지 않는다. 그는 중용의 자세에서, 귀히 여김을 바탕으로 차분히 그러나 우렁차게 스스로를 부른다. 사납게 뻗은 그의 나무들처럼. 그는 지금도 번성을 한다. 변혁을 꿈꾼다. 숲의 끈질긴 생명을 위해, 숲의 거대함으로 이 자리를 지키기 위해, 지금 그의 나무들은 혁명을 한다.

숲의 향연이 별건가. 나의 나무도 그의 잔치에 초대받고 싶음이다.

조그마한 일에만 분개하는 옹졸한 방안퉁수

이주희

윤중목 시인의 「김수영과 류현진과 나」라는 시에서 김수영의 시 「어느 날 고궁을 나오면서」의 "왜 나는 조그마한 일에만 분개하는가"라는 구절을 보았다. 이 시는 30여 년 전쯤 큰아이가 내 생일에 선물한 박완서의 에세이집 『나는 왜 작은 일에만 분개하는가』에서 처음 접했다. 소심한 성격 탓에 어디 가서 필요한 말도 한마디 못 하고 분개는 언감생심인 내 얘기처럼 공감하였다. 그런 나도 밟힌 지렁이처럼 꿈틀한 적이 몇 번은 있다.

30여 년 전쯤 잠실의 백화점에서 있었던 일이다.
수북이 쌓인 귤 더미에, 한 근에 500원이라고 쓴 팻말이 보였다. 싸다는 생각이 들었지만 한 근은 아이들과 먹기엔 부족하고 근으로 사는 것보다 킬로그램으로 사면 조금이라도 싸게 살 수 있을 것 같아 1킬로엔 얼마냐고 물었다. 1300원이라는 대답에 한 근은 400그램인데 왜 1250원 아니고 1300원이냐고 따졌다. 여기 1킬로 1300원이라는 거 안 보이냐, 한글도 읽을 줄 모르냐고 퉁바리만 맞았다. 고객이 왕이라는 백화점에서 우롱당한 속상함에 아저씨는 계산도 못 하냐며 따졌다. 400그램에 500원이면 100그램에 125원이고 1킬로엔 1250원 받아야지 왜 속이며 장사하냐는 내 통박에, 1300원이면 한 근에 500원이고 겨우 20원 더 받는 건데 20원도 없으면 못 먹으면 된다는 비아냥이 돌아왔다. 세상에 귤을 겨우 한 근만 사는 사람은 절대 없을 거고 저울의 무게 표시는 근이 아니라 그램이었다. 태산같이 쌓인 귤을 다 팔면 도대체 얼마의 부당이득을 볼지 계산이 안 되었다. 나를 더 화나게 하는 건 여러 사람 중 아무도 내 말을 거드는 사람이 없고 도리어 외계인 보듯 흘금거린다는 거였다. 정말 웃긴다며 20원 아까우면 물론 안 먹으면 그만이지만 아저씨도 손님을 상대로 사기 치지 말라며 호기롭게 귤 봉지를 던지고는 씩씩거리며 집으로 돌아왔다. 백화점 대표실에 가서 따지지도 못하고 고객 센터에 신고도 못 한 채 말이다.

50여 년 전 내가 살던 8평 아파트엔 방이 두 개나 있어서 연탄을 저장할 마땅한 공간이 없었다. 그 시절만 해도 기름을 때는 아파트가 드물어 겨울철이면 연탄 장만이 만만한 일이 아니었다. 지하실이 있는 단독주택은 몇백 장을 한꺼번에 들여놓으면 겨우살이가 해결되지만 연탄 수급 사정이 원활하지 못한 때라 한 장당 배달비를 얹어주면서도 생각처럼 쉽지 않았다. 더구나 우리처럼 며칠 만에 몇 장씩 사야 하는 사람들은 돈이 있어도 사기가 힘들어 연탄 장수에게 통사정을 해야 했다. 연탄을 사러 갈 때는 외상 쌀을 사러 가듯 발걸음이 떨어지지 않지만 아이까지

온 식구가 냉방에서 잘 수 없으니 단단히 마음을 다져야 했다. 그날도 혹시나 하는 기대는 여지없이 무너졌다. 천장 높이까지 쌓여 있는 연탄 앞에서 연탄 장수는 여분이 없어 미안하다고 말했다. 이렇게 많은데 몇 장만 팔면 안 되냐고 말해도 요지부동이었다. 여러 번 사정을 해봤지만 끄떡도 안 하니 화도 나고 추운 밤을 보낼 생각에 설움이 복받쳐올랐다. 연탄 장수가 무슨 벼슬이라도 되냐, 평생 연탄 장수나 하며 늙으셔라, 나도 아들 여럿 낳아서 연탄 장수 시킬 거라고 악다구니를 써봐도 소용이 없으니 점점 더 서러워졌다. 바윗덩이 같은 다리를 질질 끌고 돌아와 별 소득이 없이 남편 얼굴을 보니 왈칵 눈물이 쏟아졌다. 깜짝 놀란 남편이 자초지종 얘기를 듣더니 길길이 뛰며 당장이라도 달려갈 태세다. 성격 급한 남편이 홧김에 달려가면 무슨 사달을 낼지 더럭 겁이 나서 바짓가랑이를 붙잡고 말릴 수밖에 없던 나는 관계 부처 담당자를 찾아가 항의하지도 못하고 소맷부리를 잡고 매달려 애원하지도 못하고 대책 없이 한숨을 섞어 훌쩍거릴 뿐이었다.

지금 살고 있는 우리 아파트는 중앙난방에 취사만 도시가스를 쓴다. 식구도 없고 들르는 사람도 거의 없어 도시가스 요금이 많이 나오지는 않는다. 그래도 쓴 만큼 정당하게 내야 한다고 생각한다. 물론 일정 기간 사용한 만큼, 계량기에 나타난 사용량만큼 내기는 한다. 처음에는 검침원이 두 달마다 방문하여 계량기를 보고 갔는데 낮에 빈집이 흔하고 낯선 이가 방문하는 것을 꺼리는 사람이 많아서인지 카톡으로 검침을 요청하는 방식이었다. 그런데 아무 통지도 없이 석 달마다 검침하는 방식으로 바뀌었다. 문제는 모든 세금이나 요금의 계산은 누진제라는 것이다. 이것은 단위당 요금은 안 올리고 수입은 늘리자는 일종의 꼼수이다. 사용량이 일정한 기준을 넘을 때마다 단위당 요금 부담이 늘어나기 때문이다. 우리 집의 경우 두 달마다 낼 때에 비해 한 배 반만 내야 마땅할 텐데 대체로 두 배 정도가 나오니 억울한 생각에 가끔 약이 오른다. 수도 요금이고 택시 요금이고 전국적으로 일제히 단위당 요금이 오를 때는 뉴스에 나온다. 아파트에서도 안내 방송을 하고 엘리베이터에 안내 공고문을 붙이지만 검침 기간만 달라졌을 뿐 단위당 요금은 그대로이니 뉴스에도 나오지 않고 별도 안내도 없어 수요자 대다수가 요금을 더 낸다고 의식하지도 못한다. 식구가 많고 손님이 수시로 찾아오는 집들은 두 달에 한 번씩 낼 때보다 상당히 부담이 커졌을 텐데 봉이 김선달도 아니고 눈을 뜨고 코를 베이는 줄도 모르게 통장에서 요금을 빼앗아가는 식이다. 이럴 때도 나는 도시가스 회사나 정부 관계 부처에 문의도 항의도 못 하고 속만 끓이고 있다.

박완서는 「나는 왜 작은 일에만 분개하는가」라는 에세이를 썼다. 본인이 경험한 여성 문제에 대한 이야기와 남편 옥바라지 얘기이다. 여성 문제는 많은 이들이 써온 주제이지만 남편 옥바라지를 하며 교도소 면회 갈 때 겪은 이야기를 실제와는 전혀 다르게 꾸며 「조그만 체험기」라는 단편소설을 써서 문예지 『창작과 비평』에 발표하고는 '엄청난 체험기'를 쓰지 못하고 조그만 체험기밖에 못 쓴 자신을 부끄러워하면서 김수영의 시 「어느 날 고궁을 나오면서」를 인용했다.
  김수영은 시 「어느 날 고궁을 나오면서」에서 설렁탕집 주인, 야경꾼, 이발쟁이 들에게만 욕을 하고 증오를 하고 옹졸하게 반항한다며 "모래야 나는 얼마큼 작으냐/바람아 먼지야 풀아 나는 얼마큼 작으냐/정말 얼마큼 작으냐……"며 자조하고 있다. 또 산문 「이 일 저 일」에는 매달 100원 내던 수도 요금이 느닷없이 2600원이 된 이야기가 있다. 수도국 미터 검사원이 미터를 들여다보지 않고 매달 똑같이 매겨놓아 누적된 사용량의 요금을 한꺼번에 내야 하는데 수도국 직원이 사람보다 기계가 정확하다며 싱글싱글 웃는 통에 언성도 높이다가 막걸리까지 나누면서 화해를 했지만 화가 가시지 않자 술김에 이발소에 가서 삭발까지 했다는 것이다.

　아무리 억울해도 화가 치밀어도 박완서처럼 단편소설을 써낼 깜냥도 안 되고 김수영처럼 삭발을 감행할 결기나 객기도 없는 나는 조그마한 일에만 분개하여 오로지 끌탕을 해대는 옹졸한 방안통수다.

어머니 콤플렉스

정원도

나에게는 운명적으로 어머니 콤플렉스라는 기이한 결함이 내재되어 있다는 것을 고백해야겠다. 여성에 대한 감정도 또래에 대한 연애 감정 이전에 다정한 어머니 같은 성정을 지닌 대상에게 더 호감을 갖거나 끌리는 감정이 우선되는 것이다.

그것을 나는 정직하게 표현하기가 부끄러워 '선천성 애정 결핍증'이라는 용어로 얼버무리고 만다. 내게서 선천적으로 그런 묘한 응어리가 응축되게 된 사연인즉, 내가 필연적으로 타고난 운명이지 않을까 싶다.

나는 나를 낳아주신 어머니의 얼굴도 확실히 모른다. 내가 세 살 적에 병원으로 향하던 차 안에서 절명하셨다는 것을 훗날 주워들은 것이 다이기 때문이다. 그것이 어머니 나이 30대 후반쯤이었을 것이다. 그리고는 해를 넘기지 않고 새어머니가 들어왔다는데 그분이 여태껏 내가 모시고 살아 지금은 망백을 바라보는 어머니시다.

그러다 보니 나는 대인관계에서 나처럼 조실부모한 상대를 만나면 무턱대고 측은지심이 발동하여 동지적 일체감에 안타까워하는 습관이 남아 있어 이것이 나를 낭패로 빠트리게 되는 경우도 있었다.

정작 아버지와는 딱 10년을 살고 아버지마저 돌아가시고 난 후 나와 함께 살아온 것이 65년이 되어가니까 어쩌면 나의 어머니로 살아주기 위해 오셨다는 말이 더 맞을지도 모르겠다.

그런 새어머니와의 가족관계는 순탄하지 못했다.

내 위로는 나이 차이가 많은 누이가 셋이었는데 가장 큰 누이가 나보다 12살이나 많았고, 그 아래가 9살, 바로 위가 5살이나 많았으니까 새어머니와 누이 셋과의 관계는 어느 사이에 앙숙이 되어 있었고, 변변찮은 살림살이에 어머니는 그런 누이들을 차례대로 출가시키기에 바빴다.

그렇게 허겁지겁 출가한 누이들의 결혼생활이야 배운 것도 없고, 가진 것도 없는 출신이다 보니 신랑감이라고는 멀쩡한 데가 있을 리 만무했다. 급히 맞춘 짝들이 하나같이 변변한 데가 없었으니 결혼 후의 고생이야 뻔한 노릇이었고, 그렇게 아무 데나 내버려졌다는 피해의식에 누이들과 어머니는 앙숙이 될 수밖에 없었다.

그렇게 내가 중학교에 입학하던 해에 졸지에 아버지마저 돌아가시고, 막내 누이마저 출가시키고 난 후부터는 새어머니와 단둘의 생활이 시작되었다.

나는 중학교 때부터 학비를 걱정해야 하는 상황이었고, 시골 중학교에서는 그럭저럭 학비 면제를 받아가며 졸업할 수가 있었다. 얼마나 곤궁했으면 학비 이외에 학교에 내어야 할 돈마저 못 내어 담임 선생님이 대납해주시고 졸업 때가 되어서야 어머니를 대동하고 선생님 댁을 찾아가 그 돈을 갚았다. 오죽했으면 그런 사정으로 중학교 졸업앨범조차 구입할 수 없었다.

그런 환경에서 입학한 고등학교는 가장 먼저 학비 면제받을 궁리부터 해야 했고, 마침 그 학교에는 돈은 들지 않으면서 학비 면제는 받을 수 있는 운동부가 있었다. 그것이 바로 역도였는데 다행히 체육 선생님이 나 같은 허약한 체질도 그냥 테스트 없이 받아주시는 것이다.

지금도 돌이켜보면 그 선생님의 아량 때문에 나는 겨우 고등학교까지 졸업할 수 있었고, 고3이 되기 무섭게 실습을 나가서 돈을 벌기 시작하여 오만 우여곡절 끝에 여기까지 올 수 있었던 것이다.

그런 험악한 생존환경에서 어머니의 다정한 애정을 기대하는 것은 몽상에 불과했다. 아침부터 집안을 휘젓는 어머니의 고함에, 욕바가지에, 학교 갈 차비를 벌기 위해 중학교 1학년 몇을 가르치고 나면 과외료는 어머니가 다 챙겨버려 학교 갈 차비 구하는 일조차 전쟁이었다. 그런 어머니와 나와의 관계는 애정 어린 모자 사이가 아니라 애증으로 점철된 숙명이었다. 그런 성장환경 탓일 것이다. 그런 나를 애정 어린 눈으로 위로해주는 여성에게서는 부드러운 모성애를 느끼게 되는데, 사람살이의 인연은 참 묘한 것이었다.

그런 열악한 환경 속에서 부대끼며 견뎌온 어머니상만 각인되어 있던 나에게 김수영 시인의 미망인이신 김현경 선생님은 완전히 다른 세상에서 오신 모던 여성이면서 자애스런 어머니상으로 비쳤다. 김수영 시인이 1921년생이시고 나의 선친이 1919년생이시니 아버지 또래신 데다가, 김현경 선생님은 1927년생 토끼띠로 어머니의 주민등록상 나이와 같으시지만 실제로는 어머니가 여섯 살이나 어린데도 불구하고 선생님의 건강은 바로 얼마 전만 해도 가히 주변에서 그런 건강을 뵌 적이 없었다. 어머니도 주변에서 나이에 비해 무척 건강하다는 소리를 늘 들어 왔는데도 선생님에 비하면 수척하신 것이 바로 대비가 되곤 했다.

그런 건강이 어디에서 올까? 생각해보면 선생님은 빈틈없는 규칙적인 생활과 집필 활동, 독서, 무수한 활동을 끊임없이 하신다는 것이다. 아내가 조발성 알츠하이머를 갖게 되기 전까지는 자주 함께 모임을 한다든가 여행도 하게 되었기에 더욱 자주 뵐 수가 있었지만, 기나긴 코로나로 인한 모임이 주춤하던 차에, 내가 아내와 노모까지 함께 수발해야 하는 처지가 되고 보니 아무래도 종종 찾아뵙기도 뜸해지고야 말았다.

그런 송구함에 한번은 아내를 대동하고 선생님 댁을 방문한 적이 있었다. 선생님은 아내를 보더니 인테리어 가게를 오래 했다 해서 성격이 좀 왈가닥일 줄 알았더니 저렇게 순둥이가 어떻게 그런 험한 일을 다 했겠노! 하시며 칭찬해주셨다. 아마도 아내 또한 정결하기 이를 데 없는 선생님 댁의 실내 모습을 보고는 우리가 살아온 험난한 가정에서 수준 있는 문화를 누릴 틈조차 없는 막노동판 식구의 집안 풍경에 대비하면 완전히 딴 세상에 온 듯한, 신천지에 온 듯한 느낌이 들었으리라!

아직도 김수영 시인을 모신 방에는 김 시인의 평생 저작과 손때 묻은 원고들과 관련 서적들이 털끝만치도 손상 없이 옛 그대로 보존되고 있다. 거실에는 우리가 겪어보지 못한 숱한 명화들이 진열되어 있으며, 여기저기 작가로서의 서적들이 즐비한 것이 정작 일하러 다니기에 바빠

책 정리조차 제대로 안 된 명색이 나라는 시인의 집이 부끄러울 지경이었다.

불행 중 다행히도 아내는 알츠하이머 치매가 진행된 지도 어느덧 5년이 되어가는지라 그런 가정의 실내 모습이 얼마나 거대한 문화적 차이가 나는지조차 잘 헤아리지 못하므로 오히려 다행스럽다고 해야 할까? 우리가 준비해간 과일류를 손질하여 선생님과 담소를 나누다가 우리는 또 다음 행선지인 함동수 시인의 부친상 장례식장에 문상 가느라 서둘러 인사를 드리고 나와야 했지만, 그때까지도 선생님의 건강은 여느 노년에 거의 찾아보기 힘들만치 장수의 모범을 훨씬 능가하는 건강을 유지하고 계셨다.

그런데 최근 들어 실내에서 잘못 엉덩방아를 찧으신 이후 병원에 입원해 계시고는 내가 미처 문병도 못 가 뵌 사이에 문병 다녀오신 이들이 찍어 올린 사진을 보니 무척 수척해 보이셔서 몹시 마음이 안타까웠다. 그사이 노모는 또 폐렴으로 입원하셔서서 과연 이번에도 괜찮으실까? 걱정했는데, 곧 넘어가실 듯하던 수척한 몸이 내가 붙여준 별명처럼 불사신마냥 이번에도 깔축없이 다시 완쾌되었어도 건강에 관한 한 선생님께는 도저히 따라갈 수 없다고 여겼었는데, 이제는 어머니에 비해 은근히 선생님이 더 걱정되기도 한다. 그렇지만 여태 그래오신 것처럼 거뜬히 털고 일어나셔서 다시금 건강한 모습으로 댁으로 돌아오시어 그동안 해오던 대로의 정갈한 생활을 이어가시리라 믿는다.

그러니까 나에게는 어머니 연배이신 선생님이 내가 보아온 또래 어르신 중에서는 가장 으뜸으로 인텔리이신 데다 자기 관리를 철저히 잘하는 분이었다. 엄청나게 오래된 기억을 한치의 손상도 없이 다 복원해내는 능력이나 아직도 손에서 놓지 않는 해박하신 독서량이나 창작의 열기를 보면 때로는 김수영 시인의 문학적 역량을 여태까지도 동지적 유대로 함께하시는 대단한 분으로 각인될 것이다. 김 시인께서 어디 발표할 원고의 7~80퍼센트는 여사님께서 대필하셔서 보낸 것이라 하니 그 필체나 필력 또한 어느 문필가 못지않으셨다.

김수영 시인을 처음 만나실 무렵 당신도 소설가가 되기 위한 문학 수업을 하던 터였다고 하니 부부가 문학을 향한 동지적 소통이 가능하다는 것이 얼마나 큰 행운이었겠나 싶다.

그런 분에게서 나는 감히 꿈도 못 꾸던 새로운 세계의 모성애를 발견하게 되는 것이었다.

나에게 어머니는 얼굴도 물려주지 않고 돌아가신 생모이시거나, 내가 어머니를 셋 둘 팔자라며 당신을 어머니로 삼게 한 무당이거나, 지금의 어머니는 오로지 돈을 벌어야 한다며 가난의 대물림에서 벗어나기 위해 대학은 꿈도 못 꾸었거니와, 내가 문학 하는 것을 옛날 글줄이나 한다던 선비가 가족의 배나 굶주리게 만든다는 강박에 집착하여 내가 공부를 하거나 글을 쓴답시고 하기만 하면 한사코 극구 말리시던 터였다.

그러기에 내가 문학을 제대로 하기에는 가족의 환경이나 노동의 세계가 너무 극한의 위기에서 아슬하니 헤쳐 나와야 했던지라 결국은 문학을 보류하고 가족을 건사하는 노동의 강도에 시달려야 했고, 그렇게 문학에서 멀어졌던 때에 우연히도 맹문재 교수와 한 동네에서 다시 조우하게 되었다.

그와는 내가 20대 초반에, 그가 갓 스물이 되던 때에 포항 공단을 업으로 일하던 때에 만난 인연이 있었던지라 그는 문학을 절필하고 사는 나에게 수시로 다시 재기할 것을 권유했고, 그 인연으로 다시금 지금에 이르게 되었으니 그가 함께하는 모든 활동은 무조건 동참했다. 그의 문학에 대한 순정을 동지적 애정으로 신뢰하던 터이기도 했거니와 그의 순수한 문학에의 열정을 누구보다 확신했다. 그때 그 어릴 적 순정의 문학청년이 문학 담당 교수가 되어 나타났으니 가히 그의 집념에 탄복하지 않을 수 없었다.

이후로 우리는 김현경 선생님과의 인연도 자연스레 함께하게 되었고, 지독히도 문학적 재기에 힘겨워하던 나에게 큰 위로가 되어주었다.

이 산문을 쓰는 도중에도 조발성 알츠하이머 치매 6년 차에 접어드는 아내가 한사코 옆에서 어린애처럼 졸라대는 바람에 제대로 글이나 되는지도 잘 모르겠다. 절대 가난의 늪에서 허덕이던 나에게 오로지 나 하나만 믿고 시집와서, 포항공단에서 재직할 당시 남편이 사회활동을 하다가 직장에서 해고를 택할 것이냐, 서울로 전출을 택할 것이냐로 남의 집 셋방살이를 할 때 눈물로 하소연하며 서울로 가자고 조를 때의 아내 마음이 얼마나 초조했을까를 생각하면 정작 나보다 더 마음고생이 심했을 것이다.

서울로 와서도 박봉의 직장 생활로 이어가는 생활이 여의치가 않았기에 함께 시작한 맞벌이 10여 년에, 또 내가 위태위태한 극한의 직장을 박차고 나와 앞날이 어떻게 될지 모르는 자영업에 뛰어들었을 때도, 아내는 경리로 일하던 가게를 인수하였고 그렇게 우리 둘은 몸을 사리지 않고 밤낮없이 일했다.

내가 거래처 고장 난 기계를 고쳐주는 일로 밤을 새우거나, 그러는 중에도 그나마 여유가 생기면 아내의 가게로 달려와 도배나 페인트 연장들을 옮겨주며 지독하게도 일했다. 그러면서 남자도 해내기 힘든 일을 별 불평 없이 거뜬히 헤쳐나가는 아내가 참 대단하다고 생각했지만, 결국은 아내가 이런 병을 얻고 보니 내가 너무 고생을 많이 시켜서 그런 것이 아닌가 자책에 힘든 나날을 보내야 했다.

그러는 5년 동안 해마다 순차적으로 약을 조금씩 올리다가 이제는 더 올릴 여유가 없는 한계에 다다르게 되니, 올해부터는 악화 속도가 눈에 보이게 빨라져 눈만 뜨면 불안한 나날을 보내야 하는 상황은 치매 가족을 둔 보호자가 되어보지 않고서는 아무도 짐작을 못 할 것이다.

거기에다가 치매의 속성을 잘 모르는 노모는 아내가 이상한 행동을 할 때마다 속이 뒤집어진다는 듯이 언성을 높이던 일도 그나마 이제는 공감이 가는지 며늘을 보살피는 일에도 함께 해주시니 그나마 큰 걱정을 조금은 덜었다.

그렇지만 해마다 한두 차례씩 겪어야 하는 노모의 폐렴으로 인한 입퇴원이나, 걷다가 넘어져 온몸의 여기저기가 골절되는 바람에 병원 신세를 져야 하는 데다가, 아내의 치매 간병을 하기 위한 마지막 대책으로 나는 45년간 한 번도 쉰 적이 없었던 직업을 마침내 폐업하게 되었고, 지금은 오로지 두 사람의 간병을 우선하며 지내다 보니 나에게 문학은 또다시 가까이할 틈조차 없는 상황이 되었다. 지금도 아내는 수시로 옆에서 언제 끝나느냐고 다그치는 바람에 작성된 글을 돌이켜볼 틈조차 없이 마감해야 하는 상황이다.

부디 연로하신 김현경 선생님의 건강이 하루빨리 회복되셔서 이전의 문학을 함께할 때의 어머니 같은 따스한 위로가 다시금 되어주시기를 간절히 빌고 빈다! 나에게는 참 귀한 어머니 같은, 때로는 문학적 동지가 되어주시기도 하던 선생님 댁을 방문할 때의 우리의 순정한 발자취마냥 피어나던 하이얀 목련꽃 꽃잎 같은 추억을 영영 잊을 수 없을 것이다!

병풍과 언니, 그리고 김수영

조미희

꽤 오래전 우리 가족에게 병풍이 있었다. 그 병풍은 아버지가 돌아가시면서 서서히 잊히게 되었다. 어쩌면 생각하고 싶지 않았을지도 모르겠다. 김수영 읽기 수업에서 「병풍」이란 시를 읽으며 병풍은 내 기억의 수면 위로 올라오게 되었다.

그러니까 병풍이 우리 집에 오게 된 인연은 언니로부터 시작된다. 어릴 때부터 언니는 동네에서도 소문난 효녀였다. 그 사실은 주변 사람들의 여럿, 증언으로 우리의 귀에 전해지곤 했다. 내가 태어난 날 언니가 고사리 같은 손으로 엄마의 미역국을 끓였다는 사실은 오래도록 엄마와 친지들의 레퍼토리 속에서 회자되곤 했다. 그리고 함께 살아가는 삶의 현장 속에서 언니는 단연 독보적 행보를 이어갔다. 어떤 형제자매도 언니의 효심을 깨트릴 만한 사람은 나타나지 않았으니 말이다.

병풍을 처음 집으로 가져온 날 식구들은 모두 경악을 금치 못했다. 그날의 기억은 나에게도 꽤 오랜 시간 잊히지 않는 사건이었다. 우리 가족은 대부분 겨울에 태어난 사람들이 많다. 일곱 식구 중 둘을 빼고 모두 겨울 생이다. 그렇다면 아버지의 생신은 역시 겨울이겠다. 음력으로 12월 18일, 곧 다가올 아버지의 생신을 효녀인 언니가 특히 육십일 세 환갑이니 오죽 더 신경 쓰지 않았을까, 아버지의 환갑 일주일 전으로 거슬러 가보자. 언니의 직장은 시청 근처의 미용실, 많은 고객이 왕래하는 곳이다. 병풍 구매 전 한 가지 사건이 있었다. 운명이란 게 정말 있는 것인가 싶을 정도로 사건의 방향은 우리 가족을 향해 열려 있었다. 단골손님이 갑자기 광목을 가져와 여자 상주들이 꽂을 리본을 만들어달라는 부탁을 했고 그것도 꼭 언니가 만들어줬으면 한다는 부탁을 받은 것이다. 언니는 기분이 찜찜했지만, 집에 아픈 사람도 없고 하니 괜찮겠지, 하는 생각으로 흰 리본을 만들었다고 한다. 그 사건은 그것으로 일단락되었고 퇴근할 시간이 다 되어갈 무렵 한 노인이 병풍을 지고 미용실로 들어섰다. 여섯 폭 병풍을 지고 온 노인은 날도 춥고 싸게 줄 터이니 병풍을 사달라 애원하다시피 했고 가만히 보니 노인도 딱하고 아버지 생신 때 병풍을 둘러놓으면 좋을 거 같은 생각이 들어 결국 병풍을 사게 된 것이다. 그러나 집까지 가져오는 것이 문제였다. 그 당시는 미용실 끝나는 시간은 딱히 정해지지 않았고 거의 아홉 시나 열 시 가까이 되어서야 퇴근하곤 했다.

　병풍의 크기 때문에, 도저히 버스를 탈 수도 없고 택시에도 실을 수 없는 큰 선물을 준비한 언니는 우직한 성격답게 시청에서 마포까지 추운 겨울 밤거리를 걸어서 집까지 가기로 결심했고 그 결심을 강행해 열두 시 가까이 되어서야 도착했다. 겨울밤 점차 자신의 몸을 엄습하는 무게에 쉬다 걷다를 반복하며 걸어왔을 언니를 생각하면 참으로 힘겹기 그지없는 일이었다. 식구들은 모두 걱정하고 있다가, 온몸이 꽁꽁 언 채 병풍을 짊어지고 들어온 언니를 보고 놀라 자빠질 것만 같았다. 꽁꽁 언 두 뺨은 사과처럼 붉었고 온몸에선 겨울바람 냄새가 쨍쨍하게 느껴졌다. 한 채의 겨울이 문 앞에 서 있었다고 해야 할까? 엄마와 아버지는 언니의 미련스러운 효심에 말을 잇지 못했다.

아버지 생신날 병풍은 멋지게 제 역할을 했다. 산수화가 그럴듯하게 그려진 병풍은 언니의 효심을 가미해 더 반짝이고 멋있었다. 아버지도 속상함을 잊고 좋아하셨다. 우리 형제들은 병풍 앞에 앉아 계신 아버지께 임금님 알현하듯 절을 올렸다. 참 흥겨운 날이었다. 평생 고생하신 아버지께 큰 효도를 한 것 같아 모두 즐거웠던 날이었다.

그로부터 칠 개월 후 그 병풍은 아버지 장례 치르는 데 쓰였다. 병풍의 그림 쪽은 잔치하는 데 쓰고 글씨 쪽은 예부터 장례 치르는 데 쓴다고 했으니, 병풍은 우리네 삶의 애환과 참으로 밀접하게 연결됐다는 생각을 떨칠 수 없다. 생신 때의 웃음소리가 아직도 안방 가득 남아 있는데 그날은 통곡 소리가 안방 공기 속에 터질 듯 차올랐다. 운명의 신이 병풍과 함께 우리 집에 오랫동안 머무른 것만 같았다. 육십일 세, 아직도 많은 날이 남았을 거 같던 아버지는 심근경색으로 돌아가셨다. 언니는 자신이 병풍을 사 와서 이런 일이 생긴 거라며 오래도록 병풍 산 것을 후회하며 자신을 나무라곤 했다. 지금 생각해보면 그 모든 것은, 신이 우리에게 이별을 준비할 시간을 준 것인지도 모르겠다는 생각이 든다. 모든 사람은 죽음 앞에서 피할 수 없는 존재다. 병풍은 그 시간을 잠깐 유예시키는 장치가 아닐까, 이쪽과 저쪽, 저쪽과 이쪽 결국 건너야 하는 서로의 시간이 잠깐 머무르는 기착지가 아마도 그 시간에 병풍이 었다는 생각이 든다. 언니가 그토록 괴로워했던 마지막 선물이 아버지가 마지막으로 우리와 머물 수 있는 곳에, 장례라는 풍습의 순간을 더 아름다운 이별로 승화시켜준 것은 아닐까. 그리고 김수영 시인의 시 「병풍」에서 "병풍은 무엇에서부터라도 나를 끊어준"다는 문장처럼 3일이라는 시간 동안 병풍으로 가려진 대상과 대상이 서로를 분리할 수 있는 시간을 벌어주는 역할을 한 것은 아닐까.

> 병풍은 무엇에서부터라도 나를 끊어준다
> 등지고 있는 얼굴이여
> 죽음에 취한 사람처럼 멋없이 서서
> 병풍은 무엇을 향하여서도 무관심하다
> 죽음의 전면(全面) 같은 너의 얼굴 위에를
> 용이 있고 낙일(落日)이 있다
> 무엇보다도 먼저 끊어야 할 것이 설움이라고 하면서
> 병풍은 허위의 높이보다도 더 높은 곳에
> 비폭(飛瀑)을 놓고 유도(幽島)를 점지한다
> 가장 어려운 곳에 놓여 있는 병풍은
> 내 앞에 서서 죽음을 가지고 죽음을 막고 있다
> 나는 병풍을 바라보고
> 달은 나의 등 뒤에서 병풍의 주인 육칠옹 해사(六七翁海士)의 인장(印章)을 비추어 주는 것이었다
>
> ─ 김수영, 「병풍」 전문

김수영의 「병풍」을 다시 읽어본다. 그날 병풍은 아버지와 우리의 세계를 끊어냈다. 더 이상 하나의 세계에서 함께할 수 없는 존재의 분리를 병풍의 앞면과 뒷면이라는 공간이, 이승과 저승이 마치 병풍으로 극명하게 보여주고 있었다. 3일이라는 시간의 유예 앞에 서서히 병풍과 내가 분리되고 죽음을 받아들이는 과정을 자연스레 느끼게 했다. 언니의 잘못도 누구의 잘못도 아닌 운명의 수레바퀴가 굴렸고 우리는 그 바퀴가 이끄는 수레에 올라탄 것뿐이었다. 삶은 죽음을 인정할 때 더 명확해지지 않을까.

유한한 존재 아닌 우리는 지금도 병풍의 시간을 살아가고 있다. 그림 앞면의 시간에는 수많은 사람이 새로운 세계를 열며 자신의 희·로·애·락을 경험하며 살아 있음을 증명한다. 다른 한쪽에는 그 모든 것을, 차단하는 병풍의 다른 얼굴이 있다. 김수영 시인은 결국 마지막에 우리가 경험하고 긍정할 수밖에 없는 죽음 그것이 완성이며 또 다른 내일이라 말하는 것은 아닐까, 하는 생각을 해본다.

아버지가 돌아가신 이후 오래도록 죽음은 나에게 가장 두려운 알 수 없는 불안이었다. 병풍 또한 내 두려움 속에 도사리고 있는 사물 중 하나였다. 김수영은 그런 나에게 죽음을 긍정하게 하는 자그마한 실마리를 주었다. 그의 시 도처에 도사리고 있는 죽음의 그림자, 그러나 그 그림자를 긍정하며 배수진을 치는 그의 모습에서 왠지 더 살아야겠다는 강한 의지가 용트림처럼 꿈틀거림을 느끼는 것은, 나의 착각일까.

99

조은주

1.

내일모레는 2025년 을사년 설날입니다.

지금은 어스름 저녁나절, 창밖에는 설 명절에 귀향하는 귀성객의 마음처럼 가볍게 눈발이 날리고 있습니다. 바람을 타고 하롱하롱 춤추듯 날리는 눈발이 아름다워 넋을 놓고 한참을 바라봅니다.

저-어기, 30년 넘은 느티나무가 보이고, 마당 끝에는 얼마 전 폭설에 쓰러져버린, 지금은 마디마디 잘려서 굵은 줄기와 가는 가지, 그리고 잎은 잎대로 따로 모여 있는, 30년 넘게 살다가 이제는 다른 꿈을 꾸고 있는 소나무도 보입니다.

117년 만이라는 대설이 내리던 그때, 얼마나 많은 눈이 내리는지, 내심 언제 그칠지 몰라 조금 무섭기도 하였습니다. 마침내 눈은 그쳤고 무릎까지 쌓인 눈을 치우면서 혀를 내둘렀습니다. 눈과 눈이 서로 뭉쳐져 아무리 힘을 주어도 삽이 앞으로 나가지 않았습니다. 한 삽, 한 삽 조금씩 떠서 그 많은 눈을 치워야 했습니다. 세상을 물주머니로 가득 덮어버리겠다는 듯이 치워도 치워도 계속 쌓였습니다.

온통 하얀 세상으로 변했을 때, 짙푸른 색의 소나무 위로 물기를 가득 머금은 눈이 수북이 쌓이니, 북극에나 있어야 할 백곰이 나무 위에 떼로 올라앉아 엎드려 있는 듯이 보였습니다. 크리스마스카드에 그려진 그림처럼 아름다운 설경에 탄복하며 한참 사진을 찍다가 "이건 아닌데……" 하는 생각이 들고 얼마 지나지 않아서 큰일이 벌어졌습니다. 줄기가 한 아름이나 되는 30년 넘은 소나무가 눈이 내리기 시작한 지 이틀 만에 눈의 무게를 이기지 못하고 결국 우지끈 소리를 내며 털썩, 맥없이 땅에 쓰러지고 만 것입니다.

나무 밑동이 터져 더 이상 살 수 없게 된 소나무. 봄, 여름, 가을, 겨울을 나와 함께 23년을 보낸 그 소나무. 곤줄박이, 박새, 까치, 까마귀, 산비둘기를 품어주고 길고양이를 앉혀주던 소나무. 내가 매일같이 안아주고 쓰다듬어주던 소나무. 내 속 이야기를 한없이 들어주던 소나무. 그 그늘에 한가롭게 앉아, 시를 짓고, 생각에 빠지기도 하고, 웃고, 울고, 수다 떨고, 전화하고, 친구를 초대하고, 낮잠 자고, 꽃을 보고, 바람 소리와 새소리를 듣고, 노래를 부르고, 지나던 바람이 내 얼굴을, 귓바퀴를, 머리칼을 매만지며 지날 때마다 행복해하며, 솔향에 취해 따뜻한 차를 마시곤 하던 소나무. 그렇게 23년 동안 사시사철 아침, 점심, 저녁, 한밤중을 가리지 않고 아무 때나 나를 받아주던, 소박하지만 맘껏 자유로운 망중한을 즐기게 해주던, 그 소나무의 상실에 나는 너무나도 마음이 아팠습니다.

소나무가 서 있던 빈자리가 휑합니다. 아직 겨울이기도 하지만, 친구를 잃은 서운함이 채 가시지 않아 보는 이마다 무슨 나무, 무슨 나무하며 그 자리에 심으면 좋을 나무 이름을 불러주며 제각기 한마디씩 거들 때마다 나는 새초롬하게 대답합니다. 그냥 좀 두고 나중에 생각해볼 거라고. 이 집으로 이사 와 23년을 함께한 소나무의 빈자리를 좀 더 오래 아파하고 싶습니다.

2.

오랜만에 제목을 먼저 붙여놓고 글을 쓰고 있습니다. 숫자 "99". 아무나 가질 수 없는, 하늘에서 허락해야만 영혼에 품을 수 있는 숫자입니다. 바로 김수영 시인의 아내이신, 제가 사랑하고 존경하는 김현경 여사님께서 올해 하늘로부터 받으신 최고의 선물입니다.

김현경 여사님 백수를 기념하여 '김수영을 사랑하는 사람들의 모임'에서 수필집을 내기로 하였기에, 여사님의 만수무강을 축원(祝願)드리는 마음으로 동참하려 합니다. 여사님은 지금 골절 수술 후 몇 달째 요양병원에 계십니다만, 몸이야 어디에 계시든지 여사님은 늘 제 마음에 자리하고 있습니다.

내 소중한 친구인 소나무가 눈에 쓰러졌을 때, 그때도 제일 먼저 여사님이 떠올랐습니다.

"내년에는 99세야, 99세!"

98세의 연세에도 찾아뵐 적마다 직접 차를 대접해주시는 여사님, 텃밭에서 나온 벌레 먹은 푸성귀를 담은 작은 보퉁이를 내밀 때면 기쁘게 또 환하게 웃으시며 이렇게 말씀하십니다.

"이게 진짜야! 최고지! 영국 여자들은 벌레 먹은 자국이 없는 채소는 사 먹지 않는다잖아!"

여사님과 함께 김치를 담그고, 또 부엌에서 뭐라도 좀 만들어드릴라치면 손맛이 있다고, 재주꾼이라고, 늘 칭찬을 해주시는 여사님. 한옥 시골살이를 잠깐 하셨을 때를 그리워하시며, 시골집인 우리 집에 자주 오고 싶어 하셨는데…. 두 번이나 다녀가셨지만, 자주 초대를 못 해드려 늘 마음으로 안타까웠습니다.

쉴 새 없이 쏟아지는 폭설의 무게를 이기지 못하고 쓰러진 소나무 옆에, 잎을 떨군 큰 벚나무는 작은 가지 하나도 잃지 않고 잘 버텨내었습니다. 그러니까 우리 아들이 초등학교 5학년쯤 되었을 무렵, 누나가 나무 타는 걸 좋아한다며 앞산에서 작은 나무를 뽑아다가 누나를 위해 마당 끝에 심은 그 나무가 바로 산벚나무입니다. 아들의 나이가 올해로 서른둘이니, 성장이 빠른 나무이기도 하고 꽤 나이가 있는 나무라 30년 넘은 소나무보다 크기가 훨씬 큽니다. 그런데도 앙상한 가지만 남은 산벚나무는 하염없이 내린 대설을 견뎌내었습니다. 잎이 없는 가지 위에 내려앉은 눈이 툭툭 떨어져 내리니 가지가 부러질 염려가 적었던 것입니다. 나무가 잎을 떨군다는 것은, 겨울을 지혜롭게 나는 가장 좋은 방법입니다. 그걸 벚나무는 어떻게 알게 되었을까요?

누워 있는 소나무와 당당히 서 있는 벚나무를 보다가, 그렇구나! 고개가 끄덕여집니다. 사람의 생에도 무한정 봄만 다가올 리가 없습니다. 여름의 시절만 계속될 수도 없습니다. 오는 가을을 고개 돌려 외면할 수도 없습니다. 겨울 또한 싫든 좋든, 사양할 길이 없습니다.

한 세기 가까운 세월 동안 살아오신 여사님의 생에, 얼마나 많은 일들

98세 생신날,
자택에서

이 있었을지, 얼마나 힘겨운 일들이 닥쳤을지, 겨우 오십을 넘긴 나는 도저히 상상이 안 됩니다. 여사님께서는 1927년 일제강점기에 태어나 4·19, 6·25 전쟁, 5·16, 12·12, 80년 계엄령과 민주화운동, IMF 경제위기, 사스, 코로나 등의 전염병까지, 헤아릴 수 없이 수많은 사람이 목숨을 잃고, 목숨을 버리고, 목숨을 앗길 때의 세월을 모두 겪으시고 지금 우리와 함께 계시는 것입니다. 한국의 근현대사와 더불어 얽히고설킨 개인의 역사 또한 만만치 않음에도 아, 여사님의 정신은, 마을 어귀에 서 있는 느티나무 우듬지에 당당히 자리 잡은 저, 까치집처럼 고개를 올려 보아야 보이는 그곳에 있습니다. 여사님을 뵈온 처음부터 지금까지 여사님은 늘 한결같지만, 한결같기만 한 사람은 아닙니다. 여사님의 생각과 정신은 늘 정중동에 계십니다. 맞이하는 하루하루를 부지런히 새롭게 하시고 오늘 아침의 현실을 직시하십니다. 매사에 긍정적이고 감탄하시며 작은 일에 고마워하십니다.

그동안 여사님을 스친 인연 또한 셀 수 없이 많을 것입니다. 남편 되시는 김수영 시인을 잃고 난 후 격동기의 세월을 홀로 버텨내시는 일이 얼마나 힘들었을지, 들려주신 지난 이야기를 그리 많이, 자주 들었어도 전혀 가늠할 수 없습니다. 그러나, 제가 감히 여사님을 헤아려 짐작해보건대, 아마도 여사님께서는 분명히 마지막 한 잎의 나뭇잎마저 아낌없이 모두 떨구고, 겨울바람 앞에 당당히 서 있는 나목처럼 버릴 것을, 버릴 줄 아는 속 깊은 지혜가 있으셨을 거라고, 다만 생각해봅니다.

3.

15년 전, 혜화역 플랫폼에서 함께 지하철을 기다리던 지인이 무심코 내게 물었습니다.
"젊은이와 늙은이의 차이를 아세요?"
내가 입술을 달싹거리며 대답을 찾느라 머뭇거리자, 그녀가 말했습니다.
"미래를 이야기하면 젊은이, 과거를 이야기하면 늙은이라네요."
나와 동년배인 그녀의 말을 듣는 순간, 온갖 생각의 먼지들이 진득해진 상태로 가득 찬 것만 같던 내 머릿속을, 시원한 강바람이 달려와 한꺼번에 씻어주는 느낌이 들었습니다. 그래! 그럴 수도 있겠다. 내 생각 안에 나의 미래가 떠오르지 않는다면, 내 입술로 나의 미래를 말하지 않는다면 나는 늙었다 못해 이미 죽은 목숨이 아닌가!
나는 그때쯤 한창 자주 하던 버릇이 있었는데, 친구와 이런저런 삶의 이야기를 풀어놓다가 보면 가끔 홀린 듯이 나도 모르게 나의 철 지난,

빛바랜 과거의 일들을 매번 새것인 양 꺼내는 것입니다. 어린 시절 결핍되었던, 빠진 고리를 곱씹어가며 내 상처를 문지르다 눈물, 콧물이 범벅되기 일쑤였습니다. 그러다가도 불현듯이 지하철역에서의 그 말이 생각나면 심장이 덜컥, 정신이 번쩍 들었습니다.

나는 지금도 과거의 나를 꺼내는 습성이 조금 남아 있는데 특히, 서럽고 쓰라린 기억의 스위치가 내 의지와 상관없이 켜질 때면 솟아나는 눈물 앞에 그냥 무너져내리는 것입니다. 마치 내 눈물의 샘은 깊고도 깊어 물이 마르지 않는 신비의 샘인 것처럼.

그럴 때마다 내 발등을 내가 찍으며 새로이 다짐하는 것입니다. 나는 어제 죽은 사람인가, 아니면 죽더라도 내일 죽을 사람인가. 나는 젊은이인가. 나는 온전한 어른이 되어가려고 노력하는 중인가. 스스로 자문하며 살다 보니 물리적인 육체의 나이 탓인지 모르겠으나 어느덧, 내 눈물샘이 아주 조금씩 줄어들고 있는 것은, 다행 중 다행입니다. 100세 시대가 왔고, 지금 내 나이는 아직 오십 대에 걸쳐 있으니 맨드라미 씨앗처럼 작기는 하지만 다가올 미래는 희망적이라 할 수 있습니다.

어둡고 침침한 것이 아니라 밝고 긍정적으로 매사 새로운 생각의 습관을 들여보자고 노력하기 시작하자, 오늘을 넘기기 어려웠던 내게 언젠가부터 조금씩 내일이라는 시간의 개념이 생기기 시작했습니다. 찬란하고 눈부신 나이에 암울하기만 했던 내 삶 안에 감춰져 있던, 꺼내지지 않은 씨앗들이 있었습니다. 내 조그만 입술이 미래를 말하기 시작했습니다. 씨앗이 싹트는 데는 많은 시간이 걸렸습니다. 나의 미래가 자라는 데는 더 많은 시간이 걸렸습니다.

지구의 모든 생명이 그러하듯, 나의 미래도 사라질 위기에 처한 순간이 밥 먹듯 찾아왔습니다. 그러나, 가뭄에 콩 나듯이 겨우겨우 싹을 틔운 긍정적인 몇 개의 생각들이 어느새 우후죽순처럼 자라 야생의 본능을 찾아냈고 내 안에 갇혀 있던 열망은 미래를 키워내고 있었으며, 선명하게 기억되어 있던 과거의 아픔은 현재라는 시간에 조금씩 자리를 내어주기 시작했습니다.

말하자면 피가 멈추지 않던 과거의 무수한 상처에 하나씩 하나씩 딱지가 앉기 시작한 것입니다. 딱지가 아물 때까지 때를 기다리지 못하고 종종 떼어내다 긁어 부스럼으로 다시 피가 맺히기도 하였지만, 느린 걸음일지라도 진일보하고 있음을 알아채면서 차츰 마음에 생기가 감돌기 시작했습니다.

이 긴 시간 어려운 과정을 나 혼자의 힘으로 지나온 게 아닙니다. 내 삶의, 변화의 과정에 도움을 주신 분이 두 분 계십니다. 그분들은 도움을 주었다고 생각하지 않을 수도 있겠지만, 눈치채지 못하셨을 수도 있겠지만, 아니, 실은 다 알고 계셨을 테지만. 두 분 중에 한 분이 바로 제가 사랑하고 존경하는 '김현경 여사님' 입니다. 여사님께서 바로 내일이라는 시간을, 제 마음에 꼭 쥐게 해주신 것입니다.

미래라는 그림을 상상할 수도 없었던 나날 속에서, 한 획 한 획을 그어가는 동안 그림이 되어가고 있었습니다. 어둡고 긴 터널도 가다 보면 끝이 있기 마련이고 포기하지 않고 걸어간다면 그 끝에 환한 빛이 기다리고 있다는 걸, 생각에 두지 못하며 살고 있다가 여사님과의 만남으로 그 빛을 보게 된 것입니다.

여사님께서는 햇살 한 바구니를 고봉으로 챙겨놓으셨다가 찾아뵐 적마다 내 머리에 찬란하게 쏟아부어주셨습니다. 마치, 나는 너를 잘 알고 있어! 네게 무엇이 가장 필요한지도! 걱정하지 마! 너는 잘 해낼 테니! 누가 뭐래도 내가 보장하지! 결코, 절망하지 마! 너를 믿어! 내가 아무리 생각해도 은주, 네가 최고야!

　여사님께서는 세상에서 가장 값진 보물을 간직하고 계십니다. 가끔 잊을 만하면 제게 꺼내 보여주시는데, 바로 할 일과, 해야 할 일을 늘 생각하고 계신다는 것입니다. 평소, 지난 과거의 일을 무수히 말씀해주시지만, 여사님은 늘 내일의 계획이, 또 다음에 할 일이 있으십니다. 그걸 제게 가르쳐주셨습니다. 늙어가지 않는 법을, 젊은이로 사는 법을!

　98세 여사님께서 가끔 이렇게 물으십니다.

　"공예하는 은주 딸 말야, 요즘도 바쁜가? 내가 말야. 은주 딸하고 같이 할 일이 있어. 우리 손녀가 놓고 간 비즈가 많거든. 같이 뭐 좀 만들어야겠는데 말야. 나한테 계획이 있는데 시간 좀 내보라고 해."

　여사님의 98세는 이렇게 늘 작은 계획부터 큰 계획까지 언제나 생기 가득합니다. 그러니, 여사님을 뵐 적마다 조금씩 배워올 수밖에 없습니다.

　새해 인사를 드리니,
　"드디어 내가 99세야. 99세!"
　"잘하면 100살까지 살 수 있겠어!"
　"이렇게 좋은 세상에 내가 지금껏 살아 있다니 얼마나 감사한 일이냐!"
　전화기 너머로 여사님의 웃음 섞인 목소리가 들려옵니다. 아직은 회복 중이시라 기운이 달리시는 듯하지만, 여사님 마음속에 가득한 기쁨과 환희, 감사함이 듬뿍 묻어납니다. 99세로 백수를 맞으신 새해에는 완쾌하셔서 여사님의 짱짱하신 목소리를 다시 들을 수 있기를! 여사님 댁에 모두 모여 노리다케 찻잔에 차를 함께 마실 수 있기를! 두 손과 마음을 모아 간절히 기원합니다. 사랑하고 존경하는 여사님, 꼭 100세 생신을 함께하게 해주세요.^^

하루가 지나고 내일은 2025년 을사년 설날입니다.
그새 눈이 20센티 넘게 쌓였습니다. 세상이 모두 하얗게 덮였습니다. 저 눈처럼 깨끗한 마음으로 올 한 해 모두 잘 살아갔으면 하고 바라봅니다. 눈이 많이 오니 걱정입니다. 미끄러운 눈길을 오가는 사람과 차들 모두 사고 없이 설 명절을 무사히 보낼 수 있기를 기원합니다. 우리 아들이 야간 트럭운송을 하고 있어, 눈 오고 빙판길이 생기면 애가 탑니다. 엄마니까요.

새해 복 많이 받으세요.^^

자각의 밀도, 치열한 성장

최규리

김수영의 연인, 김현경 여사님의 백수를 맞이하며 좋은 인연으로 맺은 시인들의 마음을 모으기로 하였다. 난 직접적인 인연이 없어서 오랫동안 고민했다. 망설였지만 김수영의 시를 좋아하였기에 참여하기로 마음 먹었다. 김현경 여사님은 지금 병원에 계시지만 아무쪼록 좀 더 우리와 함께 하시기를 소망한다. 아직도 소녀 같은 모습으로 미소 짓는 사진 속 얼굴은 해맑고 아름답다. 김수영 시인을 사고로 보내고 슬픔 속에서 어떻게 살아왔을까. 격변의 세월을 견딘 꽃송이는 마지막 진한 향기를 뿜고 있었다. 아픔마저 숭고하게 느껴진다.

학문과 미술, 연극 등 재능이 많았던 김수영이 한국전쟁으로 북에 끌려가 강제 노동을 하다 탈출하고 다시 거제도포로수용소에서 고통과 시련의 세월을 보냈다. 이러한 현실로 김수영은 '자유'와 '저항'이라는 목소리를 낼 수밖에 없었다. 그가 아니면 누가 낼 수 있었을까.

시작(詩作)은 '머리'로 하는 것이 아니고 '심장'으로 하는 것도 아니고 '몸'으로 하는 것이다. '온몸'으로 밀고 나가는 것이다. 정확하게 말하자면, 온몸으로 동시에 밀고 나가는 것이라고 했던 김수영은 4·19 혁명 이후 현실과 정치를 적극 반영하는 시를 써왔다. 지금 국가는 어처구니없는 현실에 매일 만화 같은 일이 벌어진다. 민주화운동을 소설화한 한강이 노벨문학상을 수상했고, 그 소설 속 계엄령이 45년 만에 다시 현직 대통령의 목소리로 선포되었다.

이것이 과연 실화라니! 현직 대통령이 내란죄 혐의로 수사받은 국내 최초의 사례이자, 세계 최초로 대통령이 임기 중에 출국 금지를 당하고 내란 우두머리 혐의로 체포, 구속, 기소된 사건으로 기록될 것이다.

김수영의 뜨거운 피와 시의 힘. 지금 현실에서 시인 또는 문학인의 역할은 무엇일까. 그러나 결코 문학이 강요되어서도 안 될 것이다. 참여문학을 두고, 문학을 정치적 도구로 쓴다는 견해가 있다. 문학 안에서 삶이, 동시대의 현실이 반영되어야 할 것은 분명하므로 그 말은 적절한 표현은 아니라고 생각한다. 김수영의 시들이 요즘 더욱 선명하게 느껴진다.

흔히 알고 있는 김수영의 대표 시들은 강인한 자유를 향한 외침, 저항이 드러나 있지만 김수영 산문과 시를 다시 읽어보니 김수영은 불안과 공포, 두려움으로 가득했으며 많은 흔들림과 유혹들 속에서 자신과의 싸움을 반복하고 있었다. 「구슬픈 육체」에서 "불을 끄고 누웠다가/잊어지지 않는 것이 있어/다시 일어났다//나는 잠시 아름다운 통각과 조화와 영워과 귀결을 찾지 않으려 하다//나는 쉴 사이 없이 가야 하는 몸이기에/구슬픈 육체여"라고 하였다. 밤잠을 자지 못하고 고뇌하는 모습이다.

"어제 내가 혁명을 기념한 방 오늘은 기름진 피아노가 덩덩 덩덩덩 울린다"며 스스로 탄식했다. 물질에 종속되는 것에 대한 거부하는 자세가 보였다. 「더러운 향로」에서는 더러운 역사와 전통에 대해 포용하지 못하고 있으므로 고독한 마음을 표현했다. "더러운 것 중에서도 가장 더러운/썩은 것을 찾으면서/비로소 마음 취하여 보는/이 더러운 길". 시인의 길은, 더러운 곳에서 '시인'으로서의 임무를 수행할 수 있으므로 더럽지만 벗어날 수 없음을 말했다. 인간의 속물성, 자신의 속물성까지 극복하려는 의지가 나타난다. 그리고 자신이 누릴 수 있는 유일한 자유는 거지가 될 수 있는 것이라며 자유 없이는 예술도 사랑도 평화도 없다고 외쳤을 때, 옆에서 자고 있던 작은아들이 "아버지, 나는 거지가 싫다"고 울었다고 한다. 김수영이 두려워한 것은 무사한 일상이었다. 기름진 배부름. 일상과 시 사이의 간극, 현실과 이상은 물과 기름처럼 같은 공간에서 섞이기 힘들었다.

 어쩌면 시를 쓰는 우리들의 과제가 아닐까. 당시, 민주화와 자유를 위한 김수영의 시는 촛불처럼 어둠을 밝히는 지침서가 되었을 것이다. 지금, 여기 김수영의 시가 가장 절실히 필요한 때인 것 같다. 그러나 김수영도 작고 약한 존재였다. 「도취의 피안」에서 "나의 초라한 검은 지붕에/너의 날개 소리를 남기지 말고/네가 던지는 조그마한 그림자가 무서워 벌벌 떨고 있는/나의 귀에다 너의 엷은 울음소리를 남기지 말아라" 떨고 있는 내면의 모습에서 자기 검열과 각성하려는 의지를 담고 있다. 또한, 「여름 뜰」에서는 "조심하여라! 자중하여라! 무서워할 줄 알아라! 하는/억만의 소리가 비 오듯 내리는 여름 뜰을 보면서/합리와 비합리와의 사이에 묵연히 앉아 있는/나의 표정에는 무엇인지 우스웁고 간지럽고 서먹하고 쓰디쓴 것마저 섞여 있다/그것은 둔한 머리에 움직이지 않는 사념일 것이다//질서와 무질서와의 사이에/움직이는 나의 생활은/섧지가 않아 시체나 다름없는 것이다". 김수영은 기자 생활 시절의 언론 억압 속에서 기존 것을 버리고 새로운 언어에 도달하기까지의 절박함을 풍경을 통해서 목소리를 내고 있다. 약한 마음을 긍정적으로 돌파하며 초지일관 흔들리지 않으려고 했다.

    이제 나는 광야에 드러누워도
    시대에 뒤떨어지지 않는 나를 발견하였다
        시대의 지혜
    너무나 많은 나침반이여
    밤이 산등성이를 넘어 내리는 새벽이면
    모기의 피처럼
    시인이 쏟고 죽을 오욕의 역사
        그러나 오늘은 산보다도
        그것은 나의 육체의 융기

    이제 나는 광야에 드러누워도
    공동의 운명을 들을 수 있다
        피로와 피로의 발언
    시인이 황홀하는 시간보다도 더 맥없는 시간이 어디 있느냐
    도피하는 친구들
    양심도 가지고 가라 휴식도—
    우리들은 다 같이 산등성이를 내려가는 사람들
        그러나 오늘은 산보다도

그것은 나의 육체의 용기

—「광야」 부분

요즘, 광화문 광장은 맞불 집회로 하루도 조용할 날이 없다. 국민은 연일 뉴스특보에 귀 기울인다. 광장에 모인 시민들. 태극기와 깃발. 촛불과 응원봉의 불빛. 찬반의 양극 갈등은 격해졌다. 아무 말 대잔치와 뻔뻔함. 국가는 산으로 갈 것 같다. 문화, 예술계에도 시국 선언을 위해 연합하여 광장에 모였다. 소신 발언과 촛불 집회는 MZ세대들의 문화와 어우러져 자신만의 표현 방법으로 집회 문화를 바꾸었다. 연예계에서도 서로 다른 정치 색깔로 인해 갈등을 빚기도 했다. 이러저러한 요즘, 난 '정치적 올바름(Political Correctness, PC주의)'에 대하여 다시 생각한다. 그리고 MZ세대들의 정치적 올바름을 추구하는 방식이 예전처럼 긍정적이지 않다는 것이 놀라웠다. 그중에, 관습으로 내려온 남성 우월적 사상과 폭력적인 언행에 대한 인식과 개선 요구에 대하여 기성세대들이 수용하려는 태도를 보였다면, 요즘 청년들은 그 PC주의에 불편한 감정을 느끼고 있다. 사회 구조와 연관이 깊다 보니 정치적 성향과 자연스럽게 같이한다. 특히 이대남(20대 남자)의 주장이 이채로웠다. 사회 차별과 폭력, 고정 관념의 언어에서 권위적 의미와 표현을 바로잡으려는 주장과 이대남의 반발로 PC를 거부하는 집단이 커지는 것이 사실이다. 다문화와 다양성, 포용하려는 시각을 언어와 콘텐츠에서 기능적으로 확산시키려는 것을 예민하게 반응하고 거부한다. 오히려 차별을 받는다고 대응하기도 한다. 폭력, 성별, 인종, 인권 문제에 대한 문학, 영화에서 표현을 두고 동의를 강요받는다고 한다. 20대 남성 청년들의 미래는 불안하다.

다양성을 포용할 마음이 없다. 그만큼 사회는 불안정하고 각자도생해야 하는 시대다. 이 얘기를 꺼내는 것은 현실 문제, 구조적인 문제에 대한 저항이 김수영이 가지는 시 세계와 크게 다르지 않기 때문이다. 억압받는 민중의 생명력을 표현하였다고 평가받은 김수영의 유작이며 대표작 「풀」을 어떻게 재해석할 수 있을까. 김수영은 찬사와 비판을 동시에 받았다. 김수영 산문집에 보면 "나는 여지껏 나의 작품에 대해서 정확한 판단을 내린 비평을 본 일이 없다."고 적혀 있다. (물론, 앞뒤 문맥에 따라 적절한 예가 아닐 수도 있지만) 해석은 독자의 몫이고 비평 역시 창작의 범위에 들어가므로 열린 해석, 다양한 해석에 대해 긍정적으로 본다. 김수영의 시를 좋아하는 나로서는 김수영을 영웅화하였다는 비판에 대해서 인정하지는 않지만, 쉽게 반박하지 못했다. 오히려 깊이 생각해보는 계기가 되었다.

얼마 전 넷플릭스에서 〈오징어게임〉 시즌 2가 공개되었다. 난 단숨에 전편을 이어서 보았다. 호불호가 엇갈리며 논란이 되기도 했는데 난 좋은 평가를 해주었다. 그러면서 한 가지 가슴 깊이 꽂혔던 대사가 있다. '프론트맨'과의 목숨을 건 치열한 대결로 무수한 인명 피해를 보게 된 기훈에게 프론트맨이 한 말은 "영웅 놀이 재미있었냐?"는 것이었다. 죽음의 게임을 멈추게 하려는 주인공 기훈의 목적은 본질이 흐려지고 있었다. 시즌 1에서 최종 우승을 하고 상금을 받게 된 기훈은 행복을 누리며 살기보다 다시 게임에 참가한다. 희생자를 두고 볼 수 없는 기훈. 게임을 멈추려는 기훈의 목숨을 건 사투. 마치 혁명가의 모습으로 변한 기훈의 욕망은 무엇일까. 민주주의라는 본질에 대한 접근이 필요한 때라고 생각한다. 정의가 이 사회에 있기는 한 것일까. 서로 피해 주지 않고,

피해 보지 않는 개인주의. 합리적인 방식의 개인주의는 자신의 영역 안에서 행복을 꿈꾼다. 희생을 강요받고 싶지 않은 세대는 희생이 미덕이라고 생각하는 세대와 갈 길이 다르다. 폭력 없는 사회를 만들기 위해 폭력을 사용하지 않았는지. 공정한 국가를 만들려고 공정하지 않은 방식은 아니었는지. 각성과 검열로 자각하기를.

 멀쩡한 치아를 스스로 뽑으며 자유를 외칠 수밖에 없던 김수영을 생각한다. 모더니즘의 시를 쓴 김수영이 4·19를 겪으며 달라진 시적 변화에 대하여 진정성 있게 본다. 현실 의식을 왜곡하거나 비판적으로 보지 말기를 바라는 마음이다. 다양한 시의 분류는 문학적 생태계라고 생각한다. 서로 비난할 이유가 전혀 없다. 난해하고 무슨 말인지도 모르는 것이 어떻게 시가 되느냐고 한다면, 시가 꼭 이해가 요구되는 것인가에 대해 다시 생각해보기를 바랄 뿐이다. 사회 참여에 관해서 자기 자신을 각성하고 검열하는 과정을 무수히 반복하며 괴로워했던 김수영의 시를 읽으며, 시인의 언행일치에 대하여 생각한다. 난 부끄러움을 느낀다. 못 쓴 시보다 불성실한 시를 가장 싫어했던 김수영은 죽어서도 지금, 치열하게 살고 있다. 성실한 예술가의 삶이란, 성실한 관습을 무너뜨리는 것에서 출발한다. 그러므로 나는. 치열하게 성장하고 있다. 열심히 앞으로 나아가고 있다. 김수영이 아방가르드한 여인이라고 불렀던 김현경 여사님의 건강을 기원한다.

김현경 여사의 선물

함동수

김 여사는 올해(2025)로 99세 백수(白壽)를 맞이했다. 김수영 시인이 1921년에 태어나 1968년에 불의의 사고로 47세에 돌아가신 것을 안타까워 대신해 곱절로 그 생애를 사신 것은 아닌가 하는 생각을 한다. 그러나 인생이 생로병사를 피해 갈 수 없는 것처럼, 작년 11월 이후 2025년 1월 현재까지 (자택에서 넘어져 대퇴부골절) 계속 병원에 입원 상태로 계시며, 김 여사께서도 '이젠 갈 때가 되었다'는 말을 수시로 하시는 걸 보면서, 부디 100세의 상수 축하연을 기대해본다. 또한 그간 김 여사와 함께 여러 해 시간을 보내면서 접했던 여러 가지 사연과 주고 받았던 의미 있는 징표들에 대한 소회를 거론하고자 한다. 지금은 그 모든 것들이 그분과의 함께 한 시간들과 함께 소소하지만 뜻있고 따듯한 선물이라 생각한다.

이탄희 의원 응원 메시지

> 앞 장 서서 행복한 시대를
> 열어가는 젊은 지도자
> 이 탄 희 판사의 당선을 절대
> 支持 합니다.
>
> 2020. 4. 4.
> 金洙暎 詩人의아내
> 김 현 경

2020년 총선이 한창 무르익을 무렵 김 여사의 주거지 용인 마북동 등에 이탄희 전 판사가 도전을 했는데, 이미 세평에 젊고 아주 쓸 만한 신인이 도전 중이라는 소식을 듣고 응원문을 써서 내게 주셨다. 모두가 기대한 대로 그는 무난히 당선이 되었고 당선 후, 부부가 함께 마북동 댁을 방문하여 감사 인사를 전해왔다. '선생님의 응원과 격려로 무난하게 당선되었다'며 응원의 뜻에 따라 멋진 정치를 해보고 싶다고 포부를 밝혔었는데, 역시 그는 처음부터 끝까지 기대를 거스르지 않고 항상 민의에 척도를 두고 임기를 마쳤다. 그러나 초선을 끝으로 큰 정치를 해보겠다고 잠시 재선 도전을 멈추었는데, 향후 차기 지도자로 촉망받는 정치인 중에 한 명이 될 것이다. 따라서, 근래 복잡한 정치 상황에 신선한 그의 출현을 모두가 기다리고 있다.

김 여사의 의미심장한 메모지

언젠가 김 여사 댁에 가서 함께 옛 앨범을 넘기던 중에 첨부와 같이 김 여사의 친필 메모지가 한 장 튀어 나왔는데, 보기에 심상치 않아 읽어보니 귀한 자료가 될 것이라 생각하고 얼른 챙겼는데, 그걸 보고서도 여사께서는 그냥 묵인하시는 게 아닌가. 그런데, 두고 다시 읽어봐도 의미심

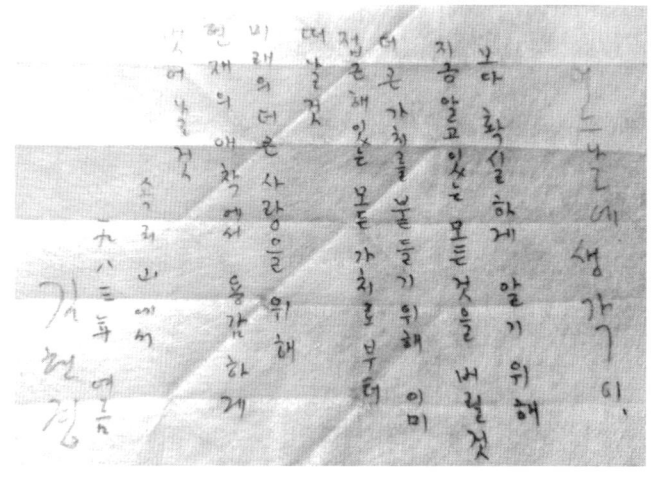

장한 내용으로서 1983년 이쯤이면 40여 년 전, 그러니까 김 여사께서 57세가 되는 해가 되는데 그 후, 이 내용에 대해 자세하게 질문하는 기회가 마땅치 않아서 알 길이 없었다.

어느 날 생각이 ~
보다 확실하게 알기 위해 지금 알고 있는 모든 것을 버릴 것
더 큰 가치를 붙들기 위해 이미 접근해 있는 모든 가치로부터 떠날 것
미래의 더 큰 사랑을 위해 현재의 애착에서 용감하게 벗어날 것.

속리산에서
1983년 여름
김현경

그 시기가 아마 충북 보은쯤에 계실 때가 아닐까 하는 추측을 하면서 기회가 닿으면 질문을 해서 궁금증을 풀어보고 싶은 생각이었는데, 마

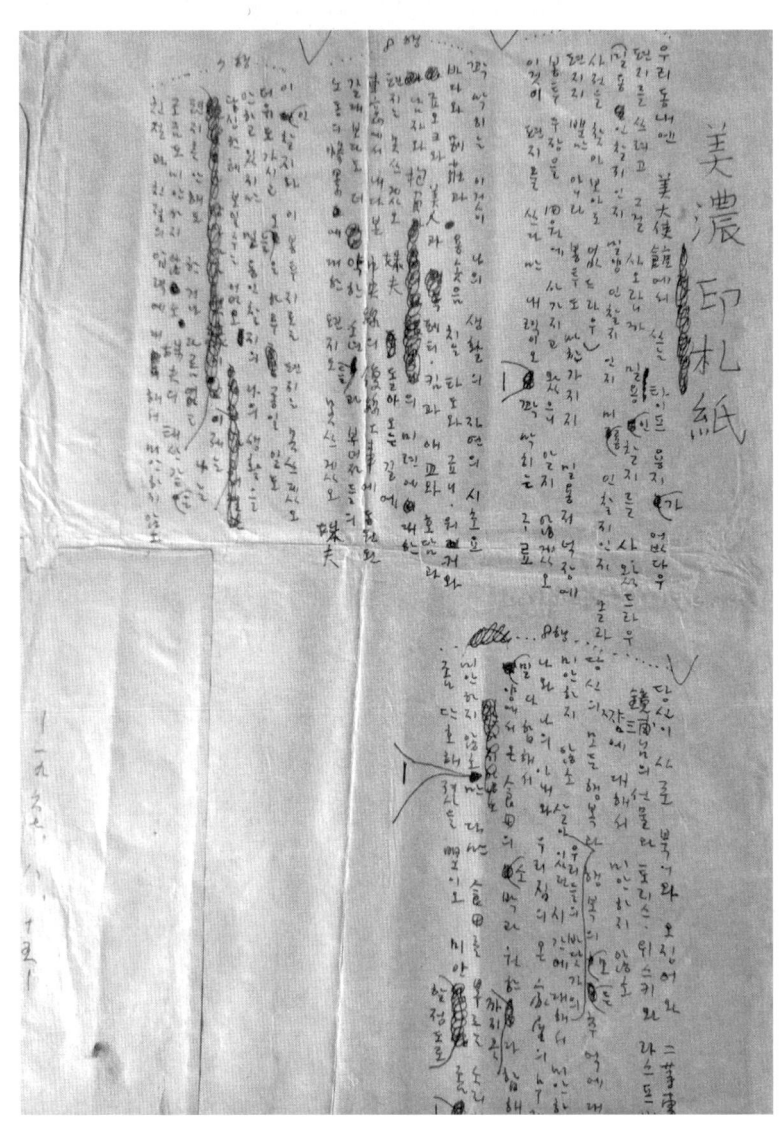

침 새해 인사 겸 용인효자병원에 입원하신 김 여사를 면회하는 자리에서 조심스레 문의하니, 그때가 맞다고-따라서, 보은 쪽의 일을 끝내고 별도로 마음 정리를 위해 속리산을 갔을 때 써둔 메모장이라고 확인해주셨다. 당시 보은 박물관 일은 열정으로 진행하였고 어느 정도 성과가 나기 시작했는데, 예기치 않게 정리하게 된 스토리는 김 여사 댁을 드나든 문인이라면 대강 들어본 기억이 있었으리라 생각하니, 안타깝고 아쉬울 뿐이다.

김수영 시인의 친필 사진과 복사본

김현경 여사님 댁에 문인들이 드나들면서 김수영 시인에 관한 서적이든 사진이든, 자료들을 심심치 않게 접하고 있는 실정이지만, 특히 그의 귀한 친필 원고는 커다란 복사본으로도 몇 가지를 준비해놓아서 여러 차례 목격도 하고 심지어는 들고 사진도 찍은 경험이 있을 것이다.

또한 그 외에도 특별한 경우에는 그간 교과서에서만 보아온 시들의 친필을 구경하곤 사진을 찍어서 보관하는 경우도 있었다. 옆의 견본과 같이 사진 상태가 너무 좋아서 복사처럼 명료한 것도 있다. 이 사진 사본을 놓고 전집을 펼쳐 원본과 대조하며 읽어보는 재미는 이런 경우가 아니면 그 누구도 맛볼 수 없는 특혜가 아니던가. 그러면서 느낀 점은 어차피 시작(詩作)은 어느 누구나 쓰고 수정하고, 다시 쓰는 작업을 수도 없이 반복하고 있다는 점이다.

김수영 시인 같은 대가들도 이와 다르지 않았다는 것을 보며, 또 한 번 반성의 시간이 되었다.

노리다케 접시

김수영 시인의 시에 「의자가 많아서 걸린다」라는 시가 있다.

> 의자가 많아서 걸린다 테이블도 많으면/걸린다 테이블 밑에 가로질러놓은/엮음대가 걸리고 테이블 위에 놓은/美製 磁器스탠드가 울린다//마루에 가도 마찬가지다 피아노 옆에 놓은/찬장이 울린다 유리문이 울리고 그 속에/넣어둔 노리다께 반상세트와 글라스가/울린다 이따금씩 강건너의 대포소리가
>
> ― 김수영, 「의자가 많아서 걸린다」 부분

이 시(詩) 중에는 노리다케 찻잔이 울린다는 부분이 나오면서, 예민하던 김수영 시인의 신경이 마루 바닥이던 서재의 바닥을 걸으면 삐걱거리던 소음과 심지어는 탱크가 지나간다고까지 짜증 섞인 호소를 하는 광경으로, 울려대던 그 찻잔 세트 중에 길쭉한 접시가 끼어 있었다. 김여사는 김수영 시인의 유품인 이 세트들을 평시에도 사용하고 있었는데, 2019년 여름 그 접시를 용감하게도 꺼내서 수박을 썰어 먹는다고 부엌칼을

들이밀었을 때, 어딘가 숭덩 하는 느낌에 앗차! 싶어 다시 보니 유물인 그 접시가 두 동강이 나고 말았다. 아~ 이 일을 어쩌나? 하며 황당해하고 있었는데, 다행히 김 여사께서는 이미 생활 용기로 사용하던 중이었으니, 별수 없다며 찬장에 넣어두었다. 그러나 한동안 송구스런 마음에 몸둘 바를 몰랐는데, 얼마 후 다시 댁에 갔을 때 그 접시 유품을 버리지도 못하고 깨진 그대로 찬장에 있어서 김 여사님께 부탁을 드렸다. 유품을 파손한 죄 무한하나 저리 두면 두고 죄 지은 이 생각날 텐데 "차라리 저를 주세요 그러면 제가 유품으로 간직하겠습니다" 했더니, 그것도 괜찮은 생각이라며 깨진 쪽을 붙여서 그 바닥에 해당 시를 쓰고 또한 유품 깬 놈에게 준다는 글까지 써서 돌려주셨다. 비록 유품을 손상시킨 죄인이지만 결국엔 김수영 시인의 귀한 유품을 간직하게 된 후배 시인이 된 것이다. 지금도 노리다케 세트에서 그 접시가 빠진 것이 송구스럽기 그지없지만, 그로 인해 언감생심 김 시인의 유품을 지니게 된 것은 개인적으론 크나큰 의미를 소유하게 된 것이다. 앞으로 잘 보관하면서, 후일에 김 시인의 시를 알려주는 일이 있으면 후배들에게 이 모두를 생생하게 들려주고 싶다.

김수영 시의 필사본

    2013년경 김 시인의 중요 시 중에 7~8편 정도를 시화하기 좋으리만치 적절하게 축약해서 A4지에 김 여사께서 친필로 시를 써주신 적이 있다. 그를 확대해서 액자에 넣었더니 훌륭한 시화(詩畵)가 탄생했다. 또한 시골집 문짝을 얻어다 크기에 맞게 확대해서 뜻있는 시화전을 한 적

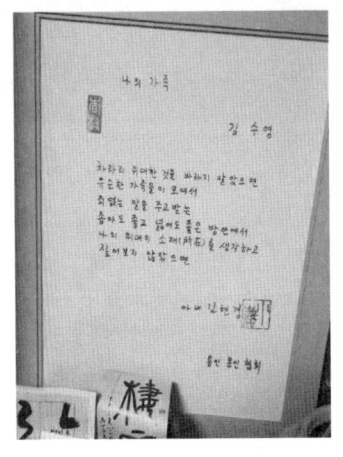

도 있다. 그리고 시화가 끝난 후, 〈나의 가족〉이란 시화는 김 여사께 선물로 드려서 지금껏 남아 있는 것이 그것이다. 당시 김 여사가 용인에 거주하는지도 모를 때, 김 시인의 작품을 전시한 것은 파격적인 기획이었다. 이것이 시발이 되어 김수영에 관한 문학행사 때가 되면 여건상 참가자들에게 특별히 드릴 만한 선물이 없어 고심했는데, 이후에는 김 여사의 친필로 써서 낙관을 찍고, 컬러 복사를 해서 클리어 파일에 넣고 봉투에 담아 배부하니 그나마 구색을 맞춰 미안함이 조금은 덜어지는 느낌이었다. 그후엔 컬러지로 복사를 해보니 작품이 더욱 값지고 정말 선물 같은 느낌이 들었다. 그 원본들은 모두 내가 갖고 있는 것은 두말할 나위도 없다.

김현경의 쥘부채 – 상주사심(常住死心)

2020년 어느 날 용인의 모 기자와 함께 김 여사 댁을 방문하였는데, 내 가방엔 백지의 여름 쥘부채가 두 개 있었다. 여기에 김 여사는 김수영 시인의 평소 좌우명인 상주사심(常住死心)을 써주셨다. 그러곤 평소 쓰시던 그의 낙관을 찍어 완성해주었다. 지금 보니 그날이 4월 19일이었나 보다. 평소에도 책 간지에 상주사심을 여러 번 써주신 기억이 있지만, 일반 백지에 쓴 것보다 쥘부채에 담긴 글씨와 뜻이 훨씬 의미 있

고 단호해 보인다. 순
백하게 세상을 살아가
자고 항상 최선을 다
한 김수영 시인의 좌우
명 상주사심(常住死心),
어느 누구도 벗어날 수
없는 좌우명으로 삼
을 만한 문구라 생각한
다.

　다시 보아도 흔하지 않은 삶의 지침서 김수영 선생과 김 여사의 뜻있는 선물 '常住死心' 두고두고 음미해본다.

김수영 시인 초상화 걸개

　어느 날 김 여사 댁에 가니 커다란 두루마리를 하나 내오셨다. 곧장 펼쳐보니 언젠가 행사 때 쓰신 거라는 대형 플래카드형 초상화였다. 크기가 가로 약 1.5미터 세로가 약 2미터를 넘어서서 일반적으로 들고 서기가 부담스런 크기였다. 이를 내게 가져가라는 것이다. 이를 들고 집으로 와서는 한쪽에 잘 보관하다가 김수영 50주기 추모행사 등에서 사용도 하였고, 어디선가 '경기시낭송협회'의 공연이 이루어질 때, 이 플래카드를 긴 막대에 받쳐서 들고 공연을 한 적이 있었다. 한 시간 내내 흔들리지 않게 막대를 들고 무대 노릇을 한 적이 있었다. 그후 의왕시에 있는 어느 교회에서 김수영 시낭송 행사로 플래카드를 쓰고는 그곳의 남기선

시낭송가가 보관 중으로, 아직 회수를 못하고 있다. 향후 언젠가 김수영 시낭송회 등 행사를 한다면, 이 걸개 플래카드는 그 역사와 더불어 또다시 김수영 시인의 유물로서 빛을 발하게 될 것이다.

2025년 구정을 지난 이틀 후(1월 31일) 김 여사가 입원해 있는 용인 '효자병원'을 방문했는데. 예전과는 다르게 병실 면회가 허용되었다. 하긴 면회를 오면 다시 휠체어로 옮겨 타고 면회실 오는 것도 쉬운 일은 아니다. 병실 침대에서 맞이하는 면회도 의미는 있다. 단지, 그 면회마저 운동하는 기회를 또 없애버리는 느낌이 들어 예전보다 더 쇠약해지신 것은 아닌지 걱정이 앞선다.

문제는 골절되어 수술한 부분에 차도가 없어서 제대로 일어나 걸을 수가 없고, 이 때문에 한두 숟갈에 그치는 식사의 반복은 결국 영양 부족 등으로 체중을 감소시켜 병상에서 영원히 일어날 수 없게 만드는 요양병원의 한계를 지니고 있다는 점이다.

오늘도 김 여사를 만나 한 대화의 주요 줄거리는 "죽는 것은 겁나지 않다, 살 만큼 살았고 그리고 불구덩이에 한 번 들어갔다 나오면 그만이다"였다.

그래도 아쉬운 것은 '김 시인에 대한 생각'이다 '곧 그를 만난다는 생각 그것뿐'이다.

오늘은 비록 짧은 시간이지만 여러 얘기 중에 '아주 먼 기억과 멀리 갈

곳에 대해' 깊은 대화를 한 것 같다. 그리고 헤어질 때는 '서로 힘내고 파이팅!' 하며 두 주먹을 흔들었다.

  부디, 김 여사님의 건강이 회복하시길 기원하고 응원한다.

시로써 삶을 완성한 거대한 뿌리

함진원

　김수영 시인은 힘든 시기를 살면서 온몸으로 어려움을 이기고 죽음의 시간을 견딘 과정은 혹독하였다. 연극에서 문학으로 전향하면서 『예술부락』에 시 「묘정의 노래」를 발표하면서 적극적인 시 쓰기를 한다. 결혼 다음 해 6·25전쟁이 일어나 의용군에 끌려가 두 달 만에 훈련소에서 탈출해 서울로 돌아왔지만 경찰에 체포된다. 거제포로수용소에 수용되어 석방되기까지 자유 없는 죽음과 마주한 시간이었다. 생계를 위해 번역 일을 하면서 생활이 곧 시가 되고, 시가 곧 생활이었다. 사방은 어둡고 서러운 시간을 보낼 때 시가 찾아오면 시를 쓰고 아내는 가족과 남편 뒷바라지를 하면서 양계 일을 오랫동안 하였다. 채마밭으로 둘러싸인 구수동 집은 전쟁을 겪으면서 지친 시인의 몸과 마음을 안정시켜준다.
　3·15 부정선거와 4·19 혁명이 일어나 현실의 고통을 겪은 시인은 자유와 저항을 향한 개성 있는 시를 발표한다.「하……그림자가 없다」「우선 그놈의 사진을 떼어서 밑씻개로 하자」「기도」「육법전서와 혁명」

「푸른 하늘은」, 「만시지탄은 있지만」, 「가다오 나가다오」, 「허튼소리」 등 활화산처럼 터져 나오는 혁명의 열기와 보폭을 같이한다. 죽으면 죽으리다 용기로 불의와 맞섰던 시간은 정직한 시가 되었다. 규범적 의미의 시를 부정하고 힘든 현실을 넘어 자유에 이르고자 했던 시인은 그때 사십 세. 결코 뒤로 물러서지 않는다. 5·16 군사 쿠데타가 일어나고 불의를 보면 가만히 있지 못한 시인은 더욱 열정적인 몸으로 시를 써서 발표한다. 가족과 헤어져 죽을 고비를 넘기며 살아서 돌아온 시인은 전쟁의 아비규환을 경험하였고, 쿠데타를 겪으면서 비참한 현실을 시로 말할 수밖에 없었을 것이다.

1959년, 김수영 생전에 출판된 처음이자 마지막 시집 『달나라의 장난』이 춘조사에서 출간된다. 독보적인 시를 쓰면서 자유로움으로 생명처럼 진실하게 시를 썼다. 때로는 엄격하게 '산고(産故)'를 치른다 말하면서 온몸으로 시를 쓰며 마지막 작품 「풀」에 이르기까지 한 편이 완성될 때마다 식구들도 함께 산고를 치렀다. 아내의 헌신과 가족 사랑이 고독한 시간을 이겨낼 수 있도록 도와준 덕분에 지금까지 교과서처럼 읽고 있는 시와 산문으로 남아 있다. 손재주가 좋은 아내는 가난한 살림으로 남편 옷과 아이들 옷을 만들어 입혔다. 독특한 디자인으로 입소문이 나면서 열심히 옷을 만들고 부지런한 섬김으로 든든한 울타리가 된다.

김수영 시인은 궁핍한 생활과 분단 현실이 고통스러워 자유를 원하는 깊은 고통을 시로 썼다. 시를 쓸 때는 별다른 준비를 하지 않고 담뱃값 덮개에 메모하는 버릇이 있어 마지막 원고가 완성되면 만년필로 노트에 옮겨 적었다. 잡지사 원고료 액수, 사야 할 책 이름, 아이들 학비 낼 날짜, 액수, 전화번호, 약 이름, 약방 이름, 외상 술값을 적어두었다.

'시인은 시를 쓰는 사람이지 시를 논하는 사람이 아니며 혹시 시를 논할 때도 시를 쓰듯 논해야 한다'고, 자기 생각이 논리정연하였다. 시작(詩作)은 머리로 하지 않고 심장으로도 안 하며 몸으로 하는 것이라고 말한 시인은 예언적 선견을 지닌 안목이 있던 것은 확실하다. 시는 온몸으로 밀고 나가면서 그림자를 의식하지 않는데 모깃소리보다 더 작은 목소리로 시작하고 아무도 하지 못한 말을 새롭게 하는 것이다. 아무도 하지 못한 말을 하는 것은 비로소 자기 목소리로 세상을 향해 온몸으로 쓰며 나가는 것이 시라고 우리에게 일침을 준다. 몸으로 견디면서 시대 상황과 겸손이 깃들인 생생한 언어가 꽃피운 결실이 살아 있는 시로 피어나, 김수영 시인은 현인이 틀림없다.

 그는 살아가기 어려우면 피곤과 권태에 지쳐서 허술한 술집에 갔다. 거기에서 느낀 정서를 노트에 기록해 시를 쓰면서 세상에 대한 울분을 토해냈다. 「거대한 뿌리」「만용에게」「여름 아침」「폭포」「금성 라디오」 시를 읽으면 따뜻한 평범성을 노래하였다. 특히 시 「거대한 뿌리」는 '전통은 아무리 더러운 전통이라도 좋다'라는 문장 앞에 숙연해진다. 서양 문명을 쫓는 것보다 먼저 우리의 것, 우리의 사상, 우리의 전통을 목소리를 높였다. 농부와 시인으로 살림을 적은 시가 「여름 아침」이다. 타계하기까지 서강 언덕에서 10년의 역사를 만들어간다. 아내는 반지를 팔아 살림하면서 생활에 여유가 생기자 창작을 할 수 있도록 넓은 원목 책상을 들여놓고 책상 의자에 앉아 있기를 시인은 좋아하였다.

 시를 기다리는 자세로 성숙해간다는 체험이 교만하지 않기를 조심하고, '모든 사물을 내부로부터 보면 모든 일은 행동이 되고 기쁨이 된다' 말했던 큰 시인. 살아서 다시 살기 위해 날마다 생이빨 한 개씩 뺐을 때의 고통 앞에 마음이 아팠다. 그것도 한 개만 빼지 않고 계속 뺀 것은 얼마만큼 죽음의 문턱에서 생과 사를 오갔는지 짐작이 간다. 고통이 깊어갈수록 참혹한 현실 앞에서 강인한 정신력으로 견딘 시간이 시를 쓰게 하였고 끝까지 시를 버리지 않았던 진실한 시인이다.

지금도 우리에게 시인이여 절망하지 말고 일어나서 곧은 시의 정신으로 현실과 타협하지 말고 나아가라 말한다. 우리는 지금 고난 중이고 암울한 시간을 건너고 있다. 그러나 봄은, 봄날은 반드시 돌아올 것을 확신하며 견딘다. 거짓으로 포장된 고여 있는 시는 사라지고 자긍심 높은 푸른 깃발의 절대 고독으로 시를 쓰고 있는지 우리에게 묻는다. 온몸으로, 생활로 보여준 김수영 시인의, 나는 스승도 없었고, 선배 시인한테 사숙한 일도 없고, 해외 시인에게서 영향을 받은 시인이 없었다는 고백은 내게 울림으로 다가왔다.

지극히 평범한 일상어를 가지고 쉽게 쓰면서 감동을 주는 시 세계를 개척하며 현실에 얽매이지 않고 자기 언어로 노래하였다. 창작의 고뇌가 치열할수록 만취가 되어 집에 오면 거지가 되고 싶다고 외친 순진무구한 시인. 김수영 시인이 남긴 시 전집과 산문 전집을 다시 읽으면서 나의 구태의연한 생활을 반성하였다. '일어나서 시인이여 외쳐라', 외침은 곧 봄이 온다는 것, 희망의 소리로 찾아오는 아침은 밝아오리니 두려워 말고 나아가라, 우리에게 말한다.

일 년에 열 편에서 열세 편 정도 시를 쓰고 몸부림으로 진통을 겪으면서 작고하던 그해 1968년 5월 29일 마지막 작품 「풀」을 완성했다. 바람이 불던 날 무성한 뜰에 풀들이 바람에 나부낄 때 시인은 하이데거 전집을 읽으면서 자신만만하게 '나는 진짜 시인'이라고 아내에게 말하였으니 한 세기에 한 명 나올 정도로 뛰어난 민족시인이다.

　시인으로서 시 정신의 끝은 존재에 대한 사랑이다. 안일과 무위(無爲)를 극도로 거부했으며 오직 참되고 아름다운 정신의 지표를 향해 끝까지 고독을 지키면서 견고하게 실천한 사람이 김수영 시인이다.

　정직한 삶을 이루기 위해 거대한 뿌리로 시들지 않는 풀의 정신이 우리 곁에 있으니 얼마나 큰 행복인지 모른다. 평생 동지로 한 방향을 바라보며 굳건히 인내하면서 마음을 다한 김현경 여사님이 존경스럽다. 시인의 아내로 살아온 시간은 김수영 시인의 시 8할을 한 길로 견디면서 보살핀 헌신으로 모아진 것이다. 김현경 여사님이 올해 백수를 맞이한다. 시인의 곁에서 좋은 시를 쓸 수 있도록 역경을 이겨내고 당당하게 김수영 시인의 아내로 희생한 모습은 큰 울림이었다.

　시인의 좌우명은 '상주사심(常住死心)' 늘 죽음을 생각하며 삶을 살아야 한다. 즉 살아 있는 목숨을 고맙게 생각하며 아름답게 살라는 뜻이다.

　'시를 쓰는 일은 인류를 위한 일이고 나는 인류를 위해 시를 쓴다'고 말한 시인은 자신의 운명을 이미 알고 있었는지 모른다. 온몸으로 마음을 다해 시를 쓰며 시를 사랑한 시인.

　1968년 6월 15일 밤 귀갓길에 집 근처에서 불의의 사고로 영면에 들었다. 그때 시인의 나이 47세. 애석하고 원통하고 안타까운 그날을 어찌 잊을 수 있겠는가. 치열한 삶을 성실함으로 살았던 시인은 떠났지만 열정으로 남긴 시는 지금도 영원히 빛나고 있다.

　시인의 스승은 현실이었고 시로써 삶을 완성한 거대한 뿌리는 푸르게 넌출거리는 희망으로 우리는 새봄을 지금 기다리고 있다.

제 4 부

김수영 시인의 결혼과 피난 생활

김현경 · 맹문재

일시 | 2018년 5월 11일 및 18일
장소 | 경기도 용인 자택

맹문재 김수영 시인과 언제부터 이성적으로 만나게 되었는지요?

김현경 1947년 5월에 내가 관계된 배인철 사건이 일어났잖아요. 그래서 내 주위의 문인들이 경찰에 불려가 고초를 겪었고, 나도 낙인이 찍혀 활동하기 어려웠어요. 학교에서도 제적되었구요. 그런데 몇 달 있으니까 김수영 시인이 찾아왔더라구요. 공부를 해야 된다고 나를 달랬어요. 나는 그때 헉슬리의 소설을 읽고 있었고, 김 시인은 『카라마조프가의 형제들』을 읽고 있어 서로 바꿔가며 보았어요. 시를 써서 나누어 읽기도 했지요. 그때 김 시인은 일본어로 시를 쓰다가 한국어로 쓰기 시작한 때였어요.
　김 시인이 8월 초순 즈음 치질 수술을 했어요. 김 시인이 종로5

가에 있는 고모님 댁 뜰 아랫방에서 기거하고 있었는데, 하루는 가보니까 많이 아파했어요. 그래서 그냥 있을 수 없어 택시를 불러 병원으로 간 것이지요. 입원을 한 것은 아니고 수술한 뒤 몇 시간 있다가 집으로 돌아왔어요. 그 뒤 한 달 정도 병원에 데리고 다녔어요. 그렇게 고모님 댁에서 밥을 해 상을 차리고 간호하면서 동거를 한 것이지요. 고모님은 소녀 과부인데 신장이 나쁘고 허리가 꼬부라져 있었어요. 따라서 고모님 식사까지 차린 셈이지요.

김 시인은 나와 있기 전까지 충무로에 있는 어머니한테 가서 밥을 얻어먹고 고모님 댁에 와서 주로 지냈어요. 충무로에 있는 '유명옥'이란 설렁탕집이 김 시인의 집이었어요. 장사가 아주 잘 되었어요. 도봉동의 묘지기 아들인 만석이가 와서 시중을 들었을 정도예요. 시어머니가 인물이 좋았어요. 음식 솜씨가 좋았고 말씀도 재미있게 하셨어요. 한복을 입고 장사를 하셨는데 손님들에게 인기가 많았어요. 그 식당집의 지붕 밑에 방이 하나 있었어요. 사닥다리를 타고 올라가야 했어요. 김 시인이 거기에 가끔 있다가 고모님 댁에 와 있었어요. 고모님 댁에서 자고 아침에 일어나 충무로에 가서 밥을 먹고 어머니한테 찻값 정도 얻어 명동 등을 돌아다니다가 다시 고모님 댁으로 돌아오고 한 것이지요. 그곳이 아지트인 셈이어서 문인들이 찾아오기도 했는데, 김 시인이 성격이 까다로워 방에는 잘 들이지 않았어요.

맹문재 김수영 시인의 치질 수술이라는 뜻밖의 일로 가까워지기 시작했네요. 운명적인 만남이라는 생각이 드네요. 그 뒤 순조롭게 결혼

을 했는지요?

김현경 김 시인을 간호하면서 나는 가진 돈을 다 썼어요. 그래서 김 시인이 수술한 날 집에 들어가지 않고 어머니한테 전화로 사정했어요. 친정어머니께서 다음 날 민어를 한 마리 사 가지고 오셨어요. 갈아입을 옷도 가져오셨구요. 용돈도 좀 주고 가셨어요. 그런데 병원비며 반찬값이며 담뱃값 등으로 금방 돈을 다 쓸 수밖에 없었어요. 그래서 집으로 갔지요. 아버지께서는 바쁘니까 집에 안 계셨어요. 어머니가 돈을 안 주시더라구요. 그래서 어머니 찬거리를 사러 나간 사이 다락에 올라가 피륙을 꺼내왔지요. 그렇게 두 번을 가져다가 팔았는데, 세 번째 들켜서 혼났어요. (웃음)

한 달 정도 있으니 수술한 부위가 꾸둑꾸둑 아물었어요. 결핵성 암치질이어서 완전히 아물지는 않았지만 걸을 수 있게 되었지요. 찬바람이 불 즈음에는 외출도 했어요. 그런데 하루는 김 시인이 외출하고 돌아오더니 암만해도 우리는 같이 못 있겠다고 하더라구요. 사람들이 수군거려서 안 되겠다고 했어요. 앉아서 정색을 하고 말하는 것이 아니라 돌아누워서 얼굴을 안 보인 채 얘기를 했어요. 김 시인도 우는 것 같더라구요. 그전에도 데이트를 할 때 명동처럼 사람들이 많이 모인 데는 못 갔어요. 배인철 사건으로 인해 내가 낙인이 찍혔으니까요. 김 시인도 사건 용의자로 의심받을 수 있었지요.

나는 김 시인의 말을 듣고 아무 말도 못 했어요. 내가 죄인이니까요. 그렇지만 자존심이 있어 아무 소리도 안 하고 보따리를 싸서 집으로 왔어요. 그런데 집에 들어서니 억울해서 못 참겠더라구요. 그래서 그냥 뒹굴며 통곡했어요. 그러니까 어머니가 달랬어요. 내가 자살이라도 할 것 같으니까요. 어머니는 "끝장나면 나는 것이지 뭐 그러느냐"고 하셨어요.

맹문재 그 장면이 눈에 선한데, 참으로 서글프네요. 배인철 사건으로 인해 외로운 처지에 있다가 의지할 수 있는 남자를 만났는데 그 일도 순조롭지 않았으니…… 어떤 점이 그렇게 억울했는지요?

김현경 정이 들었잖아요. 치질 수술을 하면서 볼 것 안 볼 것 다 본 데다가 한 달 간이나 간호하면서 정이 든 것이지요.

맹문재 그렇군요. 집으로 돌아온 뒤 어떻게 지냈는지요?

김현경 아버지께서 결혼은 좀 힘드니까, 뭐가 하고 싶으냐고 물으시더라구요. 그래서 불란서에 가고 싶다고 했어요. 소르본대학에 들어가야겠다고 생각했어요. 미국은 왠지 배신감이 들어 싫었어요. 불어 공부를 시작했어요. 이희영 불어학원에 들어가 불어 공부를 시작했어요. 공부가 잘 되더라구요. 아버지께서 돈을 두둑하게 주셨어요. 아주 비싼 캐시미어 코트를 사 입었어요. 누가 뭐라고 할 사람이 없었지요. (웃음) 이희영 선생이 자기 집도 돈암동이라고 해서 같이 다니기도 했어요.

맹문재 그러면 김수영 시인을 언제 다시 만나게 되었는지요?

김현경 하루는 학원을 마치고 집으로 가려고 종로4가에서 전차를 타려고 하는데, 누가 내 손을 꽉 잡더라구요. 돌아보니 김 시인이었어요. 헤어진 지 두 달 즈음 되었을까요. 자기가 서울대학교 의과대학 부속 간호학교에서 영어를 가르친다고 했어요. "오늘이 월급날이니까 같이 가자"고 했어요. 원남동에 있었는데, 야간 강의였어요. 나보고 자기가 강의를 하고 올 테니 벤치에 앉아 있으라고 했어요. 그래서 얌전히 앉아 있었지요. 왠지 싫지 않고 좋았고 반가워서 가슴이 두근거렸어요. 두 시간 강의인데 다 안 하고 일찍 나왔더라구요.

김 시인이 종로5가 고모님 댁으로 가자고 해서 갔어요. 그날부터 다시 동거를 시작한 것이에요. 그날 저녁 어머니한테 전화를 했어요. "나 오늘 못 가요. 만났어요." 딱 두 마디를 했어요. 어머니께서 화를 내시더라구요. 그런 소리를 들으면서 그냥 끊었어요. 나랑 헤어진 뒤 김 시인은 고모님 댁에서 나와 충무로에 있는 자기 집으로 들어가 살았대요. 그래서 시어머니께서 근처에 셋방을 하나 얻어줘 혼자 살고 있었대요. 문인들이 드나들기도 했나 봐요. 그런데 계약 기간도 채우지 못하고 다시 고모님 댁으로 간 것이지요.

다음 날 시어머니가 금반지를 해서 고모님 댁으로 오셨더라구요. 다섯 돈 되는 가락지였어요. 시어머니가 나보고 돈암동 집으로 가자고 하더라구요. 그래서 같이 갔어요. 시어머니가 우리 어머니를 보고 "어떻게 하느냐, 짝을 지어줍시다"라고 하셨어요. 어머니는 내가 배인철 사건도 있고, 김 시인을 간호하면서 정이 든 것을 알고 계셨으니 그러자고 하셨어요. 그래서 시어머니가 일숫돈을 얻어 돈암동에 어엿한 집을 마련해주셨어요. 부엌과 마당도 있고 건너편에 방이 또 하나 있었어요. 그래 내가 경기고등학교에 다니는 시동생 수경이를 데리고 왔어요. 시끄러운 충무로 설렁탕집에서 제대로 공부를 할 수 없잖아요. 그때가 1949년 11월 즈음이었어요.

맹문재   참으로 잘되었네요. 그러면 결혼식은 언제 올렸는지요?

김현경   친정에서 결혼식 얘기가 나왔어요. 시어머니도 결혼식을 올리자고 했구요. 친정어머니가 아버지께 얘기해서 결혼식 비용을 받았는데, 내가 가지고 있었어요. 그런데 내가 결혼식을 올리기 싫다고 했어요. 배인철 사건도 있고 해서 어디 절간이나 교회 같은 곳에서 조용히 하고 싶다고 했어요. 시어머니도 친정어머니도 납득을 하시더라구요.

그랬는데 2월 즈음 김 시인과 함께 부산으로 여행을 갔어요. 신혼여행이라고 볼 수도 있고 그렇지 않다고 볼 수도 있어요. 기차를 타고 부산에 가서 여관을 하나 정해놓았는데, 김 시인이 잠깐 일을 보고 들어오겠다고 하고 나가더라구요. 그런데 밤 12시가 되어도 들어오지 않는 거예요. 온갖 나쁜 생각이 들었어요. 고약한 사람으로 여겨지기도 했구요. 그래 잠도 못 자고 있는데 김 시인이 새벽이 되어 눈이 퀭해가지고 들어왔어요. 얘기하는데 밀선을 구하려고 갔었대요. 김 시인이 일본어도 잘하고 일본문학도 잘 아니까 일본으로 가면 살 수 있다고 생각해 밀선을 구하려고 나갔던 것이에요. 그래 주선한 사람을 따라 마산인가에 어딘가에 가서 진짜 출발할 배와 사람을 만났대요. 그쪽에서 돈을 줘야 배를 댄다고 해서 일단 돈을 건네고 아내를 데리고 오겠다고 했대요. 그쪽에서도 그러라고 했대요. 그런데 돌아오다가 생각해보니 아무래도 사기당한 것 같더래요. 알지 못하는 낯선 곳인 데다가 밤이어서 어디가 어딘지 알 수도 없잖아요. 그래서 돈을 건넨 데에 부리나케 가보니 아무도 없더래요. 두 사람이 완전히 짜고 김 시인을 속인 것이지요. 그렇게 터무니없는 일을 해서 돈을 다 날린 것이에요. 김 시인이 그렇게 어수룩한 면이 있어요. 그래서 그 이튿날 서울로 올라오고 말았어요.

맹문재 김수영 시인이 결혼하고 나서도 주위의 눈치를 볼 수밖에 없어 고민이 많았던가 봐요. 그래서 아는 사람이 아무도 없는 땅에 가서 살려고 했던 것이지요. 그 심정이 한편으로는 이해가 되네요. 서울에 올라와서는 어떻게 사셨는지요?

김현경 친정집에 가서 돈을 좀 얻어왔지만 금방 다 쓰게 되었지요. 그래서 수표동에 있는 두 아이들 가정교사를 했어요. 친정집 할머니의 동생이 있었는데 그분 딸의 아이들이었어요. 김 시인은 서울대학교 의과대학 부속 간호학교에 야간 강의를 계속 나갔어요. 그러다가 6·25전쟁이 났지요.

맹문재 김수영 시인을 비롯한 모든 분들이 한국전쟁에 큰 영향을 받았지요. 그 상황을 들려주시길 부탁해요. 『김수영 시 전집』에 보면 한국전쟁이 일어난 12월에 경기도 화성군 조암리로 피난 간 것으로 되어 있는데, 피난 가기 전에 어떻게 지내셨는지요?

김현경 6 · 25전쟁이 일어나는 바람에 시댁은 충무로에서 하던 설렁탕 장사를 그만둘 수밖에 없었지요. 그리고 여름에 김 시인이 의용군에 붙들려 가게 되었구요. 그래서 나는 친정집으로 들어갔어요. 그때 우리 집은 돈암동에 있는 양옥이었는데, 집이 좋았어요. 그래서 인민군 장교들이 우리 집을 점령하고 사무실로 사용했어요. 우리를 해코지는 안 하고 집의 한쪽 방을 쓰게 했어요. 장교들이 아주 점잖았어요. 물론 우리는 뒷문으로 드나들었지요. 그리고 집의 밭 끝에 초가집이 있었는데, 그곳에 아버지가 숨어서 지냈어요. 9 · 28 서울 수복 때 인민군들이 우리 집을 나갔는데 불은 안 질렀어요.

인민군이 후퇴한 뒤 숨어 있던 아버지가 밖으로 나왔어요. 그런데 같은 동네에 사는 탁 씨라는 아버지의 국민학교 동창생이 있었는데, 그 아들이 성북경찰서 형사였어요. 그가 우리 아버지를 잡아갔어요. 아버지에게 돈을 빌려달라는 등 귀찮게 했는데 안 들어주니 그렇게 보복을 한 것이에요. 아주 좋지 않은 사람이었어요. 아버지는 잘못한 것이 없다면서 그리 심각하게 생각하지 않으셨어요. 조병옥 박사를 많이 도와드리기도 했구요. 그런데 그 형사가 우리 집을 빨갱이로 덮어씌웠어요. 그렇게 해서 아버지께서 억울하게 돌아가셨어요. 몽둥이로 맞아 허리가 부러졌다고 해요. 언제 돌아가셨는지도 몰라요. 시체도 못 찾았어요. 아버지는 1901년 신축생 소띠로 시어머니와 동갑이었어요. 어머니는 1906년 병오년 말띠였지요. 우리 식구는 무서워서 수표동으로 급히 도망쳤어요.

맹문재 수표동에는 아는 집이 있었는지요?

김현경 아까 얘기한 친정할머니 동생의 딸 집이 있었어요. 우리와 한 식구처럼 지냈어요. 나중에 내가 부산에 내려갔을 때 광복동에 피난 가 있는 그 집을 찾아가기도 했지요.

맹문재 수표동에서 얼마나 있다가 경기도 화성군 조암리로 피난 갔는지요? 왜 조암리로 갔는지요? 어떤 교통수단으로 갔는지요?

김현경 수표동에서 한 달 정도 숨어 있다가 조암리로 갔어요. 조암리에는 친정어머니의 마름 집이 있었어요. 이름이 송기학인가 그래요. 그곳에 가면 방 한 칸은 줄 것이라고 생각한 것이지요. 친정어머니는 시집올 때 쌀 2백 석을 가져올 정도로 잘살았어요. 기대했던 대로 마름이 방을 한 칸 마련해주었어요.

수표동에 숨어 있을 때 돈암동의 집에 살살 가보니까 아무도 없는 거예요. 그래서 화장대 등의 서랍을 열어 이불 홑청에다가 쏟아붓고 싸서 수표동 집으로 조금씩 옮겼어요. 피륙은 다 가지고 왔어요. 그걸로 피난 생활을 할 수 있었지요. 수표동에서 조암리로 피난 갈 때는 지나가는 트럭을 하나 불렀어요. 그래서 짐을 싣고 간 것이지요.

내가 조암리로 피난 가면서 종로5가에 있는 고모님께 주소를 적어드렸어요. 나중에 그 주소를 보고 시댁 식구들도 조암리로 왔어요. 시댁 식구뿐만 아니라 시어머니의 친정 식구들까지 왔어요. 시댁은 시어머니의 동생이 인쇄소를 운영하는 신당동으로 피난 가 있었어요. 나중에 인기 가수가 되는 차중락의 어머니 집이었어요. 그분은 김 시인의 이모님이 되지요. 시댁은 거기에서 숨어 있다가 조암리로 피난을 온 것이에요.

맹문재   조암리로 피신할 때 친정 식구들 모두 함께한 것인지요? 시댁 식구들은 누구누구 왔는지요?

김현경   친정집에서는 어머니, 나, 세 여동생, 모두 다섯 식구가 왔어요. 언니는 그때 결혼한 상태여서 출가외인이었지요. 시댁 식구는 시어머니, 김 시인의 남동생인 수성과 수환, 여동생인 수명 수련 송자 이렇게 왔지요. 시어머니의 친정 식구들도 같은 날 왔는데, 시어머니의 친정어머니를 비롯해 며느리, 딸, 아들 해서 거기도 댓 식구 정도 왔어요. 김 시인의 동생인 수성이 피난 올 때 국민병으로 끌려가지 않기 위해 환자로 위장했대요. 피똥을 싼다고 피난민들에게 소문을 내었대요.

맹문재   말씀을 듣고 보니 김현경 여사님의 자매가 다섯이네요. 오빠나 남동생은 없었는지요.

김현경   네. 딸만 있어요. 언니 이름은 김현정인데 나보다 세 살 위예요. 배병우 사진작가의 장모가 되어요. 언니는 1950년에 딸 하나를 두었어요. 언니는 작년에 94세로 돌아가셨어요.
아래 동생은 1935년생으로 이름이 김현소예요. 아들 하나에 딸

둘을 두었어요. 아들과 며느리는 대학에 있고, 큰딸은 판사이고 사위는 변호사예요. 작은딸은 대학에 있고 사위도 대학에 있어요.

둘째 동생은 김현락이에요. 아들이 둘인데, 하나는 백남준과 비디오 아트를 같이 했어요. 뉴욕에서 활동하고 있어요. 다른 아들은 삼성 제일기획에서 일하고 있어요.

막내가 김현진이에요. 아들 하나 딸 둘이 있어요. 아들은 현대자동차에서 일하고, 딸 하나는 미국에서 교사 생활을 하고 사위는 컴퓨터 엔지니어예요. 다른 딸과 사위는 모두 금융업에 종사하고 있어요. 돈을 잘 번다고 해요.

여동생들이 모두 살아 있는데, 자식 농사를 다 잘 지었어요.

맹문재 잘 들었습니다. 조암리에 피난 가서는 어떻게 지냈는지요?

김현경 조암리로 피난 가서 집을 한 채 빌렸어요. 조선매약주식회사의 야초밭이 있는 집이었어요. 그 집 며느리가 딸 하나를 키우고 있었는데 우리가 빌려 썼어요. 나중에는 가지고 간 옷감을 팔아 집을 한 채 샀어요. 초가집인데 새로 지은 것이었어요. 마루가 없어 흙을 파다가 마루를 만들었어요. 진흙을 퍼다가 쌓고 그 위에 명석을 까니 그럴듯한 마루가 되었어요. 나는 그곳에서 삼규고등공민학교 교사를 했어요.

맹문재 삼규고등공민학교의 교사 생활을 하셨다는 사실이 새롭네요. 그 상황에 대해 좀 더 알려주세요.

김현경 교장이 서○○였어요. 나중에 국회의원으로 나갔지요. 고려대

출신으로 깨끗하고 잘생겼어요. 교사로 나와달라고 해서 갔는데 곤색 세비로(신사복)를 입고 있는 모습이 인상적이었어요. 전쟁 중에 그렇게 깨끗한 신사를 본 적이 없었거든요. 그 고등공민학교는 조암리에서 조금 들어간 곳에 있었는데, 내가 영어, 국어, 작문, 미술, 가사 등을 가르쳤어요. 1학년, 2학년, 3학년 각 한 반씩 있었어요. 전쟁 중이어서 교사를 구하기 힘들었으니까요. 1951년 4월 말에 시작해서 이듬해 겨울방학 전까지 했어요. 김수영 시인이 돌아오기 전까지였어요. 아이를 봐줄 사람도 없고 젖을 먹여야 했으니까 학교로 데리고 다녔어요. 학교 소사실에 넣어두고 수업에 들어가곤 했는데, 방문 바깥의 가마솥에서 물이 펄펄 끓고 있어 위험했어요. 그래서 수업을 하다가 걱정이 되어 달려가 보기도 했어요.

학교 업무를 마치고 집으로 돌아갈 때는 길가에 있는 한 산소 옆에서 시간을 보내곤 했어요. 분홍색 흰색 도라지꽃이 그렇게 예쁠 수가 없었어요. 아이에게 잔디 위에서 놀게 하고 나는 학생들이 쪽지시험을 본 것을 정리하기도 하고 다음 날 예습도 했지요. 집에 들어가 봐야 저녁 먹고 나면 남폿불에 글씨도 제대로 볼 수 없으니 산소 옆을 공부방으로 삼은 것이었지요. 그런데 그곳에서 어느 집이 소를 매어놓았는데 송아지 낳는 것을 보았어요. 어미 소가 뻥뻥 돌더니 툭 하고 송아지를 떨어뜨리더라구요. 그리고 한참을 핥으니 글쎄 송아지가 일어서 걷더라구요. 그리고 어미젖을 빨더라구요. 참 신기했어요.

고등공민학교에서는 학생들 교복을 만들어주기도 했고, 가사 수업 발표회도 열었어요. 에이프런을 만드는 수업이었지요. 수업

연구회를 한다니까 주위 동네의 교사들이 왔는데 카레 밥을 만들어 대접했던 기억이 나네요. 난리통인데 어떻게 카레를 구했는지 알 수 없네요.

맹문재   삼규고등공민학교의 교사 생활이 참으로 인상적이네요. 힘든 생활을 당차게 하신 모습이 대단한데, 슬프기도 하네요. 그곳의 교사 생활을 왜 그만두셨는지요?

김현경   교사 생활을 하면서 부업으로 겨울에 조끼를 만들어 팔았어요. 여름에는 적삼을 만들어 팔았구요. 그래 조암리 5일장에 나가 셋째 동생하고 팔았는데, 어느 날 장터에서 서울 돈암동에서 아버지를 끌고 간 형사 아버지 탁 씨를 본 것이에요. 그 사람도 우리를 보았구요. 아마 그들도 1·4후퇴 때 조암리로 피난을 왔는가 봐요. 그래서 파출소에 부역자 가족이 있다고 신고할까 봐 겁이 나서 그 자리에서 도망쳤어요. 주막집 앞에서 조끼를 팔고 있었는데, 우리가 도망치려고 하니까 주막집 아줌마가 왜 그러냐고 했어요. 겁나는 사람이 있다고, 누가 우리 집이 어디인지 물어보면 절대로 알려주지 말라고 당부했어요. 그래서 일주일 뒤 수원으로 이사했어요. 동생들 학교 교육 문제도 있었구요. 주막집 아줌마가 정말로 안 알려주었는지 무사히 수원으로 피신할 수 있었어요.

맹문재   한국전쟁의 고통이 얼마나 심했는지 잘 보여주는 일화네요. 이념의 대립에 새삼 가슴이 아프네요. 남편은 집을 나가 생사를 알 수 없는 상황이고, 시동생을 둘이나 잃었고, 친정아버지도 억울하게 세상을 뜨고…… 겪어야 했던 고통이 이루 말할 수 없이 컸네요. 이야기의 방향을 돌려볼게요. 조암리에 피난 가서 큰아드님을 낳았잖아요. 그 상황에 대해 좀 들려주시지요.

김현경 1950년 12월 25일 크리스마스날 저녁에 아들을 낳았어요.

맹문재 『김수영 전집』에는 12월 26일 조암리로 피난했고, 28일에 아들을 낳은 것으로 되어 있는데요.

김현경 『김수영 전집』에 잘못 나온 것이에요. 내가 제일 잘 알지 않겠어요. (웃음) 나는 친정 식구들과 10월 말 즈음에 먼저 와 자리를 잡고 있었고, 시댁 식구들과 시어머니 식구들이 12월 크리스마스 즈음 온 것이에요. 1·4후퇴 전에 정부에서 대피령을 내렸잖아요. 그래서 시댁 식구들이 피난을 왔어요.
내가 이름을 준(儁)이라고 지었어요. 준걸 준 자인데, 재주와 슬기가 뭇사람들보다 뛰어나다는 뜻이지요. 나는 이 글자를 싸워서 이기라는 의미로 썼어요. 애 아빠가 전쟁터에 나갔는데 싸워서 이겨야 돌아올 수 있잖아요. 그래서 아들의 이름을 준으로 지은 것이에요. 그런데 김 시인이 몸이 약한 데다가 치질 수술까지 했으니 아무래도 싸움에서 이기지 못할 것 같은 불안감이 들기도 했어요.

맹문재 큰아드님의 이름에 아주 깊은 뜻이 들어 있네요. 그러면 작은아드님 이름이 우(瑀)인데 어떤 의미로 지은 것인지요?

김현경 작은아들은 마포로 이사해서 양계를 할 때 낳았어요. 그때 집 주위에 밭이 있어 밭을 경작한다는 의미로 경(耕)이라고 지었어요. 그런데 김경이라는 화가가 있었는데, 그 사람이 자살을 했다든가 자살 미수를 했다든가 하는 뉴스가 신문에 났어요. 그래서 김 시인이 안 된다고 해서 옥돌, 패옥 우(瑀)를 썼어요. 이 세상을 지배하는, 우주의 우두머리가 되라는 뜻이 들어 있어요.

맹문재   작은아드님의 이름에도 큰 뜻이 담겨 있네요. 그러면 이야기를 다시 돌려볼게요. 김수영 시인이 언제 돌아오셨는지요? 거제포로수용소에 있었으니까 가족이 조암리에 있다는 것을 몰랐을 것 같은데요.

김현경   내가 김 시인이 있는 포로수용소에 자주 편지를 썼으니까 주소를 알고 있었지요.

맹문재   그렇군요. 그러면 김수영 시인이 포로수용소에 있다는 것을 언제 처음으로 아셨는지요?

김현경   영등포에 계신 시어머니가 알려주었어요. 김 시인이 종로5가에 있는 고모님 댁으로 자기 상황을 엽서로 보냈어요. 그래서 시어머니가 고모님 댁에 갔다가 알게 된 것이지요. 고모님은 소녀 과부로 허리가 꼬부라져 피난을 가지 않고 그냥 그 집에 눌러 있었어요. 그래서 시어머니가 그곳에서 받은 주소를 조암리로 가지고 와 알려주었어요. 그 소식에 시어머니와 친정어머니가 부둥켜안고 울었어요. 나도 울고 식구들 모두 울었어요. 시어머니가 조암리에 오면 한 이틀 정도 쉬다가 가셨는데, 식사를 하다가도 아들 생각이 나면 마냥 우시는 것이에요. 그러면 친정어머니도 울고, 그야말로 집안이 통곡의 바다였어요.

맹문재   저도 가슴이 뭉클하네요. 김수영 시인이 살아 있다는 사실을 시어머니로부터 들었을 때 어떤 기분이셨는지요?

김현경   마냥 흐뭇했어요. 그래서 장문의 편지를 포로수용소에 보냈지요. 편지 내용은 주로 앞날의 인생 설계였어요. 그런데 답장이 오질 않는 거예요. 그래서 애를 업고 매일 십 리 길을 걸어 혹시 답장이 왔을까 하고 주재소에 가봤어요. 주재소는 지금의 파출소 같은 곳인데, 편지도 그곳에서 취급했어요.

나중에 김 시인이 얘기하는데, 글쎄 내 편지가 포로수용소에서 위문 편지였대요. 사람들이 돌려가며 읽어 너덜너덜해졌대요. 그래서 베개 속에 감추어두었대요. 그리고 답장을 써서 간호사에게 부쳐달라고 했는데, 그 여성이 부치질 않았다는 것이에요. 김 시인에 대해 일종의 질투심을 가졌나 봐요.

그 간호사가 노 여사였어요. 노 여사는 그때 남편도 있고 자식도 있는 유부녀였어요. 휴전 뒤 노 여사도 서울로 올라와 미도파백화점에서 장사를 했어요. 가끔씩 김 시인과 만났는가 봐요. 하루는 큰 타월을 선물로 받아왔대요. 기분 나쁘면 버리라고 했는데, 내가 버릴 이유가 없잖아요. (웃음)

맹문재   이 또한 참으로 가슴 아픈 일이네요. 김수영 시인이 포로수용소에서 나와 조암리의 집에 들어섰을 때 어떤 인상이었는지요?

김현경   멀쩡하더라구요. 나는 다 죽어가는 해골바가지일 것이라고 생각했는데 멀쩡했어요. (웃음) 해가 저물기 전에 집에 들어섰는데 소지품도 없이 빈손이었어요. 부산에서 석방될 때 여비로 쓰라고 담요 몇 장을 주었는데, 아이젠하워 미국 대통령이 12월 2일 급작스럽게 방한하는 바람에 연기되었다가 온양에서 석방되었잖아요. 그 기간 동안 담요를 팔아서 사느라고 그랬대요.

맹문재 마침내 김수영 시인이 살아 돌아왔으니 집안이 이루 말할 수 없이 행복했겠네요. 당연히 그랬겠지요. 이후 피난지 생활에서 어떤 변화가 일어났는지요?

김현경 방 두 칸을 쓰고 있었는데, 김 시인이 돌아와 우리가 안방을 차지하게 되었지요. 그리고 동네에서 제대로 된 집에 인사도 갔어요. 대접도 받았지요. 나는 김 시인한테 조암리에 눌러앉아 살자고 했어요. 집도 있고 논밭도 약간 있었거든요. 그런데 김 시인은 생각이 달랐어요. 그래서 한 일주일 있다가 취직하러 부산으로 내려갔어요.

김 시인이 부산으로 내려간 뒤 우리는 수원으로 이사를 했어요. 아까 얘기한 탁 씨를 조암리 장터에서 만났기 때문에 무서워 피신한 것이지요. 조암리에서 동생들이 많은 고생을 했어요. 농사를 짓는다고 똥지게를 졌을 정도예요.

그 무렵 시댁 식구들도 조암리에서 부산으로, 영등포로 이사를 했어요. 수성과 수환 시동생은 부산으로 취직을 하러 내려갔고, 수명 수련 송자는 영등포 상도동으로 이사를 했어요. 조암리에서는 먹고살기가 힘들었기 때문이지요. 영등포에 가서 수명 시누이는 소주 공장에 들어가 경리를 보았고, 수련 시누이는 시장에서 김치 장사를 했어요. 송자는 아직 어렸기 때문에 일을 하지는 않았구요. 시어머니는 부산과 영등포에 오고 가곤 했지요. 조암리로 오시기도 했구요. 나도 영등포에 가보았는데, 괜찮더라구요.

맹문재 수원으로 이사 가서는 어떻게 지냈는지요?

김현경 나는 애를 키우며 하는 일이 없었어요. 팔아먹기만 했어요. (웃음) 동생들이 수원 매산국민학교에 입학했어요.

맹문재 김수영 시인이 부산으로 내려갔다가 언제 연락을 하셨는지요? 대구에서 먼저 직장 생활을 한 것으로 알고 있는데요.

김현경 김 시인이 부산에 내려가 일자리를 구하려 돌아다니다가 박태진 시인을 만났는가 봐요. 그의 부인인 김혜원이 나와 이화여대 동창이에요. 그리고 박태진 시인의 장인이 교통부 차관이었어요. 그래 알선이 있었는지는 모르지만 김 시인이 대구에 있는 미8군(美八軍) 수송관 통역관으로 취직했어요. 김 시인의 주소를 가지고 대구로 아이와 함께 내려갔어요. 냄비, 수저, 옷가지를 싸서 살려고 간 것이지요. 대구역에 도착하니 직원이 마중을 나와 하숙집으로 데려다주었어요. 하숙집이 일본집이었는데 고급스러웠어요. 여자 주인도 아주 인텔리였어요. 무척 반가워해주면서 안심하고 지내라고 친절하게 대해주었어요.

내가 왔다고 하니 김 시인이 일찍 퇴근해 왔더군요. 그래 두둑하게 차린 저녁을 먹고 자는데, 그날이 월급날이자 회사를 그만둔 날이라고 말하더라구요. 미군들과 일하는 것이 비위에 맞지 않는다고 했어요. 김 시인은 원래 미군들과 함께 일하는 것을 싫어

했어요. 그래서 김 시인은 부산으로 가야겠다고 했어요. 부산으로 가면 문인 활동도 활발하게 할 수 있다고 생각하지 않았을까 생각해요.

그래서 다음 날 아침밥을 먹고 김 시인은 부산으로 가고 나는 수원으로 올라왔어요. 나에게 차비를 조금 주었는데, 기가 막혔어요. 이제 전쟁도 없고 헤어질 일도 없으니 아이를 키우면서 열심히 살면 어떻게 되겠지 하는 희망이 있었는데, 그만 꿈이 뒤틀리고 말았으니 주저앉고 싶고 울고 싶었어요. 마중 나온 직원이 사과가 든 대소쿠리를 선물로 주데요. 그런데 기차를 타고 올라오는 동안 아이가 하나씩 먹다 보니 한 개가 남더라구요. 그것을 들고 집에 들어오니 식구들 보기에 부끄러웠어요. 남은 한 알의 사과가 그야말로 절망과 허공의 심벌이었어요.

맹문재 참으로 안타깝고 슬프네요. 그러면 부산에는 어떻게 가셨는지요?

김현경 수원으로 올라와 있다가 다시 부산으로 내려갔어요. 김 시인이 적극적으로 오라는 얘기도 없었는데, 살아야 할 것 아니겠어요. 그래서 취직하면 아이를 데려가겠다고 하고 친정어머니께 맡기고 내려갔어요. 영등포에 계시는 시어머니가 부산에 있는 수성과 수환 아들에게 왔다 갔다 하면서 김 시인이 어디에 사는지 알려줘 찾아간 것이지요. 부산역에 내리니 수환 시동생하고 김 시인이 마중을 나와 있더군요. 부산역에 사람들이 얼마나 많은지 그야말로 인산인해여서 옆에 있는 사람도 찾을 수 없는 상황이었어요.

김 시인을 따라가보니 구포동에 있는 하꼬방(판잣집)이었어요. 철로 옆에 있었는데 문짝도 없는 폐가였어요. 집 안에는 세간 하나 없었어요. 김 시인이 낮에 돌아다니다가 저녁에 돌아와 잠만 잤는가 봐요. 전쟁 중 포로수용소에 갇혀 빨간 딱지가 붙은 데다가 대학 졸업장이 없었으니 취직하기가 쉽지 않았지요. 그래서 박연희, 박인환 등의 문인들과 어울리면서 원고를 좀 써 푼돈을 받으며 지냈는가 봐요.

다음 날 서울 수표동에 있던 친정할머니 동생의 딸 집에 김 시인과 함께 찾아갔어요. 광복동에 살고 있었어요. 피난 중에도 소식을 알고 있었지요. 이층집이고 규모가 컸어요. 그런데 그 집 조카가 서울고등학교에 다니고 있었어요. 그 조카가 학교로 뛰어가 이종구를 데리고 왔어요. 평소에 이종구가 나의 안부를 자주 물었다고 했어요. 이종구가 서울고등학교 영어 선생으로 있었어요. 수험생 반을 맡아 특강을 하고 있었는데, 인기가 많았나 봐요. 워낙 실력이 있었으니까요.

이종구가 부민동에 자기 방이 두 칸 있으니 가자고 해서 그날 저녁 김 시인과 함께 갔어요. 그랬는데 김 시인은 일 보러 간다고 먼저 나왔어요. 내가 광복동 집에 와서 잘 줄 알았겠지요. 나는 그곳에서 이종구가 취직을 시켜주겠다고 해서 이력서를 썼어요. 이종구는 자기가 아는 선생한테 부탁해보겠다고 하면서 그 결과가 일주일은 걸린다고 했어요. 그래 거기에서 빨래도 해주고 부엌도 치워주고 도배도 해주면서 기다린 것이지요.

이종구는 내가 달아날까 봐 꿈자리가 사나우면 학교에도 안 갔어요. 그래서 급기야 김원규 교장이 찾아왔어요. 유부녀와 함께 산다는 소문까지 나니 어찌된 일인가 하고 확인하러 온 것이지요. 다시 말해 야단치려고 왔지요. 그런데 막상 와서 살림하는 모습을 보니 생각이 바뀌었나 봐요. 가(假)호적이라는 것이 있는데 정식으로 결혼을 할 수 있지 않을까 하는 의견도 내더라구요. 나는 대답하지 않았어요.

김현경 고모는 투명하고 영민한 분

김세원 · 맹문재

일시 | 2025년 1월 9일(목)
장소 | 서초구 방배동 딜라이트
함께한 분 | 금선주(수필가)

1. 나의 고모 김현경 여사

맹문재 선생님, 안녕하세요. 김현경 여사님의 백수 기념으로 산문집을 간행하는데, 선생님을 모시고 말씀을 들을 수 있어 감사해요. 김현경 여사님을 언제 처음 뵈었는지요?

김세원 1993년이에요. 제가 KBS 1FM을 하고 있을 때인데, 어느 날 PD가 어떤 친척 되는 분이 저를 만나고 싶어 한다고 전해주는 것이었어요. 김현경 여사님이라고 해서 제가 그쪽 전화번호를 달라고 그랬죠. 방송 일을 하다 보면 팬이라고 하면서 다가오는 사람들로 인해 부담되는 경우가 있거든요. 우리 집으로 모시고 가려고 생각하고 어머니께 말씀드렸더니 안다고 하셔서 전화를 드려 만나기로 했어요. 만나는 시간에 제가 차를 가지고 기다리고 있는데, 어떤 분일까 하고 가슴이 두근거리는 거예요. 그런데 만나는 자리에 김현경이라는 분이 딱 나타나셨는데, 정말 상상 밖으로 멋쟁이셨어요. 그때 고모님이 66세쯤 되셨을 것이에요. 하여튼 너무 반갑고 안심되어 우리 집으로 모시고 갔죠. 고모님은 우리 어머니를 보자마자 "어머, 언니!" 하면서 눈물이 글썽글썽하셨는데, 우리 어머니는 좀 차분한 성격이어서 "아, 그때 진명여고 다니던 학생!" 정도로 대했어요. 우리 어머니는 고모와 시누이올케 사이가 되죠. 그날 집에서 이런 얘기 저런 얘기를 나누었는데, 주로 아버지에 관한 것이었어요.

맹문재 두 분이 만나는 장면이 눈에 선하고 감동적이네요. 그날 이후 자주 만나셨겠지요?

김세원 그다음부터 만날 때마다 저는 고모님처럼 나이가 들면 참 괜찮겠다는 생각을 했어요. 기억력이 어떻게 저렇게 좋을 수 있을까, 참으로 놀라운 분이었죠. 고모님의 말씀 내용이 나이 먹은 사람의 것이 아니었고, 고모님 연세의 대화법이 아니라 아주 현대적이고 젊으셨어요. 고모님을 만난 지 30년이 지났는데, 지금도 마찬가지예요. 그래서 우리 어머니께서 돌아가셨기 때문에 여쭈어볼 수 없는 것들을 고모한테 물어보게 되죠. 고모님의 집안 상황을 알게 된 다음부터 김수영 시인에 관한 얘기도 듣게 되었어요.

맹문재 말씀을 들으니 두 분이 오랜 세월 지나 만나기는 했지만, 정말로

잘된 일이네요.

김세원   참으로 기막힌 일은 우리가 오랫동안 같은 아파트에, 그것도 같은 라인에 살았다는 사실이죠. 저는 1970년대에 동부이촌동에 살았는데, 고모님은 같은 아파트의 11동 201호에 살았고, 저는 같은 동 1101호에 살았으니, 엘리베이터에 함께 탔을 수도 있었겠죠. 그런데도 전혀 모르고 살았으니 기막힐 수밖에 없지요. 물론 고모님을 만난 1993년에는 서로 이사를 해서 사는 데가 달랐어요.

맹문재   그런데 김현경 여사님께서 어떻게 김세원 선생님을 찾아 연락하셨을까요?

김세원   1988년에 우리 아버지가 해금됐잖아요. 그때 우리나라가 서울 올림픽을 치르면서 많은 것을 열어서 월·납북 예술인들의 작품이 해금되었지요. 당시 정한모 문화공보부 장관이 발표했는데,

김순남 작곡가를 제일 먼저 언급했어요. 2월인가 문학 분야가 먼저 해금되었고, 음악 분야는 10월 즈음에 해금되었는데, 김순남 작곡가의 해금 조치 뉴스가 방송인 김세원의 아버지라는 사실로 언론에 도배되었어요. 그러고 나서 고모님이 5년이란 시간이 흐른 뒤에 저를 찾으신 셈인데, 왜 그랬는지는 모르겠어요. 언제 여쭤어봐야겠는데, 저의 상황을 몰랐을 것 같지는 않고, 무슨 사정이 있으셨겠지요.

해금 조치 뒤인 1990년 12월 3일과 10일, MBC 텔레비전에서 〈인간시대〉의 창사 특집으로 '나의 아버지 김순남'을 방영한 적이 있지요. 완전 다큐멘터리 형식으로 2회에 걸쳐 방송되었는데, 고모님이 그 방송도 보았을 것으로 여겨져요. 그 방송 이후 다른 고모님들의 자식들을 많이 만났지요. 언젠가 우리 집에 모였는데, 글쎄 28명이 되어 깜짝 놀랐어요.

맹문재 김현경 여사님과 김세원 선생님의 촌수가 정확하게 어떻게 되는 지요? 고모와 조카 사이라고 알고 있는데요.

김세원 고모는 우리 아버지와 육촌 동생 관계가 되어요. 고모의 할아버지와 우리 아버지의 할아버지가 같은 형제가 되니 저한테는 증조할아버지가 되는 분들이죠. 고모는 우리 할아버지가 일본 '레토 구루무'라는 화장품을 만들어 화신백화점에 납품하셨다는 것도 기억해 말씀해주셨어요. 고모의 말에 따르면 할아버지 형제 중에서 국무총리를 지낸 김현철이라는 분이 있었고, 서울대학병원의 소아과 의사도 있었다고 했어요. 그런데 우리 아버지가 월북했으니 다들 말을 못 하고 사신 것이죠. 연좌제가 정말 무서운 시대였잖아요.

맹문재 제가 따져보니 김현경 여사님과 김세원 선생님은 7촌이 되네요. 7촌도 가까운 친척이지요.

김세원 저는 가족 한 분을 찾은 거예요. 우리 아버지 쪽으로는 친고모님이 있었는데, 어렸을 때 딱 한 번 봤고, 우리 친할머니도 딱 한 번 봤어요. 6·25전쟁 전인데, 제가 우리 외할머니하고 친할머니의 손을 잡고 가회동에 있는 우리 친고모네 집에 간 적이 있었죠. 친고모네 집에 가기 전에 우선 우리 친할머니 집으로 갔는데, 다락에서 사과하고 굴비를 꺼내서 쫙쫙 찢어서 저에게 밥을 먹여주시더군요. 그때는 다락이 냉장고 역할을 했나 봐요. 그런데 그 집에서 일하는 아줌마가 저를 보더니 제가 안쓰러운지 눈물을 흘리셨어요. 친할머니의 집에서 밥을 먹고 외할머니와 친할머니의 손을 잡고 친고모의 집으로 갔지요. 두 할머니는 숙명여고 선후배였어요. 친고모는 우리 아버지의 동생이었는데, 우리 어머니보다 숙명여고 2년 선배였지요. 우리 집안은 숙명 출신이 많아요. (웃음)

맹문재 선생님의 어머님께서 김현경 여사님의 집안에 대해 말씀하신 적이 있는지요?

김세원 한 번도 안 하셨어요. 우리 어머니는 연좌제가 너무 무섭고, 제가 어렸기 때문에 어디 가서 얘기할까 봐 항상 조심했어요. 어느 날 제가 자는 척하고 외할머니와 엄마의 얘기를 들은 적이 있는데, 그때 아버지가 월북했다는 사실을 알게 되었지요. 그런데 그

때는 다들 빨갱이는 머리에 빨간 뿔 달린 것으로 생각했잖아요. 저는 우리 아버지는 그렇지 않다고 생각했지만, 6·25전쟁 때 대구로 피란 가서 초등학교에 다니는데, 한 2학년쯤 됐을 거예요. 학교에서 돌아오는 길에 어떤 분이 우리 집에 와 있다고 이웃 사람들이 알려줘 집에 못 들어가고 바깥에서 빙빙 돌았어요. 혹 아버지가 찾아온 것은 아닐까 하고 겁이 났기 때문이죠. 그분이 돌아가신 뒤 저녁때가 되어 집에 들어갔는데, 그분이 아버지가 아니어서 다행이라고 생각이 들면서도 아주 섭섭했어요. 빨갱이에 대한 두려움과 아버지에 대한 그리움이 복합되어 있었던 것이죠. 어머니는 6·25전쟁 통인데 다른 것은 놓고 와도 아버지와의 결혼사진과 아버지가 일본에서 유학하고 와서 부민관에서 첫 번째 작곡 발표를 한 사진은 챙겨 왔어요. 그 사진에는 우리나라의 유수한 예술가들이 다 모여 있었죠.

맹문재 김현경 여사님을 만난 뒤부터 특별히 느낀 점이 있는지요?

김세원 고모님을 만나고 나서 저도 친척이 있구나 하는 마음을 가지게 되었어요. 그동안 저는 무남독녀로 너무 외로웠고, 우리 남편(강현두)도 3대 독자이니 양쪽으로 다 외로웠던 것이죠. 그런데 고모님이 생기니까, 그것도 멋쟁이 고모님이 생기니까, 너무 좋아서 뭔가 배경이 생긴 느낌이 들었고, 밥을 먹은 것같이 든든했어요. 고모님은 저보다 진보적이고, 인문학적 소양도 있으시고, 굉장히 앞서가는 분이세요. 어쩌다가 우리 친구들한테 고모님과 김수영 시인 이야기를 하면 모두 좋아했어요. 전혀 기대를 안 한 친구 중에서도 김수영 시인을 좋아하더군요.

맹문재 김현경 여사님으로부터 김수영 시인에 대해 들은 것이 있는지요?

김세원 슬쩍슬쩍 들었죠. 이러저러한 얘기들을 들었는데, 그것이 고모님의 현실이었지요. 이종구, 이진구 교수의 얘기도 들었구요. 이진구 교수는 한국외대에 출강해 제가 그분의 강의를 들은 적이 있어요.

맹문재 이진구 선생님과의 인연이 신기하네요. 김현경 여사님이 이진구 선생님에 대해 칭찬을 많이 하셨어요. 점잖고, 프랑스에 국비 유학을 다녀올 정도로 천재라고 했어요.

김세원 배인철이라는 분 이야기도 해주셨어요.

맹문재 배인철 시인은 우리나라에서 처음으로 흑인들에 대한 시를 본격적으로 쓴 분이에요. 인천 지역에 있는 미군 부대의 흑인 병사들과 친했어요. 제가 학술등재지에 게재한 「배인철의 흑인시에 나타난 주제 의식 고찰」(『한국시학연구』)이라는 논문이 있어요. 김현경 여사님과 배인철 시인의 인연은 참으로 안타까워요.

김세원 최창봉 KBS 국장님이라는 분이 계셨는데, 나중에 MBC 사장을 하셨지요. 그분 때문에 아버지 김순남을 알게 되었어요. 그분은 우리 아버지에 대해 굉장히 관심이 많으시어, 가령 우리 아버지가 피아노를 샀을 때 "나 피아노 샀어."라고 하며 좋아하는 모습 등을 들려주셨죠. 그분은 우리 남편하고도 인연이 깊어요. 우리 남편이 KBS의 PD 1기인데, 1963년 보스턴으로 유학 갔을 때,

그분도 보스턴에 오셔서 두 분이 몇 개월 동안 많이 친해졌지요. 그렇게 알게 되어 우리 어머님이 살아계실 때 제가 그분을 응암동 우리 집에 초대해 식사를 대접한 적이 있어요. 그때 이종구, 최창봉, 박용구 선생님 등도 함께 모셨죠. 박용구 선생님은 〈살짜기 옵서예〉를 작사한 분이지요. 일본에서 10년 정도 살았다고 하시더군요. 우리 아버지가 월북하자 김순남 작곡가를 남쪽으로 오게 하라고 주위에서 하도 종용하기에 백마강에 가서 신발을 벗어놓고 유서도 써놓고 자살한 것처럼 꾸미고 일본으로 밀항했대요.

맹문재 제가 다음백과를 통해 박용구 선생님을 살펴보니 다음과 같네요. "1914년 경상북도 풍기에서 태어나 평양고등보통학교에 진학했는데, 독서회 사건으로 수감되기도 했다. 일본대학 예술과와 일본 고등음악학교에서 음악수업을 받았고, 1937년부터 음악평론 기자로 활동했다. 8 · 15해방 뒤 민족음악 수립을 주장했고, 음악 교과서 『임시중등음악교본』과 최초의 음악평론집 『음악과 현실』을 펴냈다. 정부의 지식인들에 대한 탄압이 자신에게까지 미치자 1950년 일본으로 밀항했다가 1960년 귀국했는데, 5 · 16군사정변 이후 간첩혐의로 구금되었다. 1962~73년까지 한국 최초의 뮤지컬 악단 예그린악단의 단장으로 있었으며, 1970년대에는 주로 평론 활동을 했다. 한국음악 펜클럽 대표, 한국 예술평론가협의회 회장, 한국방송문화진흥회 이사장 등을 지냈다. 1980년 이후에는 희곡, 무용 · 오페라 극본도 집필했다. 대표적인 비평문으로 「음악 유산의 섭취 문제 ―베토벤저 방법과 무소르크스키적 방법」, 「조선 가곡의 위치—김순남 가곡집 〈자장가〉를 중심으로」가 있다. 한국 현대 작곡가들에 대한 작가론을 쓰기도 했다. 저서로는 『음악과 현실』(1949) · 『음악의 광장』(1975) · 『음악의 문』(1981) · 『음악의 초상』(1989) 등이 있다. 2016년 타계했다."(https://100.daum.net/encyclopedia/view/b08b3602a) 박용구 선생님에 대한 말씀을 좀 더 듣고 싶은데요.

김세원   김순남 작곡가가 월북한 뒤 남쪽에 있는 가까운 지인들을 통해 아버지를 데려오도록 했는가 봐요. 그래서 아버지와 가까운 사이인 박용구 선생님도 불려 다니게 되었는데, 그 일에 휩쓸리지 않으려고 일본으로 몰래 건너간 것이지요.

맹문재   이종구 선생님을 집에 초대해 식사 자리를 마련한 일이 흥미롭네요. 이종구 선생님의 인상은 어떠했는지요?

김세원   여러 선생님들 사이에 계셔서 제대로 못 봤어요. 체구가 크지는 않았던 것 같아요. 그때의 일 중에서 제일 기억되는 건 우리 어머니였어요. 우리 어머니는 평소에는 말씀이 없으신 분인데, 그날 아버지 대한 얘기가 나오니까 저에게 하지 않았던 이야기들을 좔좔좔 말씀하시는 것이에요. 해금되기 전이니까 우리 아버지에 대해서는 몇 사람만 알고 있을 때인데, 어머니가 아버지의 이야기를 너무 많이 하시길래 제가 옆에서 그만하시라고 쿡쿡 누르며 말렸을 정도였어요. 계속하시다가 혹 과하게 이야기할까 봐 그랬지요. 그동안 우리 어머니는 자식인 제가 다칠까 봐 아버지에 관한 이야기를 거의 하지 않으셨거든요.

맹문재   제가 김현경 여사님께 10여 년 동안 공부하면서 배운 점 중에 그 우선으로 꼽는다면 정직함이에요. 참으로 투명하신 분이에요.

김세원   그래요. 고모님은 모든 것을 다 이야기해주셨어요. 참으로 정직한 분이지요. 어떤 것을 한참 후에 다시 질문해도 대답이 똑같은데, 그러한 면이 제가 제일로 삼고 있는 고모님의 모습이에요. 정직함은 저 자신을 위해서도, 모든 사람에게도 필요하지요.

맹문재   김현경 여사님께 배운 또 다른 점은 통찰력이에요. 어떤 감각에서인지, 아니면 오랜 경험에서인지는 모르지만, 상대를 꿰뚫어 보는 통찰력이 있으세요. 섣불리 거짓말을 했다가는 곧 들통이 나고 말아요. (웃음)

김세원   고모님은 많은 경험이 있기도 하지만, 영민한 데가 있어요. 지금까지의 삶을 유지하는 원동력이라고 생각하는데, 대단한 통찰력, 기억력, 그리고 서울 사람으로서의 약간의 엘리트 의식을 지녔어요. 사실 서울 사람들은 속 빈 강정이에요. 김치로 치면 양념을 하지 않아 그냥 말갛다고나 할까요. 고모님은 서울 토박이의 냄새가 나서 참 좋아요. 제가 잊어버렸던 것, 잃어버렸던 것을 고모님을 보면서 느껴요. 더도 덜도 아닌 것이 서울 사람들이잖아요. 서울 깍쟁이라고 하는데, 그것은 지나치게 엎어지지도 않고, 또 엎어지는 것을 부담스러워해서 적당한 거리를 두는 것을 편하고 좋아하는 것이지요. 그렇다고 해서 정이 없는 건 아니잖아요. 고모님은 배울 만한 창고를 가지고 있고, 빛깔과 감각도 있는 분이세요. 제가 사회생활을 하면서 많은 사람들을 만나보았지만, 고모님만큼 정신이 맑은 분이 없었어요. 고모님은 구태하지 않고, 오히려 진보적인 생각과 감각을 지니고 있지요.

맹문재   김현경 여사님께서 주신 선물이 있는지요?

김세원   고모님이 손수 쓰신 김수영 시인의 「풀」 등이 있어요. 제가 팔찌를 좋아한다고 생각하셨는지 팔찌도 주셨어요. 호박 목걸이도 주셨어요. 조각상도 주신다고 했는데 연세대로 갔다네요. (웃음) 그 정도면 충분하고, 바라는 것은 없어요.

맹문재   김현경 여사님께서는 댁에서 음식을 손수 만들어 나누시는 것을 좋아하시잖아요. 기억에 남는 요리가 있으신지요?

김세원   맛있는 오이소박이가 떠오르고, 서울식으로 담근 김치도 참으로 맛났어요. 고모님의 음식 솜씨는 아주 탁월하지요.

맹문재   김수영 시인의 작품 중에서 특히 좋아하는 것이 있는지요?

김세원   「풀」을 제가 방송에서 많이 읽었어요.

2. 나의 아버지 김순남 작곡가

맹문재   선생님의 출생지는 관훈동인지요? 몇 해 전 김현경 여사님께서 돈암동과 관훈동 집을 알려주셔서 제가 『한겨레』 신문에 제보해 선생님을 비롯해 김현경 여사님, 강성만 기자, 금선주 수필가를 비롯한 문인들이 돈암동 집에 함께 찾아간 적이 있지요.

김세원　많은 예술가들이 관훈동 우리 집에 찾아왔기에 어머니가 뒷바라지하기가 힘들어 친정으로 가서 몸을 풀었어요. 그러다가 아버지가 월북했잖아요. 어머니는 아버지의 월북 사실을 신문 같은 데서 보고 알고, 아버지가 정리도 안 하고 갔다고 생각하셨대요. 마포에 있는 저의 외할아버지댁 형편은 괜찮았는데, 그곳에서 살다가 용산으로 이사했고, 다시 삼각지로 옮겼어요.

맹문재　김순남 아버지에 대해 김현경 여사님으로부터 어떤 말씀을 들으셨는지요? 김현경 여사님이야말로 산증인이시잖아요.

김세원　많은 이야기를 들려주셨는데, 우리 아버지는 개인 찬양곡을 쓰지 않았다고 했어요. 임화 시인이 김일성을 찬양하는 시를 써 가지고 와서 작곡해달라고 하자 우리 아버지가 단칼에 거절했대요. 고모의 말씀으로는 우리 아버지는 자유인이었대요. 제가 송승환 배우가 운영하는 〈송승환의 원더풀 라이프〉에 출연한 적이 있는데, 제가 아는 교수님이 그것을 보고 나서 낭만적 사회주의자라고 했어요. (웃음) 그리고 박용구 선생님께서는 김순남 작곡가는 이상주의자였기 때문에 사회주의에 경도될 수 있다고 했어요. 우리 아버지가 6·25전쟁 직전에 우리 집에 왔는데, 우리 할머니는 물자가 없을 때인데도 불구하고 아들을 위해 큰 상을 차렸대요. 우리 할머니는 덕수국민학교 교사였는데, 무지무지하게 똑똑했대요. 그런데 할머니가 고모한테 음식을 먹어보라는 말을 안 하더래요. (웃음) 그래서 우리 아버지가 고모한테 너도 같이 먹으라고 했대요. 고모의 이야기로는 우리 아버지가 자신에 대해 매우 엄격해 주위에 예술 하는 여성들이 많이 따랐지만, 아주 분명하게 대했대요. 우리 아버지는 일제 강점기 때 창씨개명도 안 했어요. 그 당시에는 그 일이 쉽지 않았지요.

맹문재   김현경 여사님으로부터 아버지 김순남에 대해 이러저러한 사실들을 많이 들으신 것으로 보이네요.

김세원   그래서 고모님과 더 친밀해졌어요. 고모와 우리 아버지가 친했다고 했어요. 우리 집에는 음악인들뿐만 아니라 문학인들도 많이 들락거렸는데, 그러니 문학에 관심이 많은 고모는 한설야 작가, 오장환 시인 등 선망하는 문인들을 만날 수 있어 우리 집에 자주 왔다고 했어요.

맹문재   김현경 여사님께서 김순남 작곡가의 부인이 바느질을 잘한다고 말씀하신 것을 들은 적이 있어요.

김세원   언젠가 고모님이 "언니는 바느질 솜씨가 기가 막히지."라고 우리 어머니를 칭찬했어요. 양장점을 운영한 고모님이 칭찬할 정도로 우리 어머니는 바느질을 참 잘했지요. 우리 어머니는 제가 대학 다닐 때까지 블라우스를 만들어주셨어요. 그 당시는 공산품이 별로 안 나올 때이기도 했지만, 저는 옷을 사 입고 싶어 어머니가 만들어주시는 옷을 그리 좋아하지 않았어요. 그런데 어느 날 한 선배가 "너는 참 옷을 고급스럽게 입는다. 어디서 맞추었니?"라고 말해 어머니가 만들어주신 옷의 수준을 깨달았어요. 그 뒤로는 어머니가 만들어주신 옷을 잘 입고 다녔죠. 제가 외동딸이니 어머니가 얼마나 아끼고 위해주셨겠어요.

맹문재   김순남 작곡가의 형제는 몇 분인지요?

김세원   아버님의 형제로 여동생이 있었어요. 그래서 어느 날 제가 외할머니와 친할머니의 손을 잡고 친고모의 집에 갔는데, 대청마루에 아버지의 피아노가 있었어요. 설정식 시인의 동생이 되는 설도식이라는 분이 사주셨다고 했지요. 요사이 우리 아버지의 음악에 관해 연구하는 미국 플로리다대학의 황윤주라는 여자 교수가 있는데, 바순 연주자이기도 하고, 서울대 등의 방문 교수로 한국전쟁 무렵의 음악사에 많은 관심을 가지고 연구하고 있어요. 그 황윤주 교수가 김순남 작곡가의 많은 자료를 찾았고, 미군정 때의 설정식과 헤이 모츠의 이야기 등도 잘 알고 있어요. 제가 어렸을 때 본 친고모는 오빠가 월북했으니 남한에서 살 수가 없었지요.

맹문재   고모님의 사연은 참으로 가슴이 아프네요. 어머님 존함은 어떻게 되고, 형제는 어떻게 되는지요?

김세원   어머니의 이름은 문세랑이에요. 저에게는 외삼촌이 세 분 있고, 이모가 두 분 계시는데, 이모 중 한 분이 지금 제주도에서 사시는데 연세가 101세에요. 이모부의 존함은 윤효중(1917~1967)으로 동경미술학교 조각과에서 수학한 분으로 우리나라에서 최고의 조각가로 평가받는 분이지요. 홍익대학교 미술학과를 창설하기도 했어요.

맹문재   어머님께서 김순남 남편에 대해 많이 들려주셨을 텐데, 어떤 것이 기억에 남는지요?

김세원 우리 어머니가 아버지를 칭찬한 것 중의 한 가지는 아버지의 눈이 참으로 좋다는 것이었어요. 쌍꺼풀은 안 졌는데, 눈이 크고 빛났다고 했어요. 아버지와 함께 도쿄 고등음악원(현재 구니다찌 음악대학)에서 공부한 일본인 동창 한 분도 그렇게 기억하셨어요. 아버지가 교동국민학교를 나왔는데, 경기중학교와 경성사범학교 두 곳을 모두 합격했대요. 그때까지 그런 일이 없었기에 교장 선생님께서 우리 아버지를 업고 운동장을 다섯 바퀴나 돌았다는 얘기를 전설처럼 해주셨어요. 그리고 아버지가 피아노를 13시간 치고 난 다음에 넘어졌다는 얘기 등등을 해주셨지요. 제가 태어나자 우리 할머니가 아버지한테 가서 "얘, 딸이란다."라고 전하자 아버지가 피아노를 치다가 딱 내려놓고 가만히 있더니 그러면 이름을 "세원이라고 하세요."라고 했대요. 그래서 제 이름이 세원이가 된 거예요. 어머니의 이름 '세랑'에서 '세' 자를 딴 것이지요.

맹문재 김순남 작곡가가 만든 곡 중에 특히 좋아하는 것이 있는지요?

김세원 〈산유화〉는 워낙 유명하지요. 저는 〈초혼〉과 〈상렬〉도 좋아해요. 우리 아버지는 저를 위해 〈자장가〉를 남한에서 세 곡, 북한에서 두 곡, 총 다섯 곡이나 쓰셨어요.

맹문재 김순남 작곡가의 곡을 들으면 어떤 느낌이 드는지요?

김세원 제가 진행하는 방송하고 일체감을 느껴요. 저는 시를 읽을 때 굉장히 음미하면서 읽어요. 시의 행간을 많이 두고 그다음에 이어서 쓰는 시인들이 있는데, 저는 그 행간을 읽으려고 해요. 행간을 침묵으로 호흡하는 것이지요. 시의 이음새를 침묵과 호흡으로 하는 것인데, 우리 아버지의 곡에 딱 침묵이 있어요. 작곡한 곡 중에는 쫙 올라갔다가 딱 쉬고 내려오는 것이 있는데, 아버지의 그 곡을 듣고 있으면 제가 시를 읽을 때하고 너무나 비슷한 감정을 지니고 있다는 것을 느껴요.

맹문재   선생님께서는 1995년 『나의 아버지 김순남』(나남)을 간행하셨어요. 아버지의 복권을 위한 작업이었는데, 다른 활동도 많이 하셨지요?

김세원   워싱턴 국립도서관 아카이브에 가서 아버지의 곡을 찾았고, 보스턴에 있는 하버드대학의 옌칭도서관에 가서 아버지의 수필을 찾았어요. 아버지에 대한 다큐멘터리 촬영을 위해 러시아에도 갔었구요. 아버지가 다닌 도쿄 고등음악학원에 가서 성적표도 보았는데, 아버지의 입학 원서 사진이 참으로 이뻤어요. 그리고 자필로 '입학금 면제 희망'이라고 쓴 것이 눈길을 끌었지요. 실제로 입학금을 면제받았는지는 모르지만, 아버지는 그 정도로 자신감이 있었어요. 그 학교의 교무과 직원들은 아버지와 같은 일은 전무후무하다고 말하더군요.

맹문재   귀한 시간을 내주셔서 감사해요. 선생님의 귀한 말씀이 이번 산문집을 빛나게 해주네요. 늘 건강하세요.

편집 후기

김현경, 우리의 거대한 선생님

맹문재

1.

2024년 10월 26일 새벽에 김현경 선생님께서 낙상사고를 당해 입원하셨다는 연락을 받았다. 고관절을 다치셨다고 했다. 나는 순간 놀랐지만, 선생님께서 워낙 건강하셨기에 별로 심각하게 생각하지 않았다.

11월 6일 선생님께서 입원한 서울예스병원을 찾았다. 수인분당선 죽전역 근처에 있었다. 선생님께서는 걸음을 걸을 수 없어 침대에 누워 계셨고, 눈 주위에 멍이 들어 안타까움이 들었다. 그렇지만 건강한 모습이셔서 큰 걱정이 들지 않았다. 나는 그 자리에서 선생님께서 조금이라도 더 건강하실 때 인연이 깊은 문인들과 함께하는 시간을 가지면 좋겠다고 생각했다. 그리하여 선생님께 백수(白壽) 기념 산문집을 간행해 출판기념회를 열면 좋지 않겠느냐고 여쭈어보았다. 선생님께서는 웃으시며 그러자고 하셨다.

나는 병원에서 돌아온 뒤 선생님 댁에 자주 드나드는 문인들께 의견을 제시했다. 대부분 좋다고 해서 그 문인들이 모인 카톡방에 원고 청탁을 공지했다. 산문집의 내용은 '김현경 선생님과의 인연 또는 김수영 시인의 삶과 시 세계'로 정하였고, 원고 마감은 2025년 1월 30일까지였다.

그런데 우리가 원고를 쓰고 책 출간을 준비하는 동안 대통령의 비상계엄 선포라는 역사적 비극이 일어났다. 우리는 원고 집필에 집중하기 어려웠고, 출판사도 마찬가지였다. 정치적 이념의 대립으로 온 나라가 격랑에 휩싸였다. 그러는 동안 선생님께서는 경기도 용인시 기흥구에 있는 효자병원으로, 다시 그 근처에 있는 노블레스 요양원으로 옮기셨다.

5월 5일 선생님을 찾아뵈었다. 몸이 다소 야위었지만, 정신이 맑으셨기에 무난하게 출판기념회를 열 수 있을 것으로 보였다. 그런데 5월 22일 7시 40분에 선생님께서 운명하셨다. 갑자기 일어난 일처럼 여겨져 당황스러웠다. 그 어떤 말로 표현할 수 없도록 슬펐고 아쉬웠고, 그리고 책 잔치를 열어드리지 못해 죄송했다.

2.

내가 김현경 선생님을 처음 뵌 것은 2014년 4월 17일이었다. 강민 시인의 시집 발간을 준비하는 무렵이었는데, 시인은 뵐 때마다 해방기 이후 한국 문단에 관한 기억들을 들려주셨다. 나는 그 말씀들을 기록으로 남길 필요가 있겠다는 생각이 들어 문예지 『푸른사상』에 대담 연재를 제안 드렸다. 그랬더니 시인은 당신보다 더 좋은 분이 있다고 양보하시고, 나를 김현경 선생님 댁으로 데리고 가 인사를 시켜주셨다.

그날부터 선생님의 말씀을 듣기 시작해 『푸른사상』 2024년 봄호까지 대담이 이어졌다. 장장 10년간 선생님의 귀한 말씀들을 들었다. 그렇게 공부하는 동안 김수영의 삶과 작품 세계 및 시인이 살아가던 시대 상황을 구체적으로 이해할 수 있었다. 여전히 모르는 면이 많이 있지만, 김수영의 시 읽기에 자신감이 생겼다.

김현경 선생님께 공부하는 동안 강민 시인을 비롯해 많은 문인들이 선생님 댁으로 모였다. 이 책에 함께한 분들은 물론이고, 그 수를 헤아리기가 어렵다. 인연이 된 문인들은 마치 한 식구처럼 관계가 돈독한데, 선생님께서 터를 마련해주셨기에 가능했다.

3.

어느덧 김현경 선생님은 옛날 분이 되셨지만, 여전히 우리에게는 거대한 분이시다. 선생님의 뛰어난 기억력 앞에서 우리는 자연히 귀를 쫑긋하게 모은다. 상황을 파악하는 예리함은 물론 요리 등 뛰어난 솜씨들, 그리고 무엇보다 따스한 사랑을 잊을 수 없다.

이 산문집에 함께해주신 김세원 선생님, 김우 아드님, 그리고 집필해주신 선후배님들께 감사의 인사를 드린다.

김현경 선생님께서 이 여름날, 우리에게 또다시 힘을 주신다.

"기운을 주라 더 기운을 주라" (김수영, 「채소밭 가에서」)

김현경

1927년 서울 종로구 사직동에서 태어나 경성여자보통학교(현 덕수초등학교)와 진명여고를 거쳐 이화여자대학교 영어영문학과에서 수학했다. 김수영 시인과 결혼해 두 아들을 두었다. 에세이집 『낡아도 좋은 것은 사랑뿐이냐』 『우리는 영원하고 사랑도 그렇다』(공저) 『먼 곳에서부터』(공저)가 있다. 2025년 5월 22일 타계했다.

금선주

1962년 출생. 중앙대학교 예술대학원 문예창작전문가과정 수료. 2022년 『푸른사상』 신인문학상을 수상하며 작품 활동 시작. 산문집 『저의 기쁨입니다 My Pleasure』 있음. 현재 한국민예총 후원회 이사.

금시아

1961년 광주 출생. 2014년 『시와표현』에 시, 2022년 『월간문학』 동화로 등단하여 작품 활동 시작. 시집 『고요한 세상의 쓸쓸함은 물밑 한 뼘 어디쯤일까』 『입술을 줍다』 『툭, 의 녹취록』, 사진시집 『금시아의 춘천詩_미훈(微醺)에 들다』, 단편동화집 『똥 싼 나무』, 산문집 『뜻밖의 만남, Ana』, 시평집 『안개는 사람을 닮았다』 등 있음.

김민주

2009년 『매일신문』, 2010년 『문화일보』 신춘문예 단편소설로 등단하여 작품 활동 시작. 소설집 『화이트 밸런스』 『언더고잉』, 앤솔러지 『쓰다 참, 사랑』 『버터플라이 허그』 외 역사소설 다수 있음. 김만중문학상, 천강문학상, 작가포럼문학상 수상. 현 송파문화원 강사.

김세원

1945년 작곡가 김순남의 외동딸로 서울에서 출생. 한국외국어대학교 불어불문학과를 졸업했고, 독일 DAAD 장학금으로 만하임대학교에서 수학. 1964년부터 1979년까지 TBC 1기 성우, 1998년부터 1999년까지 일본 도쿄대학교 객원연구원, 2003년에서 2006년까지 EBS 이사장 등 역임. 〈밤의 플랫폼〉〈김세원의 영화음악실〉〈가정음악실〉 등 많은 프로그램을 진행했고, 2005년 박찬욱 감독의 영화〈친절한 금자씨〉의 내레이터, 2011년 SBS에서 방영된〈짝〉 내레이터 등을 맡음. 1981년 대한민국방송대상 라디오 작품상, 1989년 한국방송광고대상, 2012년 한국PD대상 성우 부문 출연자상 등 수상.

김은정

경상남도 사천에서 출생하여 서울에서 성장. 『현대시학』으로 작품 활동 시작. 경상국립대학교 사범대학 사회교육과 졸업 및 같은 대학원에서 「연암 박지원의 풍자 문학에 나타난 정치적 상징」으로 박사학위 취득. 시집 『너를 어떻게 읽어야 할까』 『일인분이 일인분에게』 『열일곱 살 아란야』 『황금 언덕의 시』, 학술서 『연암 박지원의 풍자정치학』 『상징의 교육적 활용 — 미란다와 크레덴다』(공저) 등 있음. 경상국립대학교, 한국교원대학교를 거쳐 현재 광주교육대학교에서 강의. 한국사회과교육연구학회 부회장.

맹문재

대담집 『행복한 시인 읽기』 『순명의 시인들』, 시론 및 비평집 『한국 민중시 문학사』 『지식인 시의 대상애』 『시학의 변주』 『만인보의 시학』 『여성시의 대문자』 『시와 정치』 『현대시의 가족애』 있음. 현재 안양대 국문과 교수.

박규숙

2021년 『경인일보』 신춘문예에 단편소설 「은유와 고조」 당선으로 작품 활동 시작. 소설집 『어쩔 수 없었어』 있음. 성주재단문학상 수상.

박설희

2003년 『실천문학』 시 부문 신인상 수상하며 작품 활동 시작. 시집 『쪽문으로 드나드는 구름』 『꽃은 바퀴다』 『가슴을 재다』 『우리 집에 놀러와』, 산문집 『틈이 있기에 숨결이 나부낀다』 등 있음. 현재 (사)경기민예총 부이사장.

박홍점

전남 보성 출생. 2001년 『문학사상』 신인상 수상하며 작품 활동 시작. 시집 『차가운 식사』 『피스타치오의 표정』 『언제나 언니』 있음.

양선주

전북 남원 출생. 고려대학교 대학원 응용언어학 박사과정 수료. 2006년 『시평』으로 작품 활동 시작. 시집 『사팔뜨기』 『열렬한 심혈관』 있음. 2006년 대산 창작기금 수혜. 『소설미학』 동화 부문 신인상 수상.

이주희

1952년 서울 출생. 2007년 『시평』으로 등단하여 작품 활동 시작. 시집 『마당 깊은 꽃집』 있음.

정원도

1985년 『시인』으로 작품 활동 시작. 시집 『그리운 흙』 『귀뚜라미 생포 작전』 『마부』 『말들도 할 말이 많았다』 『나는 그를 지우지 못한다』 등 있음. 전 한국작가회의 감사 및 연대활동위원장, 분단시대 동인.

조미희

2015년 『시인수첩』으로 등단하여 작품 활동 시작. 시집 『달이 파먹다 남긴 밤은 캄캄하다』 『자칭 씨의 오지 입문기』 있음.

조은주

1967년 충남 보령 출생. 현재 노작문학관 돌모루낭독회 회원.

최규리

서울 출생. 서울예대 문예창작과 졸업. 2016년 『시와세계』로 등단하여 작품 활동 시작. 시집으로 『질문은 나를 위반한다』 『인간 사슬』 있음. 시와세계 작품상 수상. 아르코문학창작기금(발표지원) 선정.

함동수

강원 홍천 출생. 『문학과 의식』 신인상으로 작품 활동 시작. 시집 『하루 사는 법』 『은이골에 숨다』 『오늘 밤은 두근거리는 통증처럼』, 산문집 『꿈꾸는 시인』, 공동산문집 『우리는 영원하고 사랑도 그렇다』 『먼 곳에서부터』, 연구서 『송은 유완희 시인의 문학세계』 있음. 용인문화상 수상.

함진원

전남 함평 출생. 1995년 『무등일보』 신춘문예에 시 「그해 여름의 사투리 調」 당선으로 작품 활동 시작. 시집 『눈 맑은 낙타를 만났다』 『푸성귀 한 잎 집으로 가고 있다』 『인적 드문 숲길은 시작되었네』 등 있음. 현재 기린 작은 도서관 대표.